死刑囚と無期囚の心理

加賀乙彦著

金剛出版刊

本書を故吉益脩夫先生に捧げます

死刑囚と無期囚の心理・目次

I　死刑囚と無期囚

まだ駆け出しの精神医のとき、一九五四年の秋、私は一人のヒステリー患者に出会った。拘置所から送られてきたその男は強盗殺人犯で、死刑の判決を受けるおそれがあり、それをきっかけとして精神異常に陥ったのである。私は彼を治療していく過程で、刑務所に特有なノイローゼである拘禁反応に興味を持った。

私はこの病例を考察した結果を一篇の論文にまとめた。私の処女論文を書くのに終始熱心に指導してくださったのが中田修先生である。それが「特異な妄想形成を示した拘禁反応の一例」である。

一九五五年、私は東京拘置所の医務部に勤めることになった。最初の論文で垣間見た拘禁反応の研究をさらに深く広くしていきたいという気持があったためである。そこで多くの囚人たちを見ているうち私の興味は激烈な精神異常を示している死刑囚たちに凝集していった。医務部の仕事のかたわら、彼らと面接し、記録をとり、裁判記録や所内の身分帳を読むという日々が続いた。東京拘置所の死刑囚を全員調査しおえると、一九五六年から五七年にかけて、札幌、仙台、大阪などの死刑囚を訪問調査した。

さらに死刑囚たちと比較するため、同じ拘禁状況でも極端に差のある無期囚を一九五六年に千葉刑務所で調査した。調査と研究に明け暮れた日々であった。

こうして「死刑確定者と無期受刑者の研究」が書かれた。これを書きあげたのは留学先のフランスにおいてで、原文はフランス語である。こんど本書に収めるために上智大学文学部心理の坂井光平氏に訳していただいた。

冒頭に置いた「拘禁反応の心因性」は、死刑囚と無期囚、さらにその後おこなった累犯受刑者や長期囚の研究を基礎にして、拘禁反応全般についての総合的な考察をしたもので、本書の要約と解説をかねている論文である。

一　拘禁反応の心因性

心因という言葉は、体因（内因や器質因）とともに、ある精神異常状態の病因を想定している言葉であろう。この場合、ある準備要因すなわち体質、素質、心的発達などをもった人間が、心的体験、すなわち環境からの作用をうけそれに反応するという力動的な見かた（たとえばE・ブラウン(30)やE・クレッチマー(107)のヒステリー論）が臨床的にはひろくうけいれられている。したがって、心因とは心的体験を指し、心因反応は、一般に刺激と反応の図式で云々され、心因反応の特徴として、その成立が機能的であることやその経過が可逆的であることが暗々裡に認められているふしがある。

たしかに、この刺激と反応の図式、すなわち「準備要因＋心的体験＝心因反応」という公式は、研究および臨床の実際上便利でもあるし、事実、私たちが拘禁状況における精神異常に注目し研究をはじめたときも、この図式が念頭にあったわけである。けれども、私たちが研究をすすめていくうちにこの図式だけでは解決できない現象に出あうようになり、拘禁反応の心因性という問題を根本から考えなおさねばならない仕儀になった。そこで、以下、私たちの経験を述べながら、心因性という問題を考えていきたい。

私たちが最初に手をつけたのは、死刑確定者（以下死刑囚という）四四名、無期受刑者（以下無期囚という）五一名、および死刑か無期になるおそれのある重罪被告（以下重罪被告という）五〇名の比較検討（本書Iの三参照）であった。ここで私たちが驚かされたことは、これらの囚人において、いわゆる拘禁反応の発現率が、非常に高かったことである。拘禁反応は一般被告で〇・八七%、一般受刑者で〇・一六%であるのに、死刑囚で六一%(二七名)、無期囚で七一%(三六名)、重罪被告で六八%(三四名)にもみられた。もちろん、拘禁反応の内容をどこまで限定するかによって、これらの率は多少の上下はあるにしても、一般の囚人よりも、より困難な状況におかれた囚人が、拘禁反応を起こしやすいということは、明らかにいえる結果である。しかし、ここで注目すべきは、拘禁反応の発現率ではなくて、むしろその内容である。

重罪被告には、一般に、原始反応や反応性もうろう状態などきわめて多彩で急激に起こる病状の動きの多い反応が多い。すなわち監獄爆発(Zuchthausknall, crise de violence)といわれている原始的爆発反応、レッケの昏迷、ガンゼル症状群、教科書に記載されているような典型的ヒステリーなどがみられ、これら諸症状の背景には、つねに不安定な動揺する感情状態がうかがえる。かれらは落着きなく、いらいらと不機嫌になりやすく、ありとあらゆる心気的訴えや神経症様の自覚症状をもって拘置所の医務部を訪れてくる。数は少ないが反応性妄想者もあり、看守や検事・裁判官に対する系統的な被害妄想を示すいわゆる好訴者や、妄想内容がどちらかというと非現実的・空想的なビルンバウムの妄想様構想(wahnhafte Einbildung)もみられる。これら神経症、原始反応、もうろう状態、気分変調、反応性妄想などは、ひとりの重罪被告に重積して現われるのが特徴である。たとえば、ある重罪被告(本書Iの二参照)は、強盗殺人・窃盗被告として拘置所に拘禁中、ガンゼル症状群やヒステリー性けいれんを伴う多彩な幻覚もうろう状態を起こし、しだいに犯行時の行動に関する健忘と他人から無実の罪をきせられたという無罪妄想が前景にでてくるようになった。すなわちこの一人の人間に拘禁反応として私たちが知っているほとんどすべての症状がみられたのである。

重罪被告は、一般に被告である期間がながい。それは、かれらに宣告せられる刑が死刑か無期であり、したがって、一審で判決に服するものは少なく、多くは二審へ控訴、三審へ上告と最後まで上訴をつづけるためである。

したがって短いものでも一〜二年、ながいものでは数年にわたって被告生活を送ることになる。この被告としての長期拘禁が、かれらに特有な多彩な拘禁反応をひき起こす要因となっていることは想像にかたくない。

一般に被告においては、受刑者よりも、明らかに心因反応が多いし、その病像も多彩で流動的であることは、多くの著者によって指摘されている。その理由として裁判過程に影響された不安定な気分、拘禁環境に不馴れなための順応不全、比較的自由な身分などがあげられている。私たちの重罪被告においても、これらの要因がたしかに認められ、ことに判決の前後に心因反応を起こす傾向がみられた。私たちは、拘禁状況を囚人たちが体験する諸相として、家族への気持・所内反則・被害者への態度・夢・判決への態度などをくわしく調べてみたが、このうち判決および裁判の推移が彼らのもっとも主要な関心事であり、重罪被告の心因反応と重大な了解的関連を持っていることを知った。とくに被告としての拘禁状況の特徴をこまかく調べていくことにより、彼らの不安定で不機嫌な気分と、かれらの示す動的な反応との関連はかなり了解しうる事実となった。

重罪被告のうちあるものは死刑囚に、あるものは無期囚になるのであるが、ここで彼らの拘禁反応は大きく二つの様相へと分化していく。すなわち死刑囚の、どちらかといえば重罪被告の拘禁反応の継続とみられる活発で動きの多い病像と、無期囚の慢性で動きの少ない心気的訴えや抑うつ性の神経症状態や感情鈍麻（いわゆる prisonization または Zermürbung）との二つの方向に分かれていくのである。ここで死刑囚と無期囚の拘禁反応の差異が、彼らの素質的諸要因、つまり前述した準備要因の差異にもとづくものではないということを私たちは強調しておきたい。そういいきれるために、私たちは準備要因として考えられるかぎりの諸要因を検討してみた。年齢・遺伝負因・既往歴・犯罪生活曲線・犯罪の手口と動機・欠損家庭・貧困家庭・家庭のしつけ・学歴・職業歴・結婚歴・体型・性格のすべてにわたって、両群に顕著な差は認められなかった。つまり、両群の囚人において準備要因はほぼひとしいとみなされたのである。したがって、死刑囚と無期囚の病像の差は、いつにかかって心的体験、とくに拘禁状況におかれてから現在までの心的体験に求めねばならなくなる。

死刑囚の拘禁反応は、いわば重罪被告のそれの継続発展といったおもむきをそなえ、原始反応から反応性妄想にいたる拘禁反応の種々相を示しているが、この場合重罪被告とちがった特徴として、反応性躁状態があげられる。一般には持続的な反応性の気分変調としてはうつ状態のみが現われるという意見があり、たとえばK・シュナイダーなどは反応性躁状態の存在を否定している。しかし私たちは、死刑囚においてその典型的なものにしばしば遭遇した。囚人は騒々しく、多弁で、歌い、笑い、冗談をとばし、まったく抑制を欠いて興奮しつづける。看守に対しては一見従順であるが、ときにはかなり思いきった反則を行なう。オイフォリーと精神運動性の興奮が前景を占めるが、軽い躁状態ですこし多弁な人という印象をうけるだけの者もいる。この反応性躁状態において特異なことは、この状態が外界の影響をうけて変りやすく、ときにはかなり容易にうつ状態に変化しうることである。この変化が急激にくる場合には躁状態とうつ状態とが同時に起こってくることもある。この混合状態においては、死刑囚は多弁多動でありながら苦悶・悲哀の表情を示したり、笑いながら泣くのである。それは内因性躁うつ病の混合状態に類似しているが、もっと症状の動揺がはげしく、ふたたび躁またはうつ状態へと転化していく点が相違している。

死刑囚の拘禁反応は、刑の執行と切りはなして考えることはできない。かれらは死刑の判決が確定した瞬間より、不断に刑の執行におびえる。わが国では、死刑の執行は日曜・祭日以外の週日の午前一〇時ごろに行なわれるが、執行の予告は、その数時間前になされるのがふつうである。したがって、午前一〇時までになにごともなければ、死刑囚は翌日の午前一〇時までは生きられる希望がある。こうして彼らの生は、毎日、二四時間（週日の場合）から四八時間（日曜・祭日の前日の場合）に限定されてしまう。彼らの拘禁反応、ことに躁状態を中核とするテンポの早い、激烈な反応は、この状況から了解しうる。たとえば、ある死刑囚は、躁病様の興奮状態から、しだいに、不機嫌を混えた躁状態へ移行し、ついで躁うつ両病相の混合状態へと変っていったが、注目すべきはこれらの基底にある躁的気分が私たちにかなり了解しうることである。まず独特な時間体験がある。「死刑の執行が間近いと思うと、毎日毎日がとても貴重なのです。一日、一日と短い人生が過ぎていくのが早すぎるように思えます。それにしても社会にいるとき、なぜ時間をもっと大事にしてかからなかったのかと、くやまれてなりません。もういくらも時間が残っていない。だから急がねばならない。いつ仙台（絞首台がある）へ移送されるかと毎日はらはらしてるんです。過ぎ去った年月は早かった。一年が一日よりも短いくらいだ。それでいて、いまというときはなにか不思議です。いまこうやって先生と話していても、私は死人の世界にいるのです。だからすべてが現実的でなく夢のように過ぎてしまいます。」

この時間体験の特徴はなによりも体験された時間が極度に圧縮されており、残った人生に対する態度が躁的反応以外のなにものでもありえないことを示している。なおこの死刑囚は、身近な死刑執行に対する軽薄な態度もみられ、拘禁中カトリックの洗礼をうけながら、神父の悪口をいい、誇大的で多弁多動である。しかし、このような躁状態は状況によって容易に抑制可能で、神父の教誨の際にはしんみりした態度で「鉄格子をみても、十字になっているところが神の十字架を連想させられ、深く考えさせられます」といったりしている。

さて、死刑囚の拘禁反応に比べると、無期囚の示す反応は、これがかつて重罪被告として死刑囚と同じような傾向の反応を起こしていたとは思えないほど異なっている。とくに、かれらの大部分にみられるプリゾニゼーションは、馴れた刑務所職員(129)なら、長期囚特有の刑務所ぼけの状態としてすぐみわけがつく。この状態は感情麻痺と退行の二つに分けられる。無期囚は拘禁状況の特殊なタイプにはまりこみ人間的な自由さを失ってしまう。彼らは外部との接触をなるべく少なくしようとし、感情の起伏はせまく、すべてに対して無感動である。施設側の役人に対しては従順そのものであり、強制労働や厳格な規律には唯々諾々と従う。身のまわりの些事に視野や関心が集中し、単調な生活に飽きることがない。さらに、子どもっぽい状態への退行がみられる。これは自主性の欠如と拘禁者への依存傾向に認められる。この状態はそもそも拘禁状況において、職員が囚人を幼児的に取り扱うことから了解されよう。刑務所においては大家族のなかの子どものように全員が一様な待遇をうけ、全員がある特定の人物を尊敬するように強制される。家族のなかの子どもがそうであるように、食物・住居・衣類などがもはや個人的問題とされず権威によって外部よりあたえられる。金銭・排泄までも制限され監視される。すなわち幼児的退行は、この特殊状況への順応そのものとみなされるのである。

無期囚では、刑の終了が事実的にない。現行の累進処遇令では、無期囚といえども所内の行状がよければ十数年後に仮釈放の恩典をうける場合がある。しかしこの場合でも無期囚としての身分は一生を通じて変わらないし、どんな微罪をおかしたとしても、ふたたび無期囚としてながい拘禁生活をおくらねばならないのである。彼らの、慢性で単調な神経症状態やプリゾニゼーションは見方をかえてみればこの「灰色の未来」にぬりつぶされた状況における反応とも表現できよう。

ここで、重罪被告・死刑囚・無期囚のおのおのに特有な拘禁反応がどのような状況の差を反映しているかをまとめて考察してみよう。P・ジャネ(86)は、彼のいう現実機能と時間体験の序列とを対比させ、近い未来や近い過去は現在と感情的（émotionnel）な結びつきをもち現実機能が高いが、遠い未来や遠い過去は感情的結びつきが稀薄で漠然と（vagueに）体験されるという。これを私たちの囚人にあてはめると、重罪被告においては不安定な近い未来（ジャネのいう futur émotionnel）が、死刑囚においては確固として、決定的な恐怖にみちた近い未来が、無期囚においては漠とした遠い未来（ジャネのいう futur vague）の連続があるといえる。ところで、近い未来にしろ遠い未来にしろ、それが不快な死や単調で自由のない生である場合に、囚人たちはどこかへ逃げこまずにはいられなくなる。これが死刑囚や無期囚の起こす二つの反応であるともいえよう。J・タフト(197)は有限な時間と無限な時間に対するおそれについて記述した。かれによれば有限のあるいは無限の時間に対する人間の反応は、その人のもっとも深い life-pattern を露呈するという。同じような考察は哲学者によっても行なわれている（たとえばニーチェ「悦ばしき知識」）。O・フェニケル(49)は有限と無限の二つの時間に対する恐怖について言及している。一つは時間がない、やるべきことがたくさんありすぎる、忙しすぎて動きがとれないという恐怖にとりつかれる人である。かれは、自分に自由になる時間が未来と過去の両方から現在に迫ってきて、動きがとれないと感じる。これは空間における狭所恐怖に対応するものとして時間における閉所恐怖（claustrophobia in time）というべきものである。もう一つは、時間のあき・ひま・空虚な時間をおそれる人で、その恐怖をおそれるあまりつぎからつぎへと仕事にかりたてられていく人である。かれにとっては、空虚な時間は、ある種の広場恐怖の広々とした空間に対するおそれと同じ意義をもっている。すなわちこれを時間の広場恐怖ともよべる。フェニケルのいう時間における閉所恐怖が死刑囚の時間体験を、時間の広場恐怖が無期囚のそれをよく表現していることを、私たちはかれらとの面接によって確かめることができた。ところで、ジャネは、躁病者・うつ病者・神経症者においては現在という感覚が欠如し、いつも空虚なる現在（présent vide）しか持たないことを指摘した。ジャネのみならず多くの人々が神経症者に生き生きとした現在の体験がないことを指摘している（たとえばゲープザッテル(58)のパスカルの時間）。現在の空虚、そして未来における閉所恐怖と広場恐怖、これが死刑囚と無期囚において典型的（あるいは、もっとも極端な形であらわれる）時間の変容なのである。少なくとも、拘禁状況の特質は、この時間体験を主軸にして考察するときにもっともよく記述されうるし、また囚人の起こす拘禁反応の構造も理解しやすいものとなるといえよう。

しかし、ここでひとつ疑問がおこる。それは、死刑囚や重罪被告のように、心的体験が明らかに意識的・反省的であって、かれらの体験と心因反応との関連が、了解しやすい場合と、無期囚のように、心的体験が日常生活のなかにうずもれてしまい、あえていえば非意識的・非反省的なものである場合とを、一律に論じてよいかということである。この問題を私たちの症例を通じて考えていくまえに、一応現在までに拘禁反応の成立をめぐって展開された諸学説を簡単にふりかえってみよう。

ふるくE・ジーフェルト（一九〇七）は、それまで諸家によって単純に詐病として取扱われてきたもののなかに多くの心因性精神病の存在することを指摘し、それらを変質性拘禁性精神病として一括記載した。かれは、最初の詐病産物が変質的基礎の上に発達して、自我意識や意欲から離れた例外状態になると考えた。ジーフェルトのこの見解は、K・ビルンバウムをはじめとする多くの人々によってうけつがれ、拘禁反応の成立機序についての指導的見解となった。

これらの優勢な見解に対して、「拘禁反応は詐病なり」の意見をつよく主張したのは、K・ウィルマンスである。かれによれば、ガンゼル症状群・昏迷・ビルンバウムの妄想様構想の大部分は意識的な詐病であるという。そして、意識的詐病からヒステリー性例外状態に移行していく可能性については懐疑的であった。

ジーフェルトをはじめとする拘禁反応の例外状態説と、ウィルマンスの詐病説を綜合しようとする第三の見解、これが私たちが冒頭で言及したE・ブラウンとE・クレッチマーの学説なのである。ブラウン（一九二八）は疾病か詐病かという一方的な議論ではなくて、どの程度に器質的疾患がどの程度に心因反応がどの程度に詐病が存在しているかというふうに病状に即して考察すべきだとした。M・ライヒャルト（一九三三）はブラウンの説に賛同し、ヒステリー反応と詐病とは、より包括的な概念である目的反応のもとに統一されるべきであるとした。この方向への議論をその独自の層理論的力動学説の立場から展開したのがE・クレッチマーである。かれの周知の学説はほぼつぎのように要約できよう。一方の極には目的のためにする欺瞞（精神的上層機構）がある。他方の極には下層意志的－下層知性（精神的深層機構）の直接発現としての原始反応やもうろう状態がある。ヒステリー反応にはこの二傾向がさまざまな結合をして起こる。ヒステリーは特定の人格すなわち原始的な人格に現われやすいが、反応を起こすにたる強さの体験があれば、どんな人格にも現われる。これに反して反応の成立に人格全体が強力的に意識的に参与すれば人格反応、すなわち心因妄想が起こる。クレッチマーのこの学説は、たしかに拘禁反応の実際によくあてはまるすぐれた意見である。とくに、重罪被告や死刑囚の、原始反応から種種の反応性妄想にいたる多彩な病像を整理しうるような理論は、クレッチマーのものをおいてはちょっと見あたらないくらいである。しかし、かれの理論を無期囚にみられたプリゾニゼーションにあてはめようとすると、一つの困難につきあたるのである。無期囚は自分のおかれた状況について必ずしもはっきりとした体験をいだいているわけではない。しばしばかれらは拘禁状況の特色も自覚していないし、そこにおいて自分がうけた影響の内容に対しても盲目である。にもかかわらずかれらははっきりそれとわかる異状を示しており、それは拘禁状況ときりはなしては考えられないのである。おそらく、プリゾニゼーションを心因反応にいれるということは、心因反応の概念を拡張することになり、従来の心因反応理論ではわりきれないのが当然だという反論がでるかもしれない。しかし、私たちとしては、そこにこそ実は拘禁反応の心因性を解明するための鍵がひそんでいるとみるのである。

少なくとも、ここで一般に心因とみなされている心的体験を単に人間が体験した恐怖・心配・不快感などに限定するだけでは不十分であるといえそうである。つまり、心的体験というものの意味内容を非反省的体験にまでひろげる必要があると考えられる。これは幼児の体験・社会文化的体験などが、その個人にとって反省的に意識されているとはかぎらず、多く非反省的体験にとどまっているのと似ている。そうして、この非反省的体験が、本人が知らないうちに人間をいつのまにか変えてしまい、私たち社会にいるものが拘禁状況にある無期囚を訪問して、明らかに心因反応と認める病像を発見するようなことが起こるのである。もう少し端的にいえば、ここで非反省的体験などという、主観的なニューアンスのある言葉もおかしいのであって、主観と客観、あるいは体験と環境などの二分法をこえた単に状況(situation)という言葉をあてたほうが、より事実に即しているのかもしれない。こうみてくると、いわゆる「準備要因＋心的体験＝心因反応」という図式は、心的体験を主観的なものとみた因果決定論的な単純化をしすぎているといえる。私たちの考えでは、準備要因・心的体験・非反省的体験・状況などをふくめた新しい現象学的記述が必要であり、これが行なわれたとき初めて心因反応の了解が行なわれる。そして主観的心的体験を指す心因という言葉は、なるべくなら使わないほうがよいように思えるのである。

さて、死刑囚・無期囚の研究に引き続き、私たちは、刑期八年以上の長期受刑者（以下長期囚という）と刑期五年以下の短期受刑者（以下短期囚という）の比較研究を行なった。この研究の目的は、無期囚で見出されたプリゾニゼーションの意味を、もうすこし非反省的体験あるいは拘禁状況に即して調べてみようということであった。そのため対象として、拘禁状況に完全に適応した模範囚と、もっとも非適応状態にある所内の頻発反則者の二群がえらばれた。

まず、短期囚（本書Ⅱの一参照）においては、模範囚四五名と反則者一〇〇名を比較してみた。その結果、前述の用語でいえば準備要因において両群に極端な差異が見出された。模範囚にくらべると、反則者には脳疾患の既往歴・覚醒剤使用歴・貧困家庭・学校中退などが多く、犯罪生活曲線の上では早発・進行・多種方向・持続型の傾向が顕著である。いいかえると、模範囚では意志薄弱型の精神病質者が主体であり、反則者では情性欠如・爆発などの精神病質者が多くみられたのである。この事実は拘禁状況に適応するかしないかという問題に対して、囚人の準備要因の占める役割がいかに大きいかを示している。

つぎに、長期囚（本書Ⅱの二参照）においては、模範囚四九名と反則者四九名とを比較してみた。短期囚にみられたのとほぼ同様の差異が模範囚と反則者とのあいだにみられた。しかし、ここで注目すべきは、長期囚の場合、拘禁状況が個人におよぼす強力な影響が認められることである。これは、社会における犯罪と所内における反則とを、生活曲線の諸カテゴリーによって分析比較することによって明らかとなった。すなわち、短期囚においては、犯罪早発と反則早発、犯罪方向と反則方向、犯罪内容と反則内容との間に親和性がみられたのに、長期囚においては、この親和性がきわめて稀薄であった。ところが、長期囚においても、拘禁初期の数年のみに着目すると犯罪と反則との間に一致した平行関係が見出せた。これをいいかえると、社会における犯罪傾向が所内における反則に反映するのは、たかだか数年間の拘禁のみで、それ以上長期の拘禁になってくると、長期拘禁状況特有の力――これを順化力といってもいい――が個人にはたらき、反則者はしだいに模範囚へ、つまり拘禁状況に順応した方向へと変えられていくということである。この拘禁状況のもつ順化力は、主観的な心的体験の次元においては表現しにくい。なぜならば、反則者から模範囚へ変わった囚人自身にとってもなぜ自分がそのように変化するかを反省的に表現できないことが多いからである。そうして、拘禁状況の順化力を表現するにはいまのところ、犯罪生活曲線や反則生活曲線など、囚人の行動を指標とする「行動科学的研究」のほうがより有効である。

私たちは、人間は状況におかれており、まず状況そのものを非反省的にうけとめており、あるきっかけでこれが反省的な次元に転化され、いわゆる心的体験となると考えている。無期囚や長期囚が拘禁状況において示すプリゾニゼーションは非反省的体験による反応であるが、このプリゾニゼーションの基礎の上に無期囚の無罪妄想や慢性の神経症的状態など、いわば反省的体験による反応が起こってくると考えられる。重罪被告や死刑囚のように、反省的体験が強烈であって、したがって反応も急性で劇的な場合には、どうかするとその基礎にある非反省的体験が見失われがちである。しかし、重罪被告や死刑囚においても、非反省的体験反応の表現はみられるので、それがかれらの気分なのである。たとえば死刑囚におけるオイフォリーは、別に拘禁反応を起こしていない「正常な」死刑囚にもひろくみられる。そして死刑囚自身にもなぜそのような状態におちいるのかを反省的に説明はできない。第一、その気分がなにかの反応であることすら自覚していない場合が多いので、多くは「自分はもともと陽気な人間なのです」というふうに思いこんでいる。しかし、同じ素質傾向をもった人間が無期囚になるとまったく異なった気分――多くは軽い抑うつ気分――を示すことを知っている私たちには、死刑囚のオイフォリーはやはり状況に対する反応とみえるのである。さて、気分の記述のほかにこの非反省的体験を表現するもう一つの手がかりは、さきに述べたように時間体験の記述である。死刑囚における時間の狭所恐怖が彼らのオイフォリーへと転化し、無期囚の時間の広場恐怖がかれらの軽うつ状態や感情鈍麻へと転化していく道ゆきはかなり了解しやすい。なぜなら、切迫した、時間がないという気分は、テンポの早い躁的な態度でなければ解決しえないし、その逆に、時間が漠とした未来までひろがっているという退屈感は、自分の態度を抑制し鈍化することによって解決されるだろうからである。私たちは、死刑囚と無期囚の状況と反応を記述し了解することによって、その二つの恐怖(または不安)がたんに拘禁状況のみならず、私たちのだれにもひそんでいることを示しうると考えている。もともと不安はラテン語の angustiae に由来し、呼吸空間の狭隘、息苦しさというほどの意味である。しかし不安の逆の根拠も提出しうるのであって、不安は限界のない拡がりのなかに放りだされた状態によって、いかなる輪郭も、到着できそうないかなる目標ももはや存在せざる無限なるものへの迷いこみによって生ずる。ロシアの広々とした風景や大洋のただなかに漂流する人間などの不安がそれである。ところで、私たちが強調したいことは、この意味の不安はじつは、人間存在の存在様式(Seinsart)としてつねに非反省的に体験されているということである。ここでとくにハイデッガーやサルトルの不安の哲学を持ち出さなくても、人間存在が死によってつねに限定されていること、その死が予測不能でいつも漠とした未来にあることという二重構造は意識的にもとらえうることである。そうして、私たちの日常生活ではこの死がおおいかくされ、非反省的体験としてとどまっており、なにかの契機――たとえば病気・事故――などによって初めて反省的体験となることも確かなことといえよう。

以上、拘禁反応の研究を通じて、私たちは心因反応の刺激と反応の図式のうち、「心的体験」の現象学的記述と解釈に批判の目を向けてきた。そこでつぎに心因反応の経過が機能的であるとか可逆的であるとかいわれている点を考察してみよう。この考察の根拠は、長期囚や無期囚の観察である。私たちは、長期囚や無期囚の慢性化した単調なプリゾニゼーションが人格そのものまでも変えてしまうのではないかと思われる症例（たとえば長期囚の反則者のような例）によく出会ったし、無期囚で仮釈放になったものが社会生活にまったく適応しえず、ふたたび拘禁されたいために犯罪をおかした例もみた。

前者の典型的な例（池○輝○、千葉刑務所、反則者）として、犯罪生活曲線のうえでは、進行・早発・多種方向・持続型のもっとも悪質な犯罪者であり、入所初期には他囚暴行・逃走・窃盗などの所内反則を起こし、入所後三年間の反則生活曲線のうえでは、犯罪生活曲線と同じ進行・早発・多種・持続といった悪質な傾向を示した長期囚の場合があげられる。この例は、拘禁四年目からしだいに反則が少なくなり、反則内容も暴力犯的なものから財産犯的なものに変わってき、ついにはまったく反則傾向のない典型的な模範囚になった。面接してみると明らかにプリゾニゼーションを起こしており、前にも述べたような長期囚の型に完全にはまりこんでいた。本人は、「年のせいでしょう」とか「自分の性格がまるくなったのです」というのみで自分が変化した理由を適確につかんでいないし、担当の看守は、矯正教育の実があがったせいだと考えていた。

私たちは、この例のように、長期の拘禁が人間の性格傾向をこえて強力に作用をおよぼす例をしばしばみるのであるが、この場合にみられたプリゾニゼーションが単に一過性の反応のみでなく、もっと長期に作用する例にも出会った。それが、後者、すなわち無期囚で仮釈放になった（あるいは長期囚が出所した）場合である。この例としてつぎのようなケース（蔵○俊○、千葉刑務所、無期囚）があげられる。

本例は、二八歳のとき、戦時強姦致傷および戦時強盗致傷の罪で無期の判決を受け、約一一年間受刑したのち、所内の行状が模範的であるため仮釈放となって社会に出た。故郷の長野県に帰り商店に勤めたが、長年の拘禁生活になれた身には、社会生活への順応がむずかしかった。妻子にも再会し、近所の人もよくしてくれたが、どうしても社会生活がこわく、結局窃盗をはたらいてふたたび刑務所で無期囚となった。本例は、知能も高く、たとえば鷗外・藤村などの作品をよく読んでおり、他囚とのおりあいもよく、作業にも熱心な模範囚である。しかし、総体に鈍感で卑屈、ものごとへの関心の狭い典型的な無期囚の状態である。前科身分帳によって、無期囚となる前の性格傾向をみるとかなり活発でどちらかというと発揚型の敏捷な暴力犯であったことがうかがえる。

これら、長期拘禁の影響力については、外国でも二、三研究がある（古くはE・リューディンのもの、最近ではA・オームのもの）が、この点についてとくに考えさせられるものとして、ナチの強制収容所生存者が戦後十数年たってから起こしたいわゆるK. Z. Syndrom（強制収容所症状群）の研究があげられる（本書Ⅱの四参照）。強制収容所抑留者は拘禁中あるいは拘禁直後に感情鈍麻・無為傾向・不関症など、いわば私たちが長期囚のプリゾニゼーションとして観察し記述してきた反応を示した。ところでここで問題になっているK. Z. Syndromは、彼らが解放されかなりの月日がたってから起こってきた不安・抑うつ気分・植物神経異常・悪夢・強迫症状など、しいて従来の診断名をつかえば反応性うつ病とでもいえるような諸症状を特色とするものである。拘禁反応あるいはひろく心因反応の理論に対してK. Z. Syndromの提出した問題はきわめて重要である。従来、心因反応とは、環境からの刺激に対する人間の反応であり、刺激がとりさられれば反応は消えてもとの状態にかえるものとされてきた。そこから心因反応が完全に治癒しうるものであるとか、脳になんらの痕跡ものこさない機能的で可逆的なものであるという機械的な考え方が一般化されてきた。このような考え方は、もちろん人間学的立場からみればおかしいことは一目瞭然なのであるが、いまだにある種の教科書には記載されているし日常の臨床場面でも使用されてきた。K. Z. Syndrom はこのような機械論でわりきれない問題を提出したのである。

K. Z. Syndrom をめぐる意見は大きく三つに分けられる。第一は心因反応や神経症についての昔ながらの機械論で割り切ろうとする意見で、E・C・トラウトマン（一九六一）のそれが代表的なものである。かれは K. Z. Syndromを 環境の個体への作用による外傷神経症とみ、逃避的な傾向を示す群（自己不確実感・疲労感・仕事への嫌悪）と自己主張の強い傾向を示す群（被害体験を誇張し、ヒステリー的・詐病的色彩の濃いもの）とに分けた。トラウトマンと同じような考え方の人々は、K. Z. Syndrom を強制収容所生存者に支払われる賠償金目あての年金神経症とみたL・レヴィンガー（一九六二）やH・クラインらがいる。これらの「心因論」に対して、K. Z. Syndrom を、収容中の脳侵襲によるとする「器質論」がある。もっとも極端な器質論者はノールウェーのL・エイティンガー（一九六一）で強制収容所出身者の九六％になんらかの脳髄膜障害がみられたといっている。かれはその原因として、収容所では大部分のものが三年以上の長期拘禁を強制され、囚人の三〇％以上には栄養障害による体重減少が顕著であり、脳炎・チフス・頭部外傷の機会が多かったことをあげている。P・チョドッフ（一九六三）もほぼ同様の意見である。以上の「心因論」と「器質論」に対して第三の「人間学的立場」の人々がいる。すでに一九四九年、H・シュトラウスはナチの犠牲者たちの精神状態に対して年金神経症の名を冠することに疑いの目をむけている。かれは、K. Z. Syndrom を人間存在の根源をゆりうごかされた人々の起こす状態であるとして根こそぎ抑うつ（Entwurzelungsdepression）とよんだ。同じ観点からK・コレ（一九五八）は、それを疎外反応（Entfremdungsreaktion）とよんでいる。根こそぎ抑うつや疎外反応というのは単に名まえをつけただけでなく、K. Z. Syndrom の背景にある集団的迫害・長期にわたる拘禁・故郷喪失・家族喪失などの状況が、一人の人間の実存的連続を絶ち切ったことを表現しようとしているのである。P・マトゥセック（一九六一）、W・ヤコブ（一九六一）、E・シュトラウス（一九六一）、W・フォン・バイヤー（一九五七）らもこの線にそった主張をしている。ことにフォン・バイヤーは人間学派のうちもっとも総合的な意見を持っていると思われる。かれは、K.Z. Syndrom を、実存的意味の喪失とみ、歴史的社会的人間性そのものを問題とした。症例をぬきにしていきなりかれらの結論だけを述べるといかにも抽象的哲学的にきこえてしまうが、かれら人間学派の人々の仕事は、私たちが本論のはじめに述べた状況の現象学にとってきわめて示唆の多いものである。おそらく、将来の拘禁反応の研究が人間学的研究によってすすめられていくことは疑いないであろう。

以上のようにみてくると、心因反応における刺激と反応の図式、「準備要因＋心的体験＝心因反応」というのは、きわめて疑わしくみえてくる。まず、心的体験というものに反省的なものや非反省的なものがあり、さらには主観的体験としては表現不可能で「状況」とでもよぶべきものまでがあり、とうてい単純に心因として原因めいた意義を与えることができない。つぎに準備要因とよばれているものにしても、体質・心的発達などで十分にいいつくせない面を持ち、ある場合には準備要因の変化をさえ推測せざるをえないことになる。そして心因反応が不可逆的な経過をとる症例がでてくると、もはやこれを反応といってよいのかどうかさえ疑問になってくるのである。私たちとしては、現在のところ体因性（内因性および器質性）精神異常状態に対して心因性のそれを云云することは、臨床上はやむをえないとは思うが、心因および心因反応という言葉は、どうも事実と相違し、理論的には偏った意味内容をもつので好ましくないと思うのである。もししいて名をつければ「状況因反応」とでもよぶべきであろうか。

（「精神医学」第九巻第六号、一九六七）

二　特異な妄想形成を示した拘禁反応の一例

——拘禁反応と詐病との関連性について——

まえがき

拘禁反応と詐病との関係については、すでに多くの著者によって論じられている。そして、拘禁反応は詐病あるいは詐病的願望と密接な関係にあることは周知の事実である。われわれはその点を充分に考慮していたが、ほとんど欺かれそうになるという苦い経験を最近体験した。また、その例はかなり特異な妄想形成を示したので、その意味でも報告する価値があるであろう。そして、その例に基づいて、主として拘禁反応と詐病との関連および拘禁性妄想形成について検討しようと思う。なお本例については、昭和三〇年六月四日、関東精神神経学会で簡単に報告した。

症　例

患者は大石光雄（仮名、以下人名はいずれも仮名）といい、強盗殺人、窃盗、詐欺被告として東京拘置所に入所中、精神異常を呈し、勾留執行停止となり松沢病院に入院した。ところが、入院中、終始自己の無罪を主張するその一貫した論理的供述と、麻酔分析時の強烈な反応から、受持医は一時欺かれそうになったが、たまたま東京地裁および地検の好意により一件書類を精読する機会を得て、あらためて患者の特異な妄想形成を認識するにいたったのである。

1　家族歴

両親は静岡の本籍地に住み、農業の傍ら製紙業を営み、経済的にはそう豊かではない。同胞一〇人中、患者は第二子である。弟に一人頭部外傷の結果、精神薄弱となったものがあるほかは、精神障害者、犯罪者、自殺者等を近親には認めない。

2　生活歴

大石光雄は昭和二年八月本籍地で生れた(したがって昭和二九年一〇月松沢病院入院時は二七歳である)。郷里の高等小学校を中位の成績で卒業、素直で勤勉、よく家事の手伝いをし、村の模範青年といわれた。青年学校では生徒長として友達の信望も厚かった。ところが、敗戦を契機として家事を手伝わなくなり、「もう自由な世の中になったんだ、嫌な仕事なんかしなくてもいいんだ」といって、家をとび出し、電球修繕屋、青物ブローカー、巡査、進駐軍要員等、昭和二三年までの間に転々として職業をかえるようになった。その頃、女をつれて一時帰宅したこともあるが、長兄が病死したのを機に、家族の尽力で女と手を切り、生家へ戻り、亡兄の古物商を引継いだ。一年半古物商をやったが、その間に計三七万円の借金をつくった。昭和二五年同村の小町娘と評判だった千代と恋愛結婚した。しかし、千代が田舎を嫌うので、二人で上京、池袋に古物商を始めた。商売が意のごとくならなかったので、山口県の妻の親戚に一時引きこもった。その後、妻とは正式離縁している。昭和二七年、同地で知り合った美津子という女性を伴い再度上京、赤羽のパチンコ屋に勤めた。そのうち出資者をみつけて、パチンコ屋を自ら経営したが数カ月で失敗し、取引関係、知人等より多額の借財を重ね、二八年六月頃夜逃げして身を隠した。その後、美津子と別れ、単身都内の旅館を泊り歩いたり、川口市に行ったり、また東京に帰って木賃宿を転転としたり、いわば放浪生活をおくっていた。

3　犯罪歴

大石は公訴事実としてあげられている強盗殺人一件、詐欺二件、窃盗一件のほかに、なお七件の詐欺事件を供述している。ちなみに、本人はこれらの犯罪を警察官および検事に対して自供したのであるが、後に強盗殺人のみを否定しはじめ、公判廷においても終始否認するにいたるのである。

1 詐欺 a 大石は昭和二八年四月頃、知人の紹介で知り合った日本橋の洋服問屋××から洋服地八五本を担保に二五万円の金融の依頼を受けた。そこで受け取った洋服地の一部を担保として上野駅地下道の某洋品店より一五万円を借り受け、残りの二〇本を知合いの赤羽のパチンコ屋中川彦二方に担保に入れ五万円を借り受け、計二〇万円をつくって前記洋服問屋××に渡した。そのため××はすっかり大石を信用するにいたった。大石はそこにつけこんで××から紺サージ二〇本を借り受け、三五万円で売却した。××には代金として不渡小切手を渡し、熱海に逃げてしまった。

b 昭和二八年七月頃、川口市で知り合ったパチンコ屋某に対し、架空の会社名を使って「〇〇株式会社の株式を五万円買えば、一週間以内に五〇万円を融資しよう」ともちかけ、五万円の小切手を詐取した。

c その他七件の詐欺があるが、煩雑のため詳細な記述は省略する。いずれも昭和二五年より二八年八月頃までの間の事件であり、現金三千円（二七年一月）、二万円（二八年四月）、一万円（二八年八月）、パチンコの景品七千四百円くらい（二八年六月）、煙草五千円くらい（二八年六月）の詐取である。また、とくに上田某に対しては二五年から二八年の八月までの間に現金、株券等三〇万円くらい数回にわたって詐取している。手口は虚偽の事務所をつくって失職中の男を信用させ、就職斡旋の保証金として一万円詐取したり、「今までは悪かった。借金をかえすためにいい仕事があるのだが資金を少し出してくれ」といった具合に持ちかけ、好人物の相手より何回も金をまきあげるやり方で、実に悪らつである。

以前、大石の経営するパチンコ屋に勤めていた店員のいうところでは、「大石さんは非常に派手好みで、酒好きであり、毎晩のように酒をのんでおりました。店員に対しても派手に振舞ってくれました。あまり派手すぎると注意しますと、店員に対しては幾分か地味になりましたが、大石さん自身は相変らず派手な生活をおくっていました」という。また、「大石さんは口が実にうまく、誰でもはじめてあった人はつい信用する気になってしまいます」ともいっている。これらのことは詐欺犯としての大石の性格を考える上で興味がある。

2 窃盗 大石は昭和二八年七月新宿区の某家に情婦美津子と二人で間借りしたが、すぐその家の主婦と親しくなり、彼女が二人を信用して一週間留守にしている間に、蒲団七枚、毛布二枚を窃取して雲がくれしてしまった。

3 強盗殺人 これは後述する妄想形成と関連があるのでやや詳しく述べよう。大石は昭和二八年八月頃、前記の中川彦二（当七二歳）に会い、借金の返済をせまられ、九月二四日限り返済する約束をした。しかし返済の見込みもなく、所持金も使い果したので、前に中川に担保にいれておいた紺サージ洋服生地をだまして取り出そうと考えた。当時大石は、中川に対して計六万円の借金があった。九月二三日午後六時頃中川方を訪ねたところ中川彦二と店員がいた。大石は店員が邪魔になるので、架空の宛名の手紙と地図を書いて、それをもってパチンコ器械の部品を取りに行ってくれと店員に渡した。店員は大石の言を信用して五反田方面へ出かけた。大石は中川と二人きりになったので、担保の生地を渡してくれるように話をきり出したが、中川は応じなかった。そこで、偽名で振り出した小切手をだしてみたが、相手は受け取ろうとせず、借金の元利金を揃えて持参すれば生地を渡そうという。二人は口論となり、大石は「警察に訴えるぞ！」と立上がった中川をパチンコ台の島のところへ押し倒し、傍らにあった金槌でその頭部を滅多打ちにして殺害した。ついで中二階に上り、茶箱や小箱をあけて、預金通帳、現金二千六百円等を盗ると、中川宅を立ち去った。それから一時間後に、大石にだまされて出かけていた店員が帰ってきて犯行が発覚したのである。大石は、その後、新宿の映画館等に出入りしたり、宿屋を転々として逃げ廻っていたが、二八日午前十時頃、前記の洋服問屋××の店員によびとめられ、その通報で神田で逮捕された。

4　臨床経過

1　東京拘署所における状態（昭和二八年一一月～二九年一〇月）

二八年一一月五日、大石は、強盗殺人、窃盗、詐欺被告として東京拘置所に入所した。一一月九日には検事宛に召喚願を提出した。そして、一二月一日検事の取調べに対して、強盗殺人に関する犯行の一切を否定するに至った。その主な点は、中川彦二の殺害者は幹本某という男であり、主謀者は内海某という男だというのである。また同様の内容の上申書を裁判長宛に提出している。これらについての詳細は後述する。

一二月二六日第一回公判が開かれたが、法廷での大石の立場はかなり不利なものであった。

翌二九年四月頃から精神異常がはじまり、扉を蹴る、拒食、痙攣発作等のために出廷不能となり、五月拘禁反応として病舎に収容された。以後しばしば発作性に興奮し、拒食、自傷行為等があり、精神異常が続いていた模様である。

かくて、大石は同年一〇月下旬拘置所より松沢病院に入院させられた。

2　入院後の状態と経過（昭和二九年一〇月～三〇年三月）

看守三名に手をとられて、全身を小さく顫わせ、おどおどした表情で外来診察室に来たが、途中で立ち停ってなかなか入って来ない。顔面は憔悴し蒼白で、顔面筋を細かく顫わしている。前額部に擦過傷（自傷の痕跡）が認められる。「ウウウウ、アアアア」という唸り声様の発声あるのみで、問答は全く不能である。外来より病棟へ連行中、大あばれをはじめて、看守を蹴ったり、身をふりきって逃げようとした。直ちに狂躁病棟へ収容されたが、病室内で頭を壁にぶつけ、戸をたたき、言葉にならない叫び声をあげて暴れていた。間もなく観念したためか一応平静となった。

ところがその夜、午前一時半頃、突然室内に仁王立ちとなり大声で叫びだした。言葉が不明瞭で意味を解し得ないが、何者かに対して憤怒し、あたかも眼前に人でもいるかのようにさかんに追いかけている様子であった。二時頃には昂奮はますます激烈となり、扉を乱打し、怒号していたが、急に仰向けに倒れた。そして五〜一〇秒持続する全身の強直性痙攣が二、三回みられた。一〜二分後、うつぶせとなり、顔面を床板にうちつけ、前額部の擦過傷および鼻出血をおこした。自傷行為をなおも続けるので、保護衣を着せられ、三時過ぎにいたって、はじめて昂奮が鎮静した。これは心因性の痙攣を伴う昂奮発作であると考えられる。

翌日は、室内で茫乎として立っていることが多かった。それでも周囲には関心があるらしく、医師が近づくとすぐ視線をむけた。頭部を細かに左右にふり、とぼけた表情である。名前をきくと、「オ、オ、イ、チ」と子供じみたまわらぬ舌で一語一語を区切り、力を入れて発音した。診察室によぶと、医師を警察の者と思っているのか、きわめて不安げに落着きなく眼であたりをうかがう。年齢をきくと、十分位して、「ネ、ン」と答え、繰返してきくと、「ジュウ、ネ、ン」と答える。生年月日その他をきいても、「ジュウ、ネ、ン」と答えるのみである。指一本前に出す。右手を出せと命ずると両手を出す。なお、おもしろいことには、たばこを与え、マッチに火をつけてさしだすと、こわがって体をよけたり、鍵束を前におくと、「ケ、イ、サ、ツの人よ」といって立ち上り逃げ出そうとしたことである。話が犯罪関係、とくに殺人のことになるや、はげしい体の動きと、感情の昂奮がみられ、立ち上ってけわしい眼つきで医師を睨みつける。「君は殺さなかったのか」というと、大きくうなずき、やや安心して坐る。窃盗、詐欺のことをきいても、とぼけたような顔つきで首をふるわす以外に、大した反応を示さなかった。以上より、児戯症、失声症の傾向をともなう仮性痴呆(ガンゼル症状群)の状態にあることが認められた。

ついで、内的体験を明らかにする期待のもとに麻酔分析を試みた。静脈内にイソミタールソーダを〇・一g注射しおわった頃、突如顔面紅潮し、全身の力をふりしぼって暴れ始める。「ジュンつれてこい! ジュンだせ!」と叫び、身をよじり、押えつけられた手足を何とかふりのけようともがく。また、頭を床にたたきつけようとする。さらに〇・二g追加すると、猛烈な歯ぎしりをしはじめ、脚で蹴あげる。「野郎! ジュンこい!」と叫ぶ。爆発的な喋り方である。注射前の舌たらずの小児様な発音とは全く別人のようにスムーズに喋る。子供っぽいとぼけたようなところが無くなり、すごみのある荒々しい面が現われる。時々、下腹部から下肢にかけて、筋肉の細かい痙攣がみられる。ようやく平静になり、体をぐったりとさせたので、問診が可能となる。そのいうところは要するに、「おれは真犯人ではない。ジュンという男が殺したのだ。ジュンというのは第三国人で、日本名は内海というのだが、この男は麻薬の密輸入をやっている。おれは奴にうまく利用されて百万円やるから代りに罪をきろ、後から助け出すという約束で警察につかまってやった。ところがジュンは、そのおれに百万円もよこさず、俺を助け出しにも来ない」というのであった。ジュンの名をいうと歯ぎしりし、天井の一角をにらみ、眼前に人が見えるかのように、猛烈にはね起きてつかみかかろうとした。試みに、「君が殺《や》ったんじゃないか」ときくと、大声で「なにをいう！」とどなり、顔面を紅潮させ、全身をよじり、狂暴な状態となる。最後には、「おれも男だ。ジュンにだまされるとはなさけない」と泣きだした。一時間後、イソミタールの効果がなくなり注射前の状態に復した。数日後、再び麻酔分析を行なったが、ほぼ同様な反応を示した。

麻酔分析時に見られた反応は、迫真的な強烈さを示したので、患者の言うことが充分信頼でき、内海某なる人物が殺人を犯し、本人は無実であるというのがあるいは事実ではないかと考えさせた。それ故、患者に対し受持医はかなり同情的となったのである。

入院後二週間にして、若干の軽快がみられた。その間心因性の痙攣を伴う昂奮発作が一回あった。なお一一月四日と八日の二回電撃療法が施行された。一一月八日夕方から、自然に発語障害が消失し、翌日よりほとんど正常の会話が可能となり、精密な身体的検査も可能となった。身体的には右半身に非解剖学的な感覚鈍麻、右耳に難聴を訴えるほかには異常が認められなかった。感覚鈍麻は心因性のものと認められる。

さて、本人は普通に口がきけるようになったことを喜んでいるようで、医者、看護人に対し人なつっこい微笑を浮べては、おかげさまでと話しかける。他患者、とくにヒロポン中毒患者等とはよくつき合い、ときどき花札などをしている。医師をみとめるとすぐ挨拶し近づいて来る。会話はまず正常となったが、ときに舌のまわりの悪いことや、言葉を忘れたのかしばらく口ごもって考えこむことがあった。犯罪の事に話が及ぶと、緊張した面もちとなり、ゆっくり考えながら話をすすめていくようであった。本人の言では、「自分は飽くまで人殺しをしたのではなく、内海と幹本の二人がやったことだ。内海というのは第三国人で本名をジュンといい、密輸を手広くやっている男で、幹本というのはそのこぶんである。自分は失職中知り合った幹本にさそわれて密輸の手伝いをするようになった。ある日、中川（被害者）の所に密輸品が置いてあるのをとりに行ったが、中川の店についてみると、幹本がすでに中川を殺していた」という。なお細部にわたって追及すると、忘れたとか思い出せないという。本人の上京後の生活などはところどころ散在的に記憶がないらしい。また、その他の追想も断片的で、入院時看守とともに来たことは覚えてない、受持医に問診を受けたことはぼんやり覚えている、という。これらは心因性の健忘症状と考えられた。

　入院当夜の昂奮状態について尋ねると、「傍らに内海、幹本が現われて自分を嘲笑したので『手前たちが殺《や》ったんじゃねえか！』となぐりつけた。すると二人の姿がすっと後に遠のいた。立ち上がってあとを追いかけると壁のむこうに二人が消えて、自分は額をしたたか壁にぶつけてしまった。こんどは後から内海の声がするのでふり向くと、内海が腕組みしてにやにや笑っている。あとは夢中で内海らと大格闘をやっているつもりだったが、気がつくと自分は床に倒れて鼻血をだし、そばに看護人が立って見ていた。このようなことは最近段々と少なくなり、とくに電撃療法を受けてからは自分で気持を抑えると見えなくなった」という。したがって入院当夜のはげしい昂奮は、幻覚に支配されたものであることが明らかになった。幻覚の対象は本人が欺かれたという内海、幹本である。

　以上、入院後の経過を観察して来て、受持医は次のごとき見解をいだくにいたった。すなわち、心因反応（拘禁反応）の存在することは確かであり、その慢性的経過をとるものは、往々逃避的欺瞞的な願望に基づく目的反応で、詐病に近いことが多いが、この場合には例外的で、内的葛藤のために精神の平衡が失われて生じた反応で欺瞞的意図のないものではないかと考えられる。なんとなれば、麻酔分析の物凄い昂奮や、痙攣、自傷を伴う朦朧発作の動機は、内海、幹本らに対する強烈な憤怒であり、その憤怒には一見非真実な様子が見当らない。しかも麻酔分析は往々真実を明らかにしてくれるものと考えられている。また一応問診可能になってからの態度は、一見従順で温和であり、その自供する犯罪内容もほぼ一貫し、かつ麻酔分析時の陳述と同様である。供述に若干忘失した点があるが、心因性健忘の存在する以上已むを得ないと考えられる。なお、当時本人の生活歴についてもほとんど判っていなかったので、その性格に対する明確な認識を持っていなかった。また、事件の記録を見ていなかったので、犯罪の詳細についてほとんど知っていなかったのである。

　さらに、われわれの見解を強めたものに上申書がある。大石は内海、幹本の話をすると同時に、自分の持物の中から東京拘置所で書いたという上申書の原稿をとりだして医師にみせた。これはミノ紙五二枚に細々とペンで書かれており、同様のものを一通清書して裁判長に提出してあるという。上申書には昭和二七年一〇月、大石が働いていたパチンコ屋で幹本と知り合ったことから、昭和二八年九月犯行時のことまでが、逐一具体的に細部にわたって書かれてあった。上申書の内容には小説的なスリルがあり、本人が内海ら一味に脅迫されて、無理に殺人罪の責をきせられた点が、充分納得のいくように記述されていた。なお、自らは気の弱い、まじめな男として書かれてあった。

試みに、上申書から次に抜萃してみよう。犯行当夜、大石が幹本に命ぜられて被害者中川の店を訪れ、店員の唐木をだまして外へ使いにやってからのことである。「私は中川さんに『一寸出て来ますから』といって戸を半分位閉めて外へ出ました。直ぐ赤羽駅南側の所定の場所へ行きましたが、そこで待っている筈の幹本の姿がみえませんでした。私は二、三回呼んでみましたが返事がありませんでした。私は急に胸さわぎがし、雨道の暗がりをあちこち探しましたが誰も居ませんでした。ぐずぐずして使いに出した唐木君が帰って来ると大変だと思ひ、一時中川さんの所へとって帰し、置いて来た雨傘をもって一人で帰ってしまふつもりで、駅前の道を行きました。その時映画館前の暗い角に自動車が一台とまって居て誰かが私を呼んでをりました。自動車は鼠色の高級車で、中に内海と女が居ました。私が近寄って行くと内海は『何して居るのだ』とするどく言ひましたので、私は『幹本はどうしました。あそこに待って居ると言ふから行ってみたら居ないが』と言ふと内海は顔を出して『何を言ふ。皆もう行ったのだ。早く行って手伝へ』ととげとげ言ひました。……中川さんの家の前へ来ると、前に私が出て行く時は戸を半分位閉めて行きましたのですが、今度は雨戸がきちんと閉まって居ました。私は雨戸をはずして中のガラス戸へ手をかけたところ中でかぎがかけてあるらしく開きませんでした。その時中に人が居るのがわかりました。私がガラス戸をたたいて呼ぶと同時位に電気が中で消え戸を開けてくれました。戸を開けてくれたのは洋坊（内海の運転手）でした。私はいそいで戸を閉めガラス戸にかぎをかけました。その時奥の方から大きなうなり声が聞こえてきました。パチンコの機械が一台はずしてありその奥に幹本が立って居ました。その前に顔中真赤になって人が倒れてうなって居ました。幹本は手が真赤でした。私はそれをみておどろき『ああ大変だ』ととび出そうと思って二、三歩後へさがって行きましたが運わるく自分でかぎをかけて戸が開きませんでした。その時私の横に居た洋坊がいきなり私に近寄って来て拳銃をつきつけ『さわぐな、逃げると殺すぞ』と言ひました。私はあまり突差のことで直ぐには声も出ず只おどおどして居ました。しばらくしてやっと『逃げないよ』と答へました。……幹本のそばへおそるおそる行くと中はまるで見るも見られないほどむちゃくちゃに赤い血がとんで二階の電気の光ですごく見え、中川さんは倒れてまだうなっていました。幹本は私に血でそまったハンマーをわたし『持って歩け』と言ひました」とある。それから三人は二階にあがり密輸品の入った箱をはこび出すと、ついでに茶箱や小箱をあけ預金通帳、現金をとると、毛布につつんで外へ逃げた。内海と女と洋坊は密輸品をもって自動車で逃げ、大石は新宿で幹本に酒をのまされてねこんだ間に、内海のかくれ家へ連れて行かれ監禁された。そして内海に、「お前が罪をきれば百万円やり、一ヵ月以内に警察から助け出してやる。さもないと殺す」と脅かされ承諾せざるを得なかった。監禁を解かれて神田を歩いているうちに、知合いの洋服問屋××の店員によびとめられ、その通報で逮捕されたことになっている。内海のかくれ家での状況も微細にわたって描写され、とくに内海に脅迫されて密輸仲間のおきてに従って血判のついた誓約書を書かされるところなど実に生き生きと書かれているのである。

一一月末、日常生活もほぼ常態に復したので、他の病棟へ移された。相変らず犯罪関係のこととなると刺激的となり、手を顫わせ顔面を紅潮させるが、以前ほどはげしくはなくなって来た。麻酔分析では前二回と全く同様の猛烈な昂奮状態がみられ、内海、幹本に対して強い怨恨の情を示した。一二月中旬から今まで読めなかった新聞、雑誌も読めるようになり、文字の健忘も消失した。ただ本人の生活歴などを問うと、細部にわたっては、「忘れた」「思い出せない」等といい、記憶はなお完全には回復していないようであった。右上下肢の感覚鈍麻、難聴を訴えるのは以前のとおりであった。

一二月末、受持医等は、東京地裁および地検の好意により大石に関する一件書類を精読する機会を得た。ところが、驚くべきことに、入院以来、大石の言う内海、幹本なる人物はまったく架空の人物であることが判ったのである。警察での第三者の陳述、実地検証、法廷での証人の発言すべてが、内海、幹本の存在を否定し、事件当夜彼等が持ち出した密輸品の入った箱についても、その前夜まで被害者と寝起きしていた店員の言により、実在しないものであることが明らかにされているのであった。その他の物的証拠も、本人に有利なものは一つもないようであった。

ここで受持医等は、従来の見解を修正せざるを得なくなった。これまで、大石の述べることは欺瞞的色彩のないものではないかと考えていたが、それは非真実であり架空のことであることが判明したのである。とくに内海、幹本らは虚構の人物で、それに対してかくも強烈な反応を示していることに驚いたのである。そこで経過を検討しなおしてみると、つぎのように解釈される。大石は逮捕後、警察官や検事に対し真実を自白した。しかし東京拘置所に入所後、何とかして刑罰をのがれようと考えたらしい。そして、当時はまだ冷静な状態にあったので、周到な思慮のもとに上申書にあるごとき詳細な虚構を創作した。したがって、その創作は意識的な嘘であるが、その空想力はかなり評価さるべきである。その創作にもとづき、犯行を内海、幹本なる人物に転嫁して自己の無罪を主張しはじめたのである。ところが、公判廷において数々の不利な証言や訊問に会い、自己のつくりあげた嘘が一つ一つくずされるのを見て動揺し、遂に心因反応を起すにいたったものであろう。そして失声症、児戯症を伴うガンゼル状態にいたったものである。ただそれだけであれば普通の拘禁反応の例と変らないが、問題は内海、幹本らの架空の人物に対する憤怒より発すると思われる幻覚性朦朧発作および麻酔分析時の情動反応である。この精神内容は急激なガンゼル状態が消退して一応平静な状態に復した後も依然として牢固として残っている。麻酔分析時の狂暴な反応もガンゼル状態の存在と無関係に持続している。また後述する如く、麻酔分析の際にイソミタールの代りに葡萄糖を用いた場合、まったく無反応であった。このような諸点から、内海、幹本の存在は本人にとって単なる意識的な虚言から妄想的確信に移行していたものと推定して差支えないであろう。したがって、幻覚性朦朧発作や麻酔分析時の情動反応は決して作為ではなく妄想に基づく反応であるといえよう。受持医等の最初の見解は、これらの反応は様式的に作為(詐病)ではなく、しかもその内容も真実であるとしたのであるが、様式的に作為ではないという点は正しかったが、その内容が真実ではなくて妄想であったのである。しかし、もちろん現在は自動的な反応であるとしても、その発生の初期に、様式的にも作為的意図が働いていたかもしれないという可能性については確定不能である。ヒステリーに意志の関与する側面があるという考え方は、現在の一般的見解である。要するに、この例の幻覚性朦朧発作その他の情動反応は、その発生の初期に作為的意図が働いていたかもしれないが、現在は妄想に基づく自動的な(作為でない)反応である。

つぎにこの場合いかにして創作(嘘)が妄想に発展したかが問題である。最初は嘘と意識していたが、反復それを主張している間に自己暗示的に確信するようになったものであろう。それには本人の性格の関与するところが大きいであろう。上申書でわかるように、大石は空想力の豊かな作話能力を持っている。また一件書類を見て判ったことであるが、彼は多くの詐欺を、しかも非常に巧妙に犯しているのである。かかる点からも、その性格は欺瞞者あるいは空想虚言者にみられる性格的特徴を持つと考えられる。このような虚言性性格とヒステリー、妄想形成(とくに妄想様構想 wahnhafte Einbildung)との密接な関連性はすでに多数の人々によって指摘されているところである。

それ以後、受持医は批判的な態度となり、受持医のうち、**A**は従来の態度をかえて大石に対して攻撃的に振舞い、**B**は従来どおり同情的な態度をとる方針とした。

翌年一月初旬、医師**A**は一件書類をもとにして犯罪について種々問診を行なったが、肝心の犯行の動機、事件前後の行動などになると言葉をにごし、「忘れた」、「わかんない」等という。ただ犯人は内海、幹本であるといいはる。その点を一々具体的に追求し、公判廷での証人の言葉を引用してつめよると、段々と険悪な眼つきとなり昂奮してきた。内海、幹本などは存在しない、それは架空の人物だというと、「先生はこの前たしかに犯人がつかまったといった。あれは嘘か」とつめ寄って来た。ついには、しきりと首をふり、「おかしいな。おかしいな」と考えこんでしまった。

二日後、今度は医師Bが病室で日なたぼっこをしている大石を訪れると、笑顔でむかえた。「気分はいい。退屈だから作業に出してください」等しきりと医師の意をむかえようとした。そこで、「この前A先生に会ったか？」ときくと急に緊張した顔つきになり、やや性急に、「一昨日だったかな、会いました」と答えた。そして、「どうもA先生は警察と同じことをいう、警察にだまされているらしい」という。「どうして？」ときくと、「おれが中川さんを殺したなんていった！」とさも心外だといった顔つきをしてみせた。体の具合をきくと、訴えるように、「右の腰が痛んで困ります。右足がブルブルふるえて……先生なんとかなおしてください」と調子をかえた。

問診を重ねるごとに医師Aに対してはますます憎悪を示し、医師Bに対してはますます信頼の念をあらわすようになった。また、医師に対する時とそうでない時とで態度がまったくちがい、他の患者の話では昔のことを詳細に語ることが出来、記憶障害などがありそうにないということであった。日常は一般におとなしいが、同室の分裂病患者が騒いだ時、なぐられる前に相手をなぐってしまうという具合に手がはやいことなどがわかった。患者たち（主にヒロポン中毒者）の評判もよく、一様におとなしい人、信用出来る人だといっていたのも、本人の特殊な性格を知る上に興味がある。

三〇年一月中旬頃から医師Aに対して反感がつのり、「寝ている間に脳味噌を入れかえられた。背骨の中に針金が入っている」など荒唐無稽なことをいいはじめた。もちろん犯行の否認は続いた。

一月末第四回目の麻酔分析を行なった。注射前になるべく本人を刺激するようなことをいわないでおき、前回と同様床の上に蒲団を敷いてその上に横臥させた。まず、前と同じ薬だといって二〇％葡萄糖液五ccを静注しつつ種々暗示を与えてみたが何等反応は見られなかった。ついでイソミタール〇・三gを静注すると前三回と同様の激烈な反応を示した。注射後五〇分、やや昂奮がおさまってきたので看護人が押えていた手をはなすと、ふらふら立ち上がり入口の戸にぶつかって倒れた。手を後にまわし、「さあしばれ！　おれを横浜の内海のかくれ家へつれて行け！　おれは奴に殺されてもこの身の潔白を示してやる」と涙を流して大見得をきった。

その後も、「脳味噌をいれかえられた」と医師Aに会うごとに口ばしり、こういった言辞は全体の生活状態から遊離しており、故意にそのようなとぼけたことをいっているという印象を与えた。このような陳述は作為あるいは妄想様構想というべきものであろう。

三月上旬、一連の心理テストを施行してみたが、いずれもきわめて投げやりな態度で参考になるような結果は何も出なかった。ちなみに、脳研式知能検査は一二点で、高度の知能障害に相当するが、故意の拒絶によるものとしか思えなかった。大石は三月一五日未明、突然病院から逃走した。逃走の前にもとくに変った点はみられなかった。数日後静岡県の郷里に潜伏中を逮捕された。

3　東京拘置所における状態（昭和三〇年三月〜同年七月）

ただちに護送されたが、入所の際までに精神異常を示し、「電気をとってくれ」「A先生をよべ」など、とりとめないことを喋り、すぐ蒲団の中にもぐりこんでしまった。

翌日、自殺企図があり「A先生が死ねといったから死ぬんだ」と頸部に青い紐を巻き付けているのが発見された。

四月、五月と症状は悪化し、電波の房内浸透を防ぐためといって、蒲団や白衣を窓にかけて房内を真暗にし、全裸となり大便を顔や手にぬりつけ、房扉を蹴り、奇声を発するようになった。ときに痙攣発作があり、鼻出血を来した。

五月末、医師Aが拘置所を訪れた。頭髪、鬚髯はのび放題、身体は不潔でかなり衰弱していた。綿を小さくまるめて綿球をつくり、それを病衣のポケットに入れたり出したりし、絶えず「ウー、ウー」と奇声を発しながら部屋の中を中腰でうろついていた。医師の存在に対してはまったく無関心で、強いて頭を医師の方にむけさせても認知せず、問いかけに応ぜず、疎通性がまったく欠如していた。「電気をとってくれ」、「電気をふせぐんだ」等の断片的な言辞から電波体験が、「A先生が死ねといった」等の言辞から幻聴があるらしいと考えられた。要するに、心因性朦朧状態にあることが認められたのである。

七月末、大石は再び松沢病院に送られて来た。

4　再入院後の状態と経過（昭和三〇年七月〜同年九月）

再入院当時の所見は、五月末拘置所において観察した所見とほぼ同様であった。ただ、より全身衰弱が加わっている点が目だった。無表情、空虚な眼つきで、時々軽くうなり、手足をぴくぴくと痙攣様にふるわせ、首を左右にふる。声をかけると首をむけるが、まったく認知しないようで問診は不能であった。

病室へ移すと、やがて全裸となり、寝具の綿をだして散乱させ、大便を体中にぬりつけるなどの不潔行為がはじまった。起立不能で、臀部と両上肢とでいざるようにして室内を移動する。医師が近づくと、体を動かすが見ようとはしない。「内海」「幹本」「赤羽」「中川」等、本人の犯罪に関係あることをいっても、無反応で表情を動かさない。しかし前回入院時と同様に、マッチの火と鍵束に対する反応がみられた。すなわち、マッチの火をみせると突然身をひき、手で払いのけようとする。ついで、両膝ではうようにして火にむかって突進して来る。医師が火をもって逃げまわると後をおいかけてくる。鍵をみせるとこわがって身をひくそぶりを示すが、前回入院時のようなはげしい反応は示さなかった。全体として昏迷状態にあったが、外界とまったく交渉がないのではなく、常に何らかの注意を周囲にはらって身がまえているところがみられた。

入院後二週間たったが同様の状態がつづいた。

八月中旬、麻酔分析を試みた。従来と同様にイソミタールソーダ〇・二g静注で物凄い暴れ方となり、内海（ジュン）なる人物に対する被害的、攻撃的な憎悪を示した。しかし更に「岡田（これは病院よりの逃走時、同じ病棟にいた患者のことと思われる）が鍵をあけた」という自分の逃走を合理化するごとき内容の発言があったことが注意される。これは新たにつくられた虚構的妄想が麻酔分析によって明らかにされたものとも考えられる。また「小菅」「革手錠」等の発言から、場所に対する失見当識のあることが知られ、したがって現在まで意識障害が存在したと考えられた。

八月一九日、二二日、二三日の三回にわたり電撃療法が施行された。その後段々と周囲との接触が回復して談話も可能となってきた。二七日には看護人をつかまえて、「腰がぬけたのは背中にガラスがはいったと思ったから。便をこねたのは拘置所でガラスをのんだので便に出て来はしないかと思ったんだ。これは看護人さんだから話す。あまりよくなるとまた拘置所へ行かねばならんからな」といった。時々「電気ばかりかけてなんだ！　うすばか！」「内海よんでこい」とどなったり、「ガラスの破片をとってのんでしまう」といって騒いだ。すなわち、この頃から朦朧状態より脱し、場所に対する見当識も生じ、失立失歩や不潔行為に関する異常体験を語るようになったのであるが、同時に、今度は意識的、意図的なものでとりつくろって行かねばならぬ焦躁が、そのどなったり騒いだりする調子の上に現われて来ているとみられる。この朦朧状態が電撃療法によって覚醒したこと、および再入院来ここまでの経過をみると、大石はやはり自動的、無意識的メカニズムに支配された例外状態にあったものと考えられ、単に意識的にそのような病像をつくっていたとは考えられない。この点でビルソバウム等の主張する拘禁反応は心因性詐病性精神病（psychogene Simulationspsychose）であるということは妥当であると考えられる。

これ以後、衣服を着るようになり、歩行も可能となった。他患者とキャッチボールや将棋に興じたり、食事、睡眠も普通であるなど、日常生活はほぼ正常に復し、談話も比較的活発となった。しかし、状況によって態度をいろいろとかえ、とくに受持医師に対しては警戒的であり、医師をみると笑顔が消え、ときに前回入院時にみられた小児様舌たらずの発音をすることがあった。犯行に関する話となると俄然はげしい情動の動きがみられ、「おれがやったのではないから早く帰してくれ」といい、内海一派への憎悪をのべたてるのであった。これらをみると、以前からの無罪妄想がなお強固に存在していることが認められる。

なお九月上旬には、「小菅にいるとき、ガラスをのめば出られると思ってのんだのが背中にまだ残っている」とか、「電気が左手にかかってくる、電気をとめてくれ」とかいう主張が頻繁にあったが、これは一過性のもので、九月中旬にはすでに消失してしまった。これらの主張は、正常な日常生活、談話の間に挿入せられ、いかにもわざとらしい印象を与えた。これらは急性症状期、とくに朦朧状態の際の体験の残遺妄想とも考えられるが、そこに詐病的意図がより明瞭に感ぜられる。前回入院時にも「背中に針金が入っている」「頭の脳味噌が入れかえられた」という訴えをもったが、それが急性症状期をすぎてからの訴えであったのと比較すると、今日のそれも軌を一にしている。しかも前回の訴えには急性症状期の残遺妄想と考えられるような根拠はなかった。したがってこのような妄想様構想ともいうべき訴えが詐病に近いもの、あるいは詐病そのものであるという可能性が浮んでくる。ウィルマンスは妄想様構想を詐病の中核症状の一つとみているが、本例から彼の意見が納得し得るようにも考えられる。

要するに、再入院後の経過は前回入院時のそれに類似するが、疎通性のない急性期がより長く続いたことと、体力的衰弱がより甚しかったために興奮の程度が弱かったことと、不潔行為、失立、失歩症状がみられたことが異なる。電撃療法により朦朧状態から覚醒し、その後、詐病的色彩が強くなり、一過性に「電気がかかる」などの体験を述べている。このような経過は前回入院時のものときわめて類似している。なお無罪妄想は発展しないものの依然として訂正されずに存在することは注目に値する。

総括と考察

以上、経過を追ってできるだけ詳述してきたが、経過を総括すれば次の五期に大別される。第Ⅰ期は架空の事実を創作してから拘禁反応にいたるまでの時期である。その時期は意識的な虚言が前景にあり、漸次虚言が妄想的確信に変化していったものであろう。第Ⅱ期は拘禁反応の急性期で、妄想に基づいた幻覚性朦朧状態、ガンゼル症状群が前景にあり、非常に多彩な病像を示したのである。第Ⅲ期は一応平静となり、心因性健忘と無実の罪をきせられたという妄想が前景に出て来た時期である。この期のおわりには、日常生活はまったく平常の状態に復したが、犯行に関した質問には昂奮し、かつ医師に対し「脳をとりかえられた」などの被害的言辞を表明し、ついに逃走にいたるのである。逃走前には作為的な面もかなり出てきている。第Ⅳ期は再度の逮捕拘禁により再び拘禁反応の急性症状を起し、幻覚性朦朧状態におちいった時期である。これらは第Ⅱ期と諸症状が非常に類似する。第Ⅴ期は再び平静となり第Ⅲ期と同一の無罪妄想と、一過性の妄想様構想と考えられる症状とが前景に現われ、作為的な面がかなり現われた時期である。

さて、この症例を考察すると、とくに次のような点が重要なものとしてあげられる。

1　この例は拘禁反応であることは疑いないが、詐病的色彩がかなり目立つ時期もあった。詐病と拘禁反応との関係についての従来の見解を検討し、その後にこの例について考察する必要があろう。

ブラウンによれば、疾病か詐病かというのではなくて、どの程度に器質的疾患が、どの程度に心因性反応が、どの程度に詐病が存在するかというべきである。ライヒャルトはブラウンを引用し、ヒステリーと詐病との区別に拘泥する必要はあまりない、ヒステリー反応と詐病とはより包括的な概念である目的反応（Zweckreaktion）

のもとに統一されるべきであるという。さらにクレッチマーは、意識的な意志と生物学的本能機構との力動的な連関を論じ、この問題をより明確にした。すなわち、一方の極において意識的演出的形態すなわち詐病に移行し、他方の極において本能的原始的機構が前景に立ち、たとえば驚愕反応に移行する。そしてヒステリーにはこの二傾向が種々の量的混合をもって現われるという。かれのヒステリー論は拘禁反応にも適用されると考えられる。

この例は仮性痴呆、昏迷、幻覚性朦朧状態等を主とする急性症状を示したが、その際には疎通性をほとんど欠如し、ときに見当識を失い、しかもほとんど周囲から影響されない恒常的状態であった。さらにその状態は電撃療法という物理的治療によって著しく軽快した。したがってその状態は意識的作為とは考えられず、無意識的なメカニズムに支配された自動的状態であると考えて差支えないであろう。しかし、その発現および経過に作為が全然関与していないであろうか？　この症状が最初発現したときには、自己の無罪主張がとりあげられないという不利な状況にあったのである。（したがって詐病によって拘禁を逃がれようという願望が浮んだという可能性が大きい。）急性症状期にも印象としてわざとらしい点が見られたが、症状消失後には行動に表裏が多くて作為的色彩が顕著になった。また逃走後逮捕されて直ちに同様な急性症状が発現した。これらの事実からこの症状の発現には詐病的願望が多少とも関与していると考えられる。おそらく詐病的願望から自己暗示的に自動的状態に移行したものであろう。

2　次にこの例が示した妄想形成について考察する。内海、幹本などという架空の人物が真犯人で自らは無罪であるという主張は、最初は意識的な「創作」であったものが、反復主張している間に妄想的確信に達していったことは、まず異論のないことであろう。その発展の過程には、それが真実であればよいという願望が働いていたものと推定され、その妄想は願望妄想の範疇に属するものであろう。

拘禁反応には種々の妄想形成が見られる。リューディンは終身受刑者の赦免妄想、無罪妄想を記載したが、無罪妄想という内容ではこの例の妄想と類似する。しかし前者は初老期の終身受刑者に多くみられるのに対し、後者であるこの例では未決拘禁中で二七歳という若年に発している点で異なる。さらにリューディンの急性幻覚性被害妄想とも明らかに異なる。それは急性の幻覚を伴う、裁判官その他、周囲の者に対する被害妄想で、主として独居拘禁に見られるものである。この例ではまったく架空の人物に対する妄想であり、特定の周囲の者に対する妄想ではない。その他、拘禁反応として好訴妄想がみられるが、それと異なることは論ずるまでもない。

最後に問題となるのは、拘禁反応の妄想形成で最も重要なビルンバウムの妄想様構想である。その発現はしばしば急激で、なんら誘因もなくおこり、精神的昂奮でもってはじまることが多い。心気的訴え、好訴傾向、自己の無罪の絶えざる訴え、不機嫌、拒食、自殺企図、錯乱状態等の不定の前駆現象を示すことがある。初期にはしばしば昏迷、ガンゼル症状群、事態誤認を伴う朦朧状態がある。要するに、発現時の重要な特徴として、妄想形成物の突如としての出現と、しばしば存在する意識障害があげられている。われわれの例の妄想は、意識的な創作から徐々に妄想的確信に発展したものであり、決して突如としての出現ではない。またガンゼル状態を主とする急性症状を示したが、すでにその時期に妄想に基づく幻覚性昂奮を示しているので、意識障害のこの妄想発現に対する意義をどの程度に評価すべきか疑問である。

妄想様構想の内容としては、被害（被毒）妄想、誇大妄想（血統、発明等の内容）が多い。そして、内容の易変性・被影響性・表面性、不充分で動揺的な現実感、作話の過剰などが特徴的である。しかるにこの例の妄想は、限局された内容が固定している点で、かなり趣きを異にする。

妄想様構想の経過としては、漸進的な進行を示して妄想系統を形成することはまずない。往々新規の妄想生産も見られず、もしそういうことがあっても断続的で前後の連絡がないことが多い。単純な経過をとるものでは、単一な上昇―極頂―下降の経過をとる。しかし、複雑な経過をとるものもあり、再燃型、弛張型、間歇型などにわけられる。そしてこれらの経過に影響するものは拘禁環境を中心とする外的情況の変化である。持続期間としては、発作性のものから、数週乃至数ヵ月続く単純な経過のもの、稀には年余―数十年―一生涯も続くものもある。遷延例においても著明なことは、種々の経過時期における著しい動揺と不規則性である。転帰は種々であるが、最も多いのは完全に回復して病識を生ずることである。しかし稀には、妄想過程の痕跡を残すことがある。もっとも痕跡を残しても、それが不関性の性格を有し、精神生活に影響を与えることはほとんどない。病識ができ難いように影響する要因としては、それが一般的な平均見解に一致すること（すなわち内容として被害妄想の方が空想的な妄想より遷延する）、精神病質的素質、先天的の判断薄弱があげられている。しかしとにかく、精神分裂病のごとき欠陥状態は決して残さない。

さて、われわれの例の妄想の経過を比較しよう。この例の妄想は、われわれが観察をはじめてから少なくとも進行した様子はない。急性期を過ぎてから患者は妄想に対して段々と無関心になって行くような印象を与えるが、われわれが内容について尋ねると妄想が訂正されている様子は少しもない。それが真に訂正されていないのか、そういうように作為しているのかちょっと区別がつかないほどであるが、麻酔分析における情動的反応から、やはりかなりの確信の状態にあることが推察される。（急性期が過ぎてから「脳味噌を入れかえられた」とか「身体に電気がかかる」などの新しい妄想形成が現われたが、その現われ方はむしろ唐突で無罪妄想と一応無関係である。）本例の無罪妄想はその持続期間が年余に及ぶが、このくらいの持続期間は妄想様構想の遷延型でもあり得ることである。またこのように遷延したことは、強盗殺人という罪名のために死刑の判決を受ける可能性が大きいことからも当然理解できることである。したがって経過の面のみをみれば、この例の妄想は妄想様構想に似ている。

以上の比較検討から、この例の無罪妄想と妄想様構想とは、発現過程と内容の性質においてかなり相違するが、その後の経過の点では類似することが明らかにされた。したがって、この例の妄想は、拘禁反応としてやや特異なものであるといえよう。しかし、この例と類似した症例が皆無であろうか？　われわれの知る限りでは、内村、吉益が鑑定した帝銀事件被告平沢貞通の示した症状がこの例にかなり似ている。被告は犯行の一切を自白した後に、無罪を主張しはじめ、遂には無罪をまったく確信しているかのごとき状態になった。そしてその状態は不変のままで持続しているようである。しかも、ときどき一過性に空想的な着想（妄想様構想）が現われている。ただわれわれの例と異なるところは、ガンゼル状態のごとき急性症状を示さなかったことである。しかし、この点は妄想形成の本質とは無関係であろう。その他、われわれの例に近いものを探せば皆無とはいえないであろう。犯罪者の犯行否認は往々経験されるところであるが、それらの中にも同様な経過を経て妄想的確信の程度にまで達しているものがあるであろう。

3　この妄想が虚言から発展したものであり、その精神症状の経過中に多くの詐病的態度がみられたが、それと関連してその異常な性格が考慮される。ビルンバウムは妄想様構想と欺瞞者の空想虚言（Phantasielüge）との類似性は明瞭であるという。前者は本質的に外的衝撃によって発生する精神病過程に結合し、したがって、たいていある期間に限定される。それに対して後者は、直接に性格に基づき、時として全生涯続き、外的事情の圧迫に依存せず、しばしば内的要求から産出される。しかし、この区別標識はおおよそにのみ妥当し、あらゆる種類の移行が両者の間に存在するという。クレペリンによれば、妄想様構想はある程度、本来的に虚言的および欺瞞的な本質が拘禁によって増悪された表現形式であるという。クニーゲも、拘禁性妄想形成は空想虚言症に近いといっている。本例の妄想形成はやや特異なものであることは否めないであろう。

この例は、一面人当りが良く、派手に店員を遇したり、好人物の印象を与えるとともに、他面平気で嘘をつき、人を裏切り、数々の悪らつな詐欺を行なっている。入院後、日常生活がほぼ正常に復した時に、医師に対すると患者に対するとで態度を変え、平素気の弱い人物らしく振舞っているのに、麻酔分析時には荒々しい別人のごとき状態となる。また上申書に見られるように、相当の空想力を持ち、自己もその空想中の人物になりきり、さらに他を欺こうとする。これら種々の点から、その性格は空想虚言症に見られる性格特徴をもっているといえるであろう。かかる性格が妄想形成を中心とする拘禁反応に大いに役立っていると思われる。

この異常な性格の形成については、社会的な環境の影響を見逃がすわけにはいかない。二〇歳前後まではきわめてまじめな模範的青年であったが、終戦後急に家出放浪し、転々と職を変え、すさんだ生活を送り、その間に欺瞞的な色彩が性格の上に加わっていったことが認められる。その形成過程の追及はきわめて興味ある問題であるが、詳細に知ることは困難であった。

4　麻酔分析の効果については、従来より論議の多いところである。それによって何らかの新しい症状なり精神内容を発見できるのではないかという期待を持つものもなくはない。この例においては、イソミタールの静注によりガンゼル状態が解けてかなり疎通性が喚起されたことは事実である。しかし、その際の陳述や態度が真実であると考えるのは甚しく早計で、妄想およびそれに基づく反応である場合があるのである。したがって麻酔分析に対しては一層慎重な考慮が望ましい。

（中田修共著「精神神経学雑誌」第五八巻第四号、一九五六）

三　死刑確定者と無期受刑者の研究

「彼が微笑すると、人はその死刑囚に勇気があるものと思う。ところが彼は最後の時に与えられたラム酒がうまいので微笑しているのだ。他人には洞察できないのだ、彼が遠近法を変え、その最後の時を人間として生きていることが」

（サン-テグジュペリ『人間の土地』より）

ま　え　が　き

かつて私が医務官として勤務していた東京拘置所において、死刑確定者のうちに、様々な心因反応を見出したことが、そのほかの被告（未決囚）および受刑者（既決囚）の心因反応と比較しながら死刑確定者の研究を始める契機となった。そこで私は、一年半にわたって、彼らの行動と精神状態とをたえず観察し、さらにこの問題をより完全に研究するために、一九五六年から一九五七年にかけて、宮城刑務所および大阪、札幌両拘置所を訪問して死刑確定者と面接を重ねた。死刑判決を受けた被告と死刑確定者についての観察に対照すべき比較群としては、一九五六年に、千葉刑務所において、無期受刑者を観察した。

観察の対象となった者*は、次頁の表の通りである。

	総数	初犯者	累犯者
死刑確定者	44	19	25
無期受刑者	51	24	27
「零番」囚**	50	33	17
合計	145		

日本においては、一九五一年から一九五四年のあいだに、一年平均三二名の死刑が確定し、そのうち、恩赦を受けた者を別にして、およそ七二%が、刑を執行された。この数字は、特赦を受けた者がある一方、刑の執行は、確定後ただちには行われない、ということで説明される。日本の刑法によれば、死刑確定者は、判決確定後六ヵ月以内に、刑の執行を受けるべく、定められている。しかし、現実には、それよりもさらに遅れて処刑される拘禁者があるわけである。私たちの対象となった死刑確定者の大部分は、拘置所で六ヵ月以上を過しており、その多くは、五年以上にわたって、刑の執行を待っていることになる。したがって、恩赦を受ける可能性は、ここに示された統計よりも小さくなるわけである。このことは、私たちの対象となった死刑確定者の行動と、心理的変化を理解するために、きわめて重要なことがらである。(第1表)

司法統計によれば、死刑確定者および無期受刑者の犯罪のうち、もっとも多いものは、強盗殺人となっている。私たちの対象となった者たちも、ほぼ同様な割合であった。(第2表)

一、犯行前の犯罪者

A 個人的素因

1 精神医学的側面

第3表は、精神医学的診断を示したものである。ここでは、神経症およびヒステリー、すなわち心因性の状態は、除外してある。これは、本論の第三部で分析されることになるからである。

第1表　日本における死刑確定者と無期受刑者の総数

	1951	1952	1953	1954
死刑確定者	44	37	22	20
無期受刑者	111	113	83	76

第2表　A）1951年から1954年の日本における犯罪についての法務統計

	死刑確定者		無期受刑者	
強盗殺人	92	74.8%	258	67.6%
強姦殺人	6	4.9%	6	1.5%
尊属殺人	2	1.6%	20	5.2%
殺人	22	17.9%	77	20.0%
強盗強姦	—	—	2	0.5%
強盗累犯	1	0.8%	20	5.2%
合計	123		383	

B）対象者の犯罪

	死刑確定者		無期受刑者	
強盗殺人	35	79.6%	38	74.5%
強姦殺人	4	9.1%	4	7.8%
尊属殺人	2	4.5%	1	2.0%
殺人	2	4.5%	4	7.8%
強盗強姦	1	2.3%	—	—
強盗累犯	—	—	4	7.8%
合計	44		51	

新井博士による各種拘禁者についての統計と比較すると、死刑確定者および無期受刑者においては、精神薄弱の割合が、少ないことが気づかれる。これはおそらく、精神鑑定で除外されているためであり、というのは、精神薄弱は、通例として、刑法上の限定責任能力とされるからである。

* これらは、統計的に無作為抽出されたもの、ないしは、全数である。死刑確定者の一例をのぞいて、すべて男性である。

** 私が東京拘置所において、一九五五年十一月から一九五七年四月まで観察した受刑者は、その罪状の重大さのために、死刑あるいは無期懲役の判決を受けるであろうことが予測された者たちである。彼らは、拘置所では「零番囚」として、分類されていたが、これは、その所内番号の末尾が0であるためであり、彼らが、「重監視」の状態に置かれていることを示す。

第3表　精神医学的側面

	死刑確定者		無期受刑者		新井の研究による各種被拘禁者*
正常	11	25.0%	7	13.7%	16.8%
精神病質**	30	68.2%	38	74.5%	57.4%
精神薄弱をともなう精神病質***	3	6.8%	5	9.8%	7.8%
精神薄弱	—	—	—	—	16.8%
精神病	—	—	1	2.0%	1.2%
合計	44		51		

「精神病質」の定義は、重要な問題であり、今日まで多くの議論を呼んできたし、また、研究者によってその定義は、非常にことなっている。ブムケは、臨床的、記述的観点からこれを定義して、平均的人格からの偏倚と考えた。ルクセンブルガーは、病因的なものとして、内因性の適応不能と定義した。シュナイダー(171)は、精神病質とは、自分自身および社会を悩ませるところの、異常人格である、と述べている。アメリカ合衆国では、シュナイダーの生物学的・社会学的概念とは逆に、シュナイダーのいう自分自身の悩みを、たとえそれが長期間持続し、生来性のものであっても、一種の社会への不適応と見なす、精神力動論的概念が、提出されている。したがって、アメリカ合衆国においては、シュナイダーの精神病質者の一部分は、神経症者と考えられているわけである。フランスでは、精神病質とは、病気ないし精神の奇形である、とされている。アントワーヌ・ポロー(156)は、こう述べている。「精神病質という用語は、精神全般の病的状態を示すものである。何人かの研究者は、これを様々に分類している。たとえばレジは、奇型-精神病質と、病的-精神病質とを区別したが、後者が、今日われわれが、精神病と呼ぶものに、相当する」。フランスの研究者の多くは、不均衡者という用語を好んで用いているが、これは、とりわけ変質理論から生まれた、体質的性格が、一般には含まれている。そこで私は、むしろ、病因論を考慮しない精神病質という用語を使用することにする。

ここでシュナイダーの概念を採用するとしても、なお精神病質の診断についての困難さが残されている。すなわち、異常性の評価と、自分自身および他者におよぼす悩みの程度の評価である。しかしながら、「精神病質」の概念は、観察者によって現象学的に、「発見された」状態であり、つまり、証明すべきその異常性は、自分自身および他者におよぼす悩みよりも重要なのである。対象者の異常性を評価する際には、観察者の主観が介入してくる。このことは、精神病質についての統計的比較研究を、非常に困難なものとする。診断は、観察者の才能や、経験や、感情に依存しているからである。

軽度の性格異常を示す者を除外するとすれば、私の資料においては、死刑確定者では一九名の精神病質（四三・二％）、無期受刑者で一九名の精神病質（三七・三％）が見られる。この精神病質の割合は、他の研究者による犯罪者についての結果と、さほど大きな相違はない〔たとえば、ローデン(162)の拘禁者の三〇％、新井(6)の拘禁者の二四・七％、中田(134)の拘禁者の一七％、等〕。

2 性格学的側面

私たちの対象となった者の性格を記述するには、ふたつの方法がある。すなわち、個人的方法と、集合的方法とである。個人的方法では、性格を現象学的に分析し、行動との関係において、これを性格学的、心理学的に記述することができる。これは伝記的研究であるが、他の報告で研究することにしたい。

さしあたっては、ここでは、集合的研究を行うことにする。彼らに共通な性格の記述である。このため、私た

＊ 東京の新井尚賢博士によって作成された、各種拘禁者についての統計による。

＊＊ここでは、「精神病質」ということばは、クルト・シュナイダーのいう、狭い意味で用いられている。すなわち、精神病質者とは、その異常性格のために、自分自身が悩み、かつ社会が悩むような性格を持つ者である。

＊＊＊ここで精神薄弱は、少なくとも軽愚、すなわち、精神年齢十歳以下の低い知的水準を示す通常の意味で用いられている。

ちは、いくつかの傾向ないし特性に注意するにとどめ、重要でない偏倚はすべて除いて、その性格を、単一の類型論のうちに分類することにせざるを得なかった。これは、私たちが、彼らの性格の一般的傾向を量的に示したい、と考えたためである。

診断について、私たちは、シュナイダーの概念を採用したために、ここでも、その精神病質人格の類型論が用いられている。その精神病質の定義が、社会学的なものであるにせよ、彼がその著書で繰り返し述べているように、彼の提出した性格学的ないし心理学的類型論は、体系的ではないが、性格、わけても犯罪者の性格の分類に、きわめて有効なものなのである。このために、彼の類型論が、主として利用されているわけである。ついで、クレッチマーの体格類型論が、シュナイダーの類型論とおなじ水準で用いられているが、この際、私たちは、論理的にみて故意の矛盾をおかすことになることを、十分承知している。しかしながら、クレッチマーの三気質類型で分類するのがより妥当であると思われる例がいくつかあるために、シュナイダーの類型論と同時に、これを用いることにする。ここで言い添えておくべきは、クレッチマーの類型論で分類された者は、総計に影響しないほどの少数である、ということである。

つぎに、複合型の問題がある。シュナイダーも言うように、彼の類型論は、複合型の存在を認めている。そこで、多くの研究者は、統計を作成するにあたって、各症例の唯一の特徴を選んできた、という事態がおきた。しかし、このような方法では、性格における、いくつかの微妙なニュアンスが見逃されてしまう危険がある。

菅又(192)にならって、私たちは、次のような計算方法をとることにする。すなわち、ある事例が二類型の性格を示したとするなら、それぞれの類型は二分の一と数えられ、したがって、二類型の合計は一となる。また、三種の性格の場合には、それぞれの類型は三分の一に数えられるので、合計は、いつも一となるわけである。

この計算法は、精神病質つまり、精神薄弱を伴う精神病質および精神薄弱を伴わない精神病質のグループにのみ適用される。この計算法は、正常者には無効である。なぜなら、これらの犯罪者は、むしろ、彼らの素因よりも、環境に影響されていたからである。このことは、追って議論することになろう。このほか、精神病の事例は、無期受刑者に一例みられたにすぎなかったが、もちろん、これは特殊な例として除外した。

このようにして、私たちは、精神病質の類型を分類し、第4表にこれを示した。比較群としては、同様な計算法を用いた菅又(192)の、詐欺累犯の分類を用いた。

第4表　精神病質の性格類型

精神病質の類型	死刑確定者		無期受刑者		菅又による詐欺累犯者	
発揚情性	11.3	34.3%	7.2	16.8%	41.5	19.5%
情性欠如	6.6	20.0%	12.2	28.4%	12.0	5.6%
意志薄弱	6.2	18.6%	14.8	34.4%	105.5	49.6%
自己顕示	2.6	7.8%	3.0	6.9%	47.5	22.3%
爆発	2.3	7.0%	1.0	2.3%	—	—
狂信	—	—	0.3	0.7%	1.0	0.5%
気分易変	—	—	—	—	0.5	0.2%
循環気質	—	—	—	—	2.0	0.9%
分裂気質	1.0	3.1%	2.5	5.8%	2.0	0.9%
粘着気質	3.0	9.2%	2.0	4.7%	1.0	0.5%
合計	33.0	100.0%	43.0	100.0%	213.0	100.0%

発揚情性人格、情性欠如人格それに意志薄弱人格が、その他の人格よりも多く、死刑確定者および無期受刑者にみられる。ここで多くの意志薄弱者がみられることは、驚くにあたらない。というのも、ほとんどすべての犯罪者は、多少ともこの性格傾向を示すものだからである。シュナイダー(171)はこう述べている。「これは、抵抗を持たない、他者および状況によってたやすく誘惑されてしまう者である」「意志薄弱者の社会的重要性は、犯罪の領域に存在する」「能動的な犯罪者に比較すると、彼らには、首尾一貫性および計画性が欠けている。また、彼らの犯罪は、第一にその経済的無能力に支配される」。能動的犯罪者と考えられがちな殺人犯に、意志薄弱的傾向が見出されるのは、非常に興味ぶかい。というのも、これらは「複合」殺人犯であり、強盗や暴行などを伴う殺人犯だからである。

彼らは時として、積極的意志なしに、当時困難な状況にあったため、ただ単に小金を取るためのみに、犯行におよぶことがある。発揚情性と情性欠如の二人格は、事実、暴力犯の主要な性格である。暴力犯というより、むしろ知能犯である詐欺累犯の結果と比較すると、情性欠如人格が非常に多いことがわかるが、これは、殺人犯の心理と素因を理解するのに重要な点である。さらに、複合型つまり発揚情性と情性欠如の併存は、殺人犯の代表的なものと考えられる。シュナイダーはこう書いている(171)。「発揚情性型の人格は朗らかな、親切なことも少なからず、活動的な、どんな経験にもめげぬ、常に楽天的な均衡のとれた人々である」「それと密接に関連することであるが、彼らの多くは深刻性、徹底性を欠き、無批判、無分別、自信家であるのが常である…」したがって、発揚情性型の殺人犯は、同情や、羞恥心や、良心なしに、情性欠如性犯罪にかりたてられてしまうのである。同じ人物のうちにふたつの人格、つまり快活で親切な人と同時に、粗暴で冷い人が共存している、というのは、興味ぶかい対照である。

自己顕示欲型の人格は、以前には、ヒステリー性格（クレペリン）と呼ばれていたものであり、詐欺累犯では、主要な役割をもつものであるが、私たちの事例では、多くはない。この人格と、私たちの対象である拘禁者の心因反応との関係は、興味ある問題であり、のちに研究することにしたい。

爆発型精神病質は、考えられるほどには多く見られない。とはいえ、彼らの犯罪は、きわめて粗暴であり、また、所内での彼らの反応は、管理上非常に重大なことがらである。彼らの犯罪ないし殺人の際には、彼らは例外なく、非特異的な反応型、クレッチマーのいう「原始」反応をおこして爆発したのである。

3　犯行時の年齢

一般的にみて、早期に犯罪をおかした者は、犯罪への素質をより多く持っているといわれる。この種の犯罪者は、その早発性ゆえにまったく特別に研究されるべきである。早発犯と遅発犯とを分ける年齢限界は、論者によってまちまちである。リードル(161)は、一八歳以前に犯罪をおかした者を早発犯、三〇歳以降に犯行におよんだ者を遅発犯と呼んでいるが、いっぽうシュトゥンプル(190)は、両者の限界は、実用的にいって二五歳である、と主張している。

第5表は、犯行時の年齢によって対象者を示したものであるが、無期受刑者の二例をのぞいては、すべて殺人犯である。ここで上限を三〇歳とするなら、大部分の事例はそこに含まれる(死刑確定者の七四・九%、無期受刑者の八四・三%)。したがって、犯罪者のなかでも、私たちの対象者のように非常に重大な殺人犯は、早期に犯罪をおかしている、と言うことができる。ここで付け加えておくならば、この時期は精神状態が不安定であり、筋力は充満しており、暴力行為や犯罪や殺人を容易なものとする要素が、同時に存在している時期なのである。

第5表　犯行時の年齢

年齢	死刑確定者		無期受刑者	
20未満	5	11.4%	10	19.6%
20〜24	19	43.2%	18	35.3%
25〜29	9	20.3%	15	29.4%
30〜39	1	2.3%	7	13.7%
40〜49	5	11.4%	1	2.0%
50〜59	5	11.4%	—	—
60以上	—	—	—	—
合計	44		51	

三〇歳をすぎてから犯罪をおかしている遅発犯のうち、何人かの老人の殺人犯が私たちの注意を引いた。一般的にみて、エクスナー(46)の言うように、老年者の犯罪は弱さの犯罪であり、とすれば強盗や殺人のような強力な犯罪で有罪になるとは考えられないのである。したがって、五〇歳をすぎているこれら五名の犯罪者は、例外的な事例であり、それぞれ別個に分析する必要がある。

4　遺伝

犯罪者の生来性の素質を研究するためには、遺伝生物学がもっとも重要な分野である。しかしながら、私たちの対象者は、少数にすぎるし、また、私の研究目的は、特別この点をめざすものではないので、ここでは単に補完的な意味でのみ、取りあげたいと思う。

父親や母親が、精神薄弱、精神病、精神病質、慢性アルコール中毒、犯罪性などの原因となっている直接遺伝については、第6表のとおりである。私たちは、初犯者と累犯者について、直接遺伝の割合を比較してみたが、そこに統計的に有意の差は見出し得なかった*。第6表によると、二群の受刑者の直接遺伝の割合は、ほぼ同じであることがわかる。遺伝の内訳は、慢性アルコール中毒、精神病質、精神病の順である（第7表）。

第6表　直接遺伝

直接遺伝	死刑確定者	無期受刑者
有	15	14
無	27	28
不　明	2	9

5　体格

私たちは、クレッチマーの体型によって対象者を分類した。無期受刑者のすべての顔と上半身を写真撮影し、これをできるだけ客観的に分析した。しかし、死刑確定者については、その死刑確定そのもののために、写真をとることはできなかった。結果は次のとおりである。細長型一四、肥満型九、闘士型九、不定型二、混合型一七。性格と体型の関連は、明確には示されなかった。

6　既往症

この研究は、犯罪者の人格に影響しうる重要な疾病、すなわち、神経-脳疾患、慢性アルコール中毒、アンフェタミン中毒（日本では「ヒロポン中毒」と呼ぶ）およびモルヒネ中毒についてのアンケートを含んでいる。しかし、私たちはこれらの疾病についての、死刑確定者との差異を、はっきり確めることはできなかった。

無期受刑者のうちには、三例の小児性脳炎がみられた。脳炎後遺性の異常性

第7表　死刑確定者の遺伝

	直接遺伝	隔世遺伝	傍系遺伝
精神薄弱	—	1	—
精神病	1	2	1
精神病質	4	—	1
慢性アルコール中毒	10	2	—
犯罪	—	—	1
合計	15	5	3

格は。非常に不安定で。統御されず。しばしば粗暴で無情な犯罪の原因となる。と言われる。これらの脳炎既往者は、いずれも継続的に犯罪をくり返してきた累犯者であり、彼らの社会に対する態度は、きわめて不安定であった。

死刑確定者中の特殊例の代表的なものは、狂犬病予防ワクチンを原因とする異常性格者である。彼はコルサコフ症状群を呈し、「空想虚言」性格と虚言症《ミトマニー》の一型を示している。さらに、この犯罪者の精神鑑定によって、狂犬病予防ワクチン注射後の脱髄性脳炎が発見されたが、これが日本におけるこの病気の、初験例であったのである。

生来性の全身性アテトーゼがみられた死刑確定者があるが、この病気は彼に正常に働くことを妨げ、劣等感と欺瞞的性格を植えつけ、他人に対する憎悪のために、犯行におよんだのであった。

慢性アルコール中毒についてみれば、二群の受刑者のうちに、八例の病的飲酒者がみられた。彼らは、異常な酩酊や、卒中、痙攣、幻覚をともなう、習慣的飲酒者である。病的飲酒者が、アルコールを飲み、混乱状態に陥った時に示す状態は、彼を殺人のような粗暴な行動にみちびくので、非常に危険である。ここで、アルコール中毒者を限定責任能力とする精神鑑定が問題になるが、この場合、この病的状態を明確に評価することも、しばしば困難となる。しかしながら、精神鑑定の結果として、病的飲酒者は死刑確定者よりも、無期受刑者のほうに多いことがわかる。さらにいえば、病的飲酒者は、暴力行為の累犯者に多数みられるのである。

一九四五年、第二次世界大戦がおわってから、多数のヒロポン中毒者が、日本の青年層にあらわれた。ヒロポン中毒はまず、臨床精神医学の問題であり、ついで、とくに非行少年についての大きな社会問題となった。私たちの事例では、一五例がヒロポンを使用した経験をもっていたが、中毒者は一例のみであった。したがって、ヒ

＊ x^2 検定をおこなって、危険率が $P < 0.01$ 以下である場合、「統計的に有意差がある」という。

ロポンの影響は、大きいものではないと言えよう。

モルヒネ中毒は、二例のみに見られたにすぎない。

結果的には、私たちは、犯罪の発生因となる重要な疾病として以下のものを見出した。脳炎、アテトーゼ、ワクチン後遺性性格障害、病的酩酊、以上である。

7 犯罪学的側面

ここで主な研究対象となるのは、殺人である。

初犯者を注意ぶかく観察してみると、その犯罪への過程が、それぞれ異っている者があることが知られる。犯罪（反社会的行為）を一度もおかしたことのない者もいるが、少年期よりすでに非社会的行為をおかしている者もあり、心理的には累犯者である者もある。また、殺人の前後に、窃盗や詐欺などの触法行為をおかしている者もいるのである。私たちは、殺人犯の非社会的行為には、大きな意味があると考えている。とりわけ、私たちの対象者のような若年犯罪者を研究する場合には、この行為は、非常に大きな意義をもっている。怠学、不良交友、繁華街徘徊、虚言癖、家内窃盗など、いずれの非社会的行為も、たとえそれが社会に重大な障害を与えずとも、さらに大きな犯罪を準備するものなのである。

したがって、初犯者はつぎの二群に分けることができる。すなわち、殺人によって一挙に犯罪行為にはいった純粋初犯者と、非社会的初犯者とである。

累犯者に関しては、分類がさらに複雑であることが知られている。殺人ばかりをおかしてきた殺人犯は、私たちの対象者のうち一例みられたにすぎない。累犯殺人犯の他の二型は、根本的に異っていると考えられる。ひとつは、窃盗、横領、すり、詐欺等の長い前歴ののちに殺人をおかした者であり、もうひとつは、暴行、傷害、公務執行妨害等で服役したことがあり、ついに殺人をおかした者である。さらに、彼らの少年期には初発犯の場合と同様、非社会的行為が見られる。問題を簡単にするために、累犯者を、窃盗累犯と暴力累犯の二群に分類することにしたい。

a　純粋初犯者　これらの犯罪者は、生涯はじめて殺人をおかしたものであって、それまでは正常な社会生活をいとなんでいた者である。彼らの犯罪の原因はしばしば周囲の環境に見出される。すなわち、極貧、家庭的葛藤、環境との葛藤、とりわけ憎悪や嫉妬をかきたてる葛藤などが原因となったのである。これらの犯罪者は、激情発作の状態にあったのである。いっぽう、このなかには、長年正常な生活を送ってきた老年犯罪者が見られるが、彼らは、第二次世界大戦後に到来した経済危機の際に、職を見つけることができずに、突然破局的状況に落ちこんでしまったのである。また、老人性疾患の者もあるが、そのうちの特殊例は、狂犬病予防ワクチン注射後の脱髄性脳炎に罹患した老人である。

精神医学的にみると、彼らは大部分正常であるが、なかには精神病質者も存在する。

b　非社会的初犯者　殺人をおかす以前に、これらの者は法律に抵触しない非社会的行為を行っている。彼らは心理的には累犯者なのである。これらの例の大部分は、精神病質で代表されるが、正常な者もいる。彼らの犯罪は、いっぽうではその居住環境や生育環境に、他方ではその遺伝的素質に原因している、と言えよう。

c　窃盗累犯　これは以前、他人の財産をそこなう犯罪で服役したことのある犯罪者である。この犯罪には、窃盗、強盗、詐欺横領などが含まれる。精神医学的にみると、先のグループよりも多くの精神病質がみられる。その性格の主なものは、意志薄弱傾向（意志薄弱型精神病質）である。非社会的行為の初発年齢は、先のグループよりもさらに早いが、これは彼らが、犯罪への遺伝的素質を第二グループよりも多く有していることを示すものである。彼らのもっとも重要な一般的性格は、やはり意志薄弱傾向である。ホルツェンドルフ(79)は、これについて次のように述べている。「〃金のための〃殺人者にもっとも特徴的な現象は、その道徳性の脆弱さと危

第8表　精神医学的診断と各群の関係

	第 I 群		第 II 群		第 III 群		第 IV 群	
A）死刑確定者：								
正常	7	70%	2	22%	2	10%	—	—
軽度の精神病質	2	20%	3	33%	5	26%	1	17%
重度の精神病質	1	10%	4	45%	10	53%	4	67%
精神薄弱	—	—	—	—	2	11%	1	16%
精神病	—	—	—	—	—	—	—	—
B）無期受刑者：								
正常	5	46%	1	8%	1	5%	—	—
軽度の精神病質	4	36%	7	54%	7	35%	1	14%
重度の精神病質	1	9%	5	38%	8	40%	5	72%
精神薄弱	1	9%	—	—	3	15%	1	14%
精神病	—	—	—	—	1	5%	—	—

機における自己統制の欠如であり、これらはまず過大な享楽と放蕩、ついで失業と労働嫌忌、そして窃盗と殺人をひきおこすのである。この堕落ははじめのうちは緩慢で進行的であるが、やがて破局にまで重大化するのである」。私たちの対象者のうちに、ホルツェンドルフの型の多くの犯罪者が存在することは、確かである。

d　**暴力累犯**　これは、傷害、暴行、殺人など暴力犯罪をおかしたことのある犯罪者である。ほとんどすべての者が、意志薄弱、発揚情性ないし爆発型性格の精神病質者であるが、これらは殺人犯に典型的なものである。非社会的行為の初発年齢は、多くの場合一二歳以前であり、これは以上のグループのうちではもっとも早い。彼らは遺伝的な素質をもった犯罪者であると考えることができよう。ここにはまた、継続的に犯罪をくり返す能動的情性欠如者がみられる。いっぽう、数年間は犯罪をおかすことなく生活できるが、何かのきっかけで爆発しきわめて粗暴な殺人をおこなうことがある、間歇犯罪者もみられる。

また稀ではあるが、エルンスト(45)が記載した特殊なタイプの犯罪者も存在する。彼らは、窃盗、暴力行為、強姦、殺人などの犯罪を簡単におかしてしまう多種方向犯罪者である。彼らの特徴は、知性、感情、意志および日常生活のあらゆる行動などを問わず、まったく統御できないことである。これはエルンストが「原始的無形式」犯罪者と呼んだ者である。

第8表は、以上述べた四群と、精神医学的診断の関係を示したものである。精神病質の割合は、一、二、三、四群の順で増加していることがわかる。

B 社会的環境（犯因性環境）

犯罪心理学的には、機会環境も生育環境も犯因性環境と考えられるが、これらをはっきりと分類するのは不可能である。機会環境は、それが、直接犯罪への姿勢をもたらした場合には、犯因性行為環境と呼ばれる。いっぽう生育環境は、長い間の影響によって、犯罪者の人格を準備形成するものである。

1 家庭環境

a 欠損家庭　ここでは、死別または生別によって二〇歳以前に、少なくとも片親を失なった者が問題となる。私たちの対象である受刑者の半数は、欠損家庭で生育した者である。初犯者と累犯者との間には統計的に有意差はない。欠損家庭は、それだけで犯罪をひきおこすものではないが、躾けの不十分さや、子供の精神形成に間接的に影響する両親への欲求不満となってあらわれる。この点からみると、欠損家庭は、以下に述べる貧困家庭や不道徳家庭とは、異っているのである。

欠損家庭の率は、死刑確定者で三八・七％、無期受刑者で五四・九％である。なお、一九二五—二六年にかけてサザーランド(196)のおこなった三、〇五三名の犯罪者と非行児についての研究では、四七・一％、グリュック(60)の五百名の犯罪者と非行児についての結果は、六一％、また五〇名の「第一級」殺人犯についてのベイカー(16)の結果は三二％である。以上と比較してみれば、私たちが得た結果は、持に重大なものとは考えられない。

第9表　非社会的ないし反社会的行為の初発時における犯罪者の家庭の経済状態

	死刑確定者				無期受刑者			
	初犯者		累犯者		初犯者		累犯者	
正常な家庭生活	10	52.6%	6	24.0%	14	58.3%	11	40.7%
貧しい家庭生活	9	47.4%	19	76 0%	10	41.7%	16	59.3%
合　　計	19		25		24		27	

第10表　非社会的ないし反社会的行為の初発時における不道徳家庭

	死刑確定者				無期受刑者			
	初犯者		累犯者		初犯者		累犯者	
正常な家庭	15	78.8%	10	40.0%	20	83.3%	16	59.3%
不道徳家庭	4	21.2%	15	60.0%	4	16.7%	11	40.7%
合　　計	19		25		24		27	

非社会的行為や犯罪行為の初発時前後の家庭状況は、とりわけ重要である。この点について私たちは、経済状態、道徳的環境および両親との葛藤についての、アンケート調査を実施した。

b　貧困家庭　経済的貧困、およびそれがもたらす住居の狭さや道徳性を低下させるような物質的条件は、未来の犯罪者の人格形成に重大な影響をおよぼす。しかしながら、生活の標準を定めることはかなり困難である。そこで、誰かが規則的に働いており、経済状態が安定している場合にその家庭は正常に生活していると言い、また、少なくとも成員のひとりが規則的な仕事をもたず、社会保障による補助を必要としている時には、その家庭の生活は貧しい、と言うことにしたい（第9表）。これによると、累犯者は初犯者よりも、貧しい生活を送っていたことがわかる（死刑確定者では、統計的に有意差がある）。正常な家庭生活条件で生育した者のうち、いわゆる裕福な階層の出身者は、五名にすぎず、またこれらはいずれも初犯者である。したがって、私たちの対象者の大部分は、貧しい階層の出である、と言うことができよう。

c　**不道徳家庭**　泥酔、犯罪行為、不道徳行為およびあらゆる家庭的葛藤は、少年の心理形成に影響を与えるものである。この種の家庭の割合は、初犯者よりも累犯者に多い（死刑確定者では、この差は統計的に有意である）（第10表）。

2　**学歴**

第二次世界大戦前には、日本の学制は年齢順に小学校六年、中学校五年、高等学校三年、それに大学三年というものであった。しかし戦後、アメリカ式の学制が採用されたが、それは、小学校六年、中学校三年（ここまでが義務教育）、高等学校三年および大学四年というものである。私たちの対象者の学歴についてみれば、新旧の制度が混在しており、このため、私たちの対象者の学歴についての一般的な展望を得るのは困難である。半数以上は、小学校程度の教育しか受けていない。大学卒業者は、二名にすぎない。教育程度の低さ、ならびに他の好ましくない要因が、私たちの対象者の未熟な人格や、道徳性の欠如に影響をおよぼしていると考えられる。さらに言えば、彼らの学歴は、規則的なものでも、真面目なものでもないのである（出席不良、家出、不良交友等）。彼らに一般的常識が欠けているのは、このためなのである（第11表）。

第11表　対象者の学歴

	死刑確定者	無期受刑者
小学校中退	9	5
小学校卒業	27	34
中学校中退	2	8
中学校卒業	5	3
それ以上の学歴	1	1
合計	44	51

3　**職業**

私たちの対象者が、はじめてついた職業は、農林水産労働者や工員のような、むしろ安定した職業であった。ところが、興味深いことには、彼らの最後の犯罪

第12表　職　　業

	死刑確定者				無期受刑者			
	最初の職業		最後の職業		最初の職業		最後の職業	
怠業者・失業者ないし浮浪者	1	2.2%	20	45.4%	2	3.9%	22	43.2%
農林漁業	11	25.0%	7	15.9%	12	23.5%	5	9.8%
職人	1		1		3		2	
事務員	5		2		2		1	
商店員	4		2		7		1	
工員	11	25.0%	1	2.2%	17	33.3%	8	15.7%
喫茶店バー等の店員	3		—		3		—	
道路工夫	4		5		1		9	
その他	3		6		4		3	
不定	1		—		—		—	
合計	44		44		51		51	

時には、彼らは失業者や浮浪者となっていることが多いのである（第12表）。失業者や怠業者、また特に浮浪者は、犯罪をおかしがちな状態にある者である。その経済状態は、多くの場合きわめてみじめであり、彼らは、これと言った目的もなく日々を送っているのである。

なぜ彼らは、一度は正常で安定した職業を選びながら、最終的には浮浪のような犯罪をおかしやすい状態に、陥ってしまうのであろうか。そこにはいくつかの要因があろうが、私たちは、彼らの性格の障害を重大視する。彼らは、長いあいだ同じ場所で働くことは好まず、転職を重ね、ついには不安定な状態に陥ってしまう。私たちの対象者のうちで、最後まで、つまり最後の犯罪時まで、最初の職業を続けていたのは、七例に

第13表　転職回数

回数	死刑確定者	無期受刑者
0	3	4
1	2	7
2～5	30	35
6～9	6	2
10～	3	3
合計	44	51

第14表　結　　婚

	死刑確定者		無期受刑者		合計	
既婚	14	31.8%	9	17.6%	23	24.2%
未婚	28	63.7%	30	58.8%	58	61.1%
離婚・死別	2	4.5%	12	23.6%	14	14.7%
合計	44	100.0%	51	100.0%	95	100.0%

第15表　犯罪傾向指数

	(A) 対象者	B 日本総人口	$\frac{(A)}{(B)} \times 100$ 犯罪傾向指数
既婚	24.2%	60.3%	40.0
未婚	61.1%	34.2%	178.4
離婚・死別	14.7%	5.5%	267.3
合計	100.0%	100.0%	

すぎない。多くの者は二回から五回転職しており、ある者（六名）などは、一〇回以上の転職を経験している（第13表）。彼らの社会におけるこの不安定性は、主としてその個人的性格と、抑制の欠如に原因していると言えよう。彼らは簡単に職業を変えてこれをくやむことなく、将来の計画をもたずに町から町へと放浪し、未来をあれこれ悩むことなく現在を楽しむことができる。これは、彼らの「発揚情性」性格の側面である。いっぽう、彼らは環境に影響され、つねに容易な方向を選び、生産的な仕事をなしとげることを好まない。これらのことがらは、彼らの「意志薄弱」性格をあらわすものだ、と言える。

4　結婚

独身者の率がもっとも多いが、これは私たちの対象者に若年者が多いためである（第14表）。私たちの対象者の結婚状況と、日本の総人口中のそれとを比較して、私たちは、犯罪傾向についての指数を計算してみた（第15表）。これによれば、独身者の犯罪性（一七八・四）と、離婚者および死別者の犯罪性（二六七・三）は、既婚者のそれよりも大きい、と言える。事実、私たちの対象者中には、離婚者と死別者は多くはないが（一四・七％）、しかし彼らの強い犯罪傾向性に注意すべきなのであり、この傾向は十分に顧慮されてはいないのである。彼らの生活状況は、心理的に不安定であり、このため、彼らは容易に犯罪に近づいてしまうのである。さらにまた、独身者および犯罪傾向性をともなうその数は、犯罪学的にみて非常に重要なデータであると言える。

二、犯行時の犯罪者

A　犯因性直接環境

1　犯行の場所（都市と地方）

ここでいう「大都市」とは、東京、大阪、京都、名古屋のような、人口百万以上の都市をさす。「中小都市」とは、県庁所在地あるいは、商工業の中心地のことである。「町」とは、小さな行政区画の役所がある場所であって、その人口は平均五千人ほどである。また「村」とは、田舎や山間部の小集落のことである。私たちの対象者が犯行におよんだ場所は、次頁の表のように分けられる。

これによると、死刑確定者と無期受刑者は同じ傾向を示している。大都市は常に犯罪の中心地であって、そこにはもっとも貧しい人々が集中しており、その人口過剰が犯罪者の逃亡を助け、身を隠すのを容易にしているのである。日本の人口の三分の二が、地方に分散していることを考えれば、村と町の犯罪は合計しても、大変少ないものであると思われる。

	死刑確定者	無期受刑者	合　計	
大都市	17	24	41	43.2%
中小都市	12	7	19	20.0%
町	3	5	8	8.4%
村	12	15	27	28.4%
合　計	44	51	95	100.0%

殺人がおこなわれた場所は様々である。すなわち、野原二〇例、他人の家五〇例、自分の家六例、列車内、事務所などの他の場所四例である。殺人の多くは、他人の家でおこなわれている。殺人犯の家でおこなわれた殺人には、特別な注意が払われるべきであるが、それは犯人が逃亡し身を隠すのを困難なものにするからである。このカテゴリーにはいる犯罪は、一般的には、村でおこなわれている（六例中四例）。

2　犯行の時間（季節、曜日、時刻）

無期受刑者中の四例をのぞいては、私たちの対象者の大部分は、第二次世界大戦後（一九四五年後）に、犯罪をおかしている。私たちは、戦前すでに犯罪をおかしていた殺人犯を調査することができたが、これは長い未決拘禁や裁判、それに日本ではよく見られる刑執行の遅延などのためである。

犯罪の多くは、冬の間—一二月、一月、二月—と、夏—七月と八月—に起きている。しかし、この傾向は統計的には有意ではない。

また、犯罪がもっとも多く起きている曜日は、土曜、日曜、水曜であるが、これも統計的な意味を持たない。

殺人がおこなわれた時刻は、大部分（死刑確定者の七〇・五%、無期受刑者の七九%）一九時から朝の四時までのあいだである。日本では、夏至近くでも太陽は一九時より前に沈むのだから、殺人の大部分は、夜間おこなわれているわけである。

3　経済状態

犯行時には、ほとんどすべての殺人犯は、貧しい状態、というよりしばしば極端に悲惨な状況にあった。彼らは食物を手に入れたり宿泊する可能性すら持っていなかったのである。このように、彼らはつねに殺人をおこなうのに必要な条件を備えていたわけである（第16表）。

第16表　犯行時の経済状態

	死刑確定者	無期受刑者
正常な状態	4	13
貧困状態	19	25
極貧状態	21	13
合　　計	44	51

B　行動と精神状態

ここでは、私たちの対象者の犯行時の行動と、精神状態について述べる。ほとんどすべての殺人は、窃盗や強盗や詐欺を伴っており、同一の視点からこれを分析することはできない。そこでここでは、二群の殺人犯すなわち死刑確定者と無期受刑者の、主ないくつかの傾向を示すための、全体的分析のみにとどめておきたい。

1　犯行の動機

ウォールナーは、日常的に用いられる「動機」という言葉は、多義的である、と言う(214)。すなわち、いっぽうではそれは、行為を決定するすべての内的・外的条件を含んでおり、他方、行為によってうらづけられた結果を意味している。ある人間が犯罪への動機を持っている、と言う場合、ウォールナーの意味によれば、同時にふたつのことが言われていることになる。私たちは、この言葉を第二の意味、すなわち、「行為によってうらづけられた結果」という意味で用いることにする。

a　利欲殺人　強盗殺人は、被害者から金を奪う目的をもった者の行為である。彼らは利欲による殺人犯である。これには、二種類のタイプがある。ひとつは、単なる窃盗をおこなうつもりであったものが、偶然被害者に発見されたため、強盗に変化し、ついで犯行を隠すために殺人におよんだ者である。もうひとつは、慎重に考慮した計画にもとづいて、強盗殺人をおかした者である。彼らの主な目的は殺人ではなく盗みなのである。

b　熱情的殺人　尊属殺人と純粋殺人とは、感情的犯罪である。この種の殺人犯は、その被害者に対して、怨恨や報復観念を抱いていたのである。犯罪行為の以前には、非常に複雑な家庭環境とか、果てしない対人葛藤状況が見出される。被害者は、両親、親族、友人、知人などである。しかしながら、いくつかの事例では、物質的利欲がからんでいるものもあることがわかる。彼らは被害者から金を奪った、というより、彼らの葛藤は物質的困窮や、利欲がらみの話に由来するものであったのである。

c　政治的殺人　グルーレが信念と名誉の殺人犯と呼んだ政治的殺人犯は、ここでは一例しか見られない。一九四九年の日本では、資本家に対する労働者の運動が幅広く盛りあがり、この過度に興奮した雰囲気のなかで、運転士のいない空電車が突然暴走し、東京三鷹駅のホームに衝突して、六名の死者を出すという事件がおきた。この事件は、共産主義者の政治的示威活動であるとみなされ、私たちの事例者は、他の日本国有鉄道の労働者と同時に逮捕されたのである。結局、様々な論争をへたのち、彼だけが死刑判決を受けた。彼が六名の死をひきおこす意向を事実持っていたと考えるならば、彼の動機は殺人ではなく、政治的信念の表明であったわけである。

d　性的殺人　強姦や暴行をともなう殺人犯のグループは、性的快楽にもとづく動機を示している。しかし、彼らの動機は純粋に性的快楽の欲求ではない。ここでは二ないし三の異なる動機が混在しているのである。たとえば、ある者は強盗をおこなう目的であったが、二次的にその行動を強姦に変えたものであり、またこれとは逆に、強姦をおこなったのちに盗みを働いたり被害者を殺したりした者もある。エルンストの「原始的無形式犯罪者」に似たいくつかの事例では、はっきりした動機の形式がみあたらず、動機のない犯罪者が問題となる。彼らにとっては、殺人や強姦は、彼らの他の平凡な犯罪以上の意味は持っていないのである。

e　殺人ではない犯罪　無期受刑者中には、殺人をともなわない強盗犯が数例みられた。彼らの動機は、単なる利欲であると考えられる。

第17表　動　機

動　機	死刑確定者		無期受刑者	
利　欲	38	86.3%	40	78.4%
熱　情	4	9.1%	11	21.6%
政治的信念	1	2.3%	—	—
性的嫉妬	1	2.3%	—	—
合　計	44	100.0%	51	100.0%

f　病的犯罪　精神医学的動機、たとえば幻覚や妄想を基礎にもつものは、一例もみられなかった。したがって、あらかじめ施行される精神鑑定は、幸いにもこの種の犯罪者を除外していることになる。

私たちは対象者を、その動機によって、司法的にでなく犯罪学的に分類したが、これらの動機は、その犯罪の複雑な本質ゆえに、非常にこみ入っているものである（第17表）。分類にあたっては、各対象者にとって優先的な唯一の動機のみを選ぶにとどめた。動機の点からみれば、死刑確定者と無期受刑者とのあいだには大きな差異はみられない。しかし、その犯罪行為の過程を分析してみると、特徴的な差異があることに気づくのである。殺人には次の三種のタイプがある。計画的殺人、他の犯罪（窃盗や強盗）から二次的に起きた殺人、それに目的を欠き、目につく動機もない機会的殺人である。死刑確定者には、犯行前に計画をめぐらしていた殺人犯が多く（六三・七%）、いっぽう無期受刑者では、機会的殺人が支配的であって（六二・八%）、この差は統計的に有意である。この事実は、計画的犯罪であるか否かで、裁判官の量刑に差があることから起きたことは、まちがいない。しかしながら、注意すべきは、死刑確定者のうちには、二次的犯罪者や機会的犯罪者さえ見られる、ということである。犯罪学的には、彼らは、より軽い判決を受けて然るべきなのである。

2　共犯

無期受刑者の五八・八%は、共犯者があったが、死刑確定者では二九・五%にすぎない。そのかわり、第二次世界大戦後の日本において、青少年層にあらわれた集団犯罪は、ここには全くみられない。したがって、集団心理は原始的心性と暗示性の昂進をもたらし、犯罪に重要な役割をはたすものではあるが、ここでは数例にみられたにすぎない。共犯者については、死刑確定者よりも、むしろ無期受刑者に多くみられることは、ごく当り前のことである。一般的に言って、共犯者は軽い判決を受けるものだからである。

3　被害者

無期受刑者の被害者の数は、死刑確定者よりも少ない。後者の被害者数は、犯罪者一人あたり二・一名であるが、前者の平均は一・二名である（第18表）。

第18表　被害者数

犯罪者一人あたりの被害者	死刑確定者		無期受刑者	
	犯罪者数	被害者総数	犯罪者数	被害者総数
0	—	—	4	—
1	24	24	41	41
2	10	20	2	4
3	3	9	1	3
4	4	16	3	12
6	1	6	—	—
7	1	7	—	—
12	1	12	—	—
合計	44 (A)	94 (B)	51 (A)	60 (B)
	$\frac{(B)}{(A)}=2.1$		$\frac{(B)}{(A)}=1.2$	

一二名を殺害した殺人犯は、狂犬病予防ワクチン注射後遺症の病的性格をもつ例外的事例である。彼は金を奪うために、銀行員に毒を飲ませたのである。窃盗、強盗、傷害、強姦、七件の殺人とたえず形式を変えていったひとりの累犯殺人犯は、情性欠如と発揚情性型の精神病質者である。

犯罪者一人あたりの被害者数は、犯行時の被害者の状況、すなわち精神状態、性格、態度などに依存している。しかしながら、殺人犯の大部分は、被害者の挑発なしに殺人をおかしている。挑発的態度は、死刑確定者では八例（一八%）、無期受刑者では九例（一八%）にみられたにすぎない。

4　凶器

殺人のために用いられた器物については、二群の受刑者に異った傾向がみられる。すなわち、死刑確定者では、斧、鎌、短刀であり、無期受刑者では、細紐や自分の手が多い。この差は統計的に有意である。これは前者

第19表　殺人に用いられた凶器

	死刑確定者		無期受刑者	
斧・鎌	10	22.7%	4	8.5%
包　丁	4	9.1%	1	2.1%
短　刀	9	20.5%	3	6.4%
日本刀	—	—	2	4.3%
ピストル	2	4.5%	2	4.3%
金　槌	—	—	2	4.3%
鉄棒棍棒	7	16.0%	7	14.9%
細　紐	4	9.1%	14	29.7%
毒	2	4.5%	—	—
手(絞殺)	2	4.5%	10	21.2%
その他	4	9.1%	3	4.3%
合　計	44	100.0%	47*	100.0%

＊ 殺人ではない4例は除いてある。

が計画的犯罪であるが、後者は計画性のない機会的犯罪であることを示している。二群を通じてその殺害方法は、一般に原始的で残忍であり、知能の介入する余地は少ない(第19表)。

5　犯行時の精神状態

私たちの対象者の犯行時の精神状態を知るためには、面接が唯一の方法である。私たちは彼らの精神状態を、裁判記録と精神鑑定の結果を参照しつつ評価した。

すでに見たように、彼らは様々な動機で殺人をおこなっている。アルコールの影響は、言われているほどには大きくはない。犯行前に酒を飲んでいたのは、死刑確定者では六例、無期受刑者では五例みられたが、一例をのぞいては感情-情動性爆発や衝動性昂進のような重要な影響はみられない。

犯行時に精神運動性爆発反応を起していた者が数例みられる。この状態は、単純殺人や尊属殺人のような感情的ないし熱情的殺人にみられるばかりでなく、利欲殺人の場合にもひきおこされる。この状態は、一種の錯乱状態であり、この意識障害が彼らから犯行時の行動の記憶を奪っているのである。彼らは、それと知らずに犯行におよんだわけである。彼らは、たとえば偶然そこに居合わせた子供を殺してしまうといった、不可解で馬鹿げた行為や、粗暴で無益な行為をおこなってしまう。普通の場合、彼らはその犯罪、とりわけ殺人についての記憶を、部分的ないし全面的に欠いている。言葉では、彼らはしばしば自分の責任を減らそうとするが、意識混濁や意識喪失があったことは疑いえない。この現象は、クレッチマー(107)の「原始反応」に一致するものである。彼によれば原始反応とは、刺激が人格全体の介入なしにひきおこした反応であり、瞬間的な衝動行為あるいは精神の深層構造の出現である。この反応には、爆発反応と短絡反応の二型がある。爆発反応とは、強い情動が意識の抑制なしに単に外面化したものであり、短絡反応とは情動が、統一的人格を通過することなく行為に変化することである。短絡反応は、爆発反応のように単純で運動的なものではないが、より複雑な一連の行動となってあらわれる。私たちの対象者で犯行時に原始反応を起していた者では、短絡反応(四例)よりも爆発反応のほうがはるかに多く(二三例)含まれている。

死刑確定者における爆発反応者では、一例の正常者をのぞいては、てんかん気質、爆発型、発揚情性型といった精神病質者がみられた。無期受刑者では八例が爆発型および発揚情性型の精神病質であり、正常は五例であった。すべて、短絡反応例は、意志薄弱型精神病質者であるが、その人格構造は原始的で、精神的に未熟な子供のような状態にとどまっているのである。こうして私たちは、クレッチマーの言うように、原始反応は体験の刺激が十分に大きければ、各人のどんな性格によってもひきおこされる、ということを確めることができた。しかしながら、ここで注意すべきなのは、二七例中二一名がシュナイダーの意味における精神病質者であることである。このことは、言いかえれば、原始反応のメカニズムを理解するには、外的刺激のみならず、各人の素質が重要な役割を演じていることに注目すべきなのである。したがって、素質が外的刺激に耐えられなくなると、原始反応があらわれる、と言うことができよう。これは各人の心的限界の概念についての、力動的メカニズムなのである。

原始反応者のうちのある者は、私たちに、殺人行為の瞬間に快感をおぼえた、と語った。彼らは視野が狭窄したような印象をもち、被害者の熱い血の臭いを感じて、恐怖や心配の感情をおぼえるかわりに、優越感と快感を体験したのである。この状態は、性犯罪にしばしばみられる陶酔状態である。この現象について、吉益(223)は次のように述べている。「犯罪素質のある者においては、酩酊状態に似た神経-精神的興奮がしばしばみられる。この陶酔状態は、彼を外的環境から引き離し、彼の自我が世界の中心にあると思わせる。こうして彼は、心的抑制を欠いた人間となるのである」。この血の陶酔は、三例にみられたが、これらはすべて情性欠如および発揚情性型精神病質であり、殺人時の原始反応による意識障害にもかかわらず、被害者の血の噴出とその熱い臭いを前にした快感を、よく記憶していた。この快感は、意識が回復するまで持続したという。ある死刑確定者は私たちに、はじめての殺人で体験した快感を楽しむために、何回も殺人(強盗や窃盗をともなう)を繰り返した、と語った。私たちは、この血の陶酔という状態は、精神病質者の原始反応の枠内にはいる病的状態であると考える。

以上述べた病的反応を示した事例を別にすれば、受刑者は一般的に言って、ためらうことなく冷静に殺人をおこなっているが、彼らのうちには、感情-情動性興奮をおこしていた者がある。しかし、これは少数ではある。これらの犯罪者は、犯行時に感情的、情動的な弱い反応を示していたのであり、死刑確定者の三四・二%、無期受刑者の七五%にみられた。

受刑者の半数は、その犯罪を計画しており、実行する少し前にそれを決心している。長い間計画をめぐらしていた殺人犯は稀であり、死刑確定者に二例みられたにすぎない。彼らはその殺人計画を、半年も前から練っていたのである。心理的に決心した時点と殺人がおこなわれた時点との差は、一般にはわずかである(数分から一、二時間)。

6　犯行後の精神状態と行動

犯行直後には、普通の場合、急性感情麻痺と考えられる茫然自失ないし冷静な状態がみられる。吉益(223)はこう言っている。「熱情的犯罪者は犯行後、しばしば興奮状態に陥り、警察に自首するのはこの種の者のみである。」しかしながら、殺人後の感情麻痺は、殺人犯の情性欠如ないし粗暴な素因によるものであるとは結論できないのである。この現象は、犯罪そのものに原因する直接的結果なのである。彼がその残忍な行為を意識したならば、彼は自分が招いた結果に突然にまた全面的に打ちのめされ、彼の情動は石化されてしまうのである。これは本能的な防衛機制であって、彼の本能にとっては一種の安全弁であり、その外面的な鈍感さが、現実の困難な問題から彼を守っているわけなのである。

その殺人の恐しさに恐怖を抱いたり、恐慌状態に陥ったり、自分のおかしたおそろしい罪を反省して自殺しようとした者は、非常に稀である。殺人の直後に「恐怖」に襲われたと語ったものは、少数にすぎない（死刑確定者の二〇％、無期受刑者の三四％）。彼らはまた、この恐怖が何に由来するのかわからなかった、とも語った。

私たちの対象者は、自ら進んで犯行時の体験について話したが、これは、彼らが、精神的価値について話すよりも、自分自身について話すことを好むからなのである。犯行後に良心の苛責を経験したのは、数例のみであった。彼らの価値判断についての反省の可能性については、彼らの倫理意識の欠如に注目すべきであろう。

これらの受刑者の多く（死刑確定者の六八％、無期受刑者の五二％）は、犯行後も、不安や煩悶もなく、前と変らぬ生活を送っていた。ある者たちは（死刑確定者の二七％、無期受刑者の三一％）、それまで生活していた場所を去り、他の町や村へ逃亡した。警察へ自首した者は、死刑確定者で四・五％、無期受刑者で一〇％あるにすぎない。つまり、これらの犯罪者の半数以上は、重大な犯罪をおかした後も、その生活様式を変えなかったわけである。彼らは平静で落ちついており、決して奇妙で不安げな態度を外に出さなかったのである。彼らは、その犯罪は決して発見されず、逃亡はかえって社会の注意を引くことになるので、望ましくないと信じていた。彼らは逃亡者の心理は、もっと軽い刑を受けた犯罪者の心理と比較すれば、何ら特殊な性質をもつものではない。彼らはただ単に刑をのがれようとしただけであって、あとで見るように、彼らは、それが死刑になろうとは考えていなかったのである。通常彼らは、盗んだ金が続くかぎり警察から隠れおおせているが、ひとたび金がなくなると、再び窃盗や強盗をおかし、このため捕えられたのである。

警察に自首した犯罪者は、自首によって刑が軽減されるために自首したのであり、倫理的に反省して自首したのでは決してないのである。

死刑廃止反対論の重要な主張の一点は、この刑がもつ威嚇力にもとづいている。彼らは、死刑の廃止は社会から威嚇力を奪い、殺人が頻繁におきるようになるだろう、と言うのである。この問題について、私たちは次のような質問を受刑者にしてみた。犯行前あるいは犯行中に、この殺人が死刑に値するかどうか、考えたことがあるか。犯行前に、これを考えたことを記憶していた者は一人もなかった。ただ、数名の者が犯行中に、将来死刑になるかもしれないと一時的に思った、という。そのうち三名が死刑判決を受け、一名は無期刑であった。犯行時の心的興奮からさめたあとでは、およそ二〇％の犯罪者が、その犯罪のために死刑になるだろうと確信したという。この点からみると、死刑には私たちの社会を殺人犯の暴力から守るための威嚇力はないのであって、というのも、犯行前に彼らは死刑の存在を知っていたにもかかわらず、その衝動性と現在にしか生きられない無能さゆえに、死刑を予想して自制することはできなかったからである。

受刑者のほぼ半数（死刑確定者の五九％、無期受刑者の四三％）は、最後の犯罪の一週間後には逮捕されている。半年以上にわたって警察の逮捕を免れていた者は、七名の死刑確定者と一名の無期受刑者のみである。岡崎(152)は、一九四五年から一九五五年にかけて日本で刑の執行を受けた二五一名の死刑確定者についての統計を作成している。それによれば、受刑者は一週間では四五％、一カ月までには八〇％が逮捕されている。半年後に逮捕されたのは、五％にすぎない。日本では、未解決の事件、あるいはいわゆる「迷宮入り」の事件で、「捜査打ち切り」になるものは、ごく稀であることも、言い添えておくべきであろう。

7 警察留置中の精神状態

逮捕の直後、警察での最初の尋問の際には、ほとんどの者は一度はその犯行を否認している。しかし、尋問のあいだ終始それを否認していた者は、死刑確定者で一〇名、無期受刑者では五名であり、そのうちには、裁判でも、また最終判決後においてさえも、自らの無実を主張し続けた者たちもある。無罪を主張する犯罪者のうちには、のちに見るように、はじめは嘘であったものが、最後には無罪妄想に変化しているものがある。これとは逆に、警察では犯行を自白したのに、法廷ではこれを否認した者が、いくらか見られる。彼らは、例外なく警官や刑事の拷問や脅迫によって自白を強制された、と言うのだが、彼らの言葉の真実性は、まったく疑わしいのである。

未決拘禁後の精神状態をさらによく理解するには、留置中および警察の最初の尋問の間の彼らの精神状態を直接観察できれば興味ぶかいであろうが、私たちは、彼ら自身の陳述のみによって、その状態を評価したのである。

三、犯行後の犯罪者

A 被拘禁者の精神病理学的研究

1 精神病理学的状態の頻度

私は一九五五年一一月から一九五七年四月まで、東京拘置所の医務部に精神科医として勤務していた。そこで私は、一八九名の被拘禁者を、「精神医学的に」診察したが、その内訳は、死刑ないし無期懲役刑の判決が予想される特殊な被告である「零番」囚が一三名、一般被告一五四名、それに拘置所内で様々な仕事をしているか、または判決後他の刑務所に移送されるまで一時的に拘置されている者が二二名である。なお、この一年半のあいだに、東京拘置所に拘禁された者の総数は、「零番」囚六二名、一般被告一五、四八八名、受刑者一一、五八九名である。したがって、精神障害の割合は、「零番」囚で二一％、一般被告で一％、受刑者で〇・一八％となる。つまり、「零番」囚が他よりもさらに精神障害にかかる率が高いのである。「零番」囚の精神障害のほとんどは、広義の反応性精神病であった。

これについての詳細な研究にはいるまえにビルンバウムが被拘禁者の被刺激性、敏感性それに神経衰弱状態を記述していることを想起しよう。これらはすべて、拘禁環境の神経-精神的結果から生じたものであり、軽度の精神病理学的状態を招来するものである。彼はさらに精神病質人格が誇張されてあらわれる、とも書いている。これら軽度の異常は、すべて拘禁性精神病からは除外されるべきである、というのが彼の所論である。とはいえ私たちは、これら軽度の異常状態の観察は、被拘禁者の正常な精神状態の理解にきわめて有益である、と考える。しばしば、正常な状態の研究は、異常な状態の研究から出発して進展することがあるものである。正常な状態と軽度の異常それに病的状態との関係を分析したり観察したりするなら、これら三つの状態を結びつけている、ひとつのメカニズムが見出されるはずである。これは、この研究に直接関係する作業仮説である。

総括的分類を試みると、私たちの対象となった被拘禁者の反応性および精神病理学的現象は、二群に分けられる。ひとつは狭義の心因反応であり、ヒステリーの諸症状や、クレッチマーの「原始反応」が含まれ、たとえば、爆発現象やあらゆる種類の妄想や幻覚、ガンゼル症状群やレッケの昏迷などが見られる。もうひとつは広義の心因反応の枠内にはいる、様々な神経症様状態であり、抑うつ的ないし多幸的な病的感情、心気症様状態や神経衰弱状態などが含まれる。

しかしながら、この区別は截然とすることはできない。急性のヒステリー現象を示した被拘禁者が、しばしばこの発作の前後に、慢性の神経症の症状を示している、という例があるのである。言いかえれば、長期間拘禁され、日常的に神経症様状態を示していた者が、挿間的に狭義の心因反応を起す、というのは刑務所では平凡なことなのである。さらに言えば、神経症様状態と正常な状態は、連続的な関係をもっている。まったく不調を訴えない被拘禁者のうちにも、時として不眠と頭痛を訴える者が見られるのである。

反応性精神病の診断には、治療の結果が重要な指標となる。しかしながら、被拘禁者を診断する際に、治療の結果を参照することは不可能である。彼らはつねに厳格な規則の下に独居しており、多くの感情的ショックや印象的な出来事を、持続的に経験しているからである。そこで私たちは、これらをヤスパースの意味における、原因となる出来事との「了解」関連をもつ心的現象の内容を観察することにより診断せざるを得なかった。さらに私たちは、対象者と、その非常に不安定で変りやすい精神状態の発展を可能なかぎり長期にわたって観察した。結局、診断の証明としての治癒を待たずとも、私たちの対象者の反応性精神病の経過は、治療の結果からみれば相対的に良好なものであった、と言えるように思う。なお、無期受刑者の場合には、精神科医は治療的にきわめて困難な役割をもつものである。

この研究の期間中にあらわれた、広義の心因反応は、五〇名の「零番」囚のうち二五名（五〇％）、四四名の死刑確定者のうち一六名（三六％）、それに五一名の無期受刑者のうち二一名（四一％）にみられた。しかし、彼らの精神病理学的状態を、この研究がおこなわれた全拘置期間を通じて、看守による被拘禁者の行動観察と報告を含む拘置記録、面会時の会話の報告、書信の写しや要約、医学的観察等々、ならびに看守の口頭による報告を参考にしつつ観察してみると、心因反応の割合は次のように増加する。すなわち、五〇名の「零番」囚中三四名（六八％）、四四名の死刑確定者中二七名（六一％）、五一名の無期受刑者中三六名（七一％）である。つまり、これら被拘禁者のほぼ半数は、何らかの心因反応を示しており、この高率は他の被拘禁者には決してみられない、と言えるのである。

未決拘禁中に被拘禁者は、判決の予想や法廷での弁護の準備や危惧、初犯者の場合には拘禁生活への不安や家族との離別、といった何らかの困難な体験ないし出来事を堪え忍ばなければならない。したがって、「零番」囚の反応性の精神病理学的症状は、法廷での裁判の成りゆきや、拘禁の期間などによって、著しく変化するものなのである。このためにこの研究の期間中にみられた高率の心因反応（五〇％）は、了解可能なのである。狭義の心因反応については、私たちは「零番」囚に六例（五〇名中一二％）、死刑確定者に三例（四四名中七％）これを観察したが、無期受刑者にはまったくみられなかった。なお、この問題についてこれまで発展された論文では、一般的に言って、拘禁性精神病は、受刑者よりも未決被告に多いとされていることを、言い添えておく。

死刑確定者における心因反応の頻度は、無期受刑者よりも低い。しかし、狭義の心因反応はむしろ前者にみられ、後者では非常に稀である。無期受刑者で注目される特徴的事実は、慢性で軽度の神経症様状態が多い、ということである。拘禁の全期間について研究するなら、無期受刑者における心因反応の総数（七一％）は他の被告や受刑者よりもはるかに多いが、これは拘禁の長さによるものにちがいない。たとえば、無期受刑者の拘禁期間の平均は、死刑確定者のそれが二年四ヵ月であるのに対して、五年一一ヵ月なのである。拘禁期間の相違によって心因反応の分布を見ると興味ぶかい。「零番」囚は、事例によるが一月から七年一〇ヵ月まで拘置所にいるが、拘置の長さによって反応の分布に差はみられないのである。この問題を注意ぶかく観察すると、法廷での公判の成りゆきによっていくらかの相違が見出せる。拘禁のはじめころ、すなわち起訴の一、二ヵ月後には、一般的には不安定で不安な反応状態がみられ、これは持続して地方裁判所の最初の判決時に強くなる。心因反応の頻度は、この一般的不安状態にほぼ平行している。高等裁判所では、彼らは通常落着いており、すでに拘置所の雰囲気に慣れ、ある程度まで判決結果を予想できるようになる。同時に心因反応は減衰する。次いで減刑の可能性が小さくなる最高裁判所では、彼らは裁判の成りゆきよりも、むしろ刑執行の形式にこだわるようになる。このため、再び不安定で不安な状態があらわれ、心因反応はその頻度を増すのである。彼らの反応状態の時間的変化を考察することもできようが、しかしこの変化は各人各様であって、このため定量的評価は不可能である。

私たちは、拘禁生活の様々な時期にある死刑確定者について研究をおこなった。たとえば、ある受刑者は判決確定後五年八ヵ月拘置所におり、またある者は判決直後である、という具合である。未決拘禁の期間を加えると、拘置所にもっとも長くいる者は、一一年になるのである。心因反応の過程からみると、継続的反応（一四例）、一時的反応（九例）それに混合反応（四例）、といったタイプが区別される。心因反応の半数が継続的反応、すなわち、永続的反応状態を示すことは明らかである。裁判の成りゆきによってかなり異った精神病理学的状態を示す「零番」囚とはちがって、死刑確定者はたえずその環境に苦しんでいるわけである。とはいえ、症状の初発時期はしばしば未決拘禁中なのであって、判決後はじめて心因反応を起した者は、わずか三例であることを言い添えておこう。この点からみると、死刑確定者の反応は「零番」囚のそれと同質のものであり、頻度については本質的な差異はないことになる。死刑確定者としての拘禁の当初には、一時的に不安な時期があるが、これはおそらく最高裁判所での審理中の心理的緊張に起因するものであって、特別にとりあげるほどの重要性はもたない。

無期受刑者の拘置は、一年から三三年まで続く可能性がある。だが、大部分（九二％）は一〇年以下である。これは仮釈放の可能性があるからである。死刑確定者の心因反応とは対照的に、未決時の心因反応が判決時にまで残ることは少ない。心因反応の頻度は、相対的に既決拘禁の当初、つまり判決確定の一年から五年後に高い。一般に心因反応は慢性化し、死刑確定者にみられた急性で不安定な反応は、かなり稀である。のちにみるように無期受刑者の反応の症候論は、「零番」囚や死刑確定者のそれとは、非常に異った面を示すのである。

2　研究時における被拘禁者の年齢

これら被拘禁者は、犯行時から四、五年経過しており、したがってその多くは二五から三九歳である。多くの論者がすでに指摘しているとおり、反応性精神病がもっとも頻発するのは、心理的-身体的能力がもっとも強い成人である。六〇歳以上の者は、死刑確定者に四名、「零番」囚に一名みられた。しかしながら、心因反応は老齢による心理的-身体的衰弱には、特に関係していない。

3　拘禁性精神病の症候論

拘禁性精神病研究の当初（バイヤルジェ、デルブリュックやグーチュのころ）、この特殊な精神病の存在は、大きな問題であった。しかし、この問題についての多くの研究や、精神医学の進歩によって、精神分裂病や体質性精神病を容易に除外できるようになり、今では拘禁性精神病は反応性精神病にすぎない、とされている。

拘禁性の反応性精神病の症候論については、次のような型が被拘禁者に多くみられるという。すなわち、ガンゼル症状群、急性幻覚性被害妄想症ないしリューディンの赦免妄想、レッケの昏迷、ビルンバウムの不均衡者における妄想様構想などである。これらの精神病の症候論については、多くの論者によって様々な分類がなされており、ここでこれを応用するのは有益であろう。しかしながら、私たちは、以下に示すいくつかの特徴的な類型にしたがって、事例を観察してゆくことにしたい。すなわち、(a)原始反応、(b)ヒステリー状態、(c)心因性慢性妄想病、(d)気分の障害、(e)神経衰弱状態の五つである。これらの臨床型は純粋なものではないことに注意すべきである。これらは、各々の過程によって他の型に変化することがあり、被拘禁者の症状はしばしば二、三の型にまたがっているのである。

a　原始反応

これはいっぽうでは病的な精神運動性興奮状態に、また他方では昏迷状態に関係している。この興奮状態は、「刑務所爆発」と呼ばれるものである。この状態は突然の情動的爆発で始まり、ついで無秩序な衝動的運動が起こる。扉や壁を乱打したり、大声をあげて房内の器物を破壊したり、静めようとした看守を殴ったりする。これは多少とも逆行性健忘をのこす錯乱状態と考えられる。極端な場合には、周囲との接触が失われ、動機も理由もなくただ動いているという印象を抱かせる。しかし、外界との接触はなお保たれており、この精神運動性興奮は不安感や不機嫌の表出にすぎないことが確められる。通常この活動的現象の持続はみじかい（約二—五時間）が、時には興奮期のリズムをともなってさらに長く（三日から一週間も）持続することがある。また、この状態が日常的な小さな葛藤から起こることもある。

この爆発反応は、「零番」囚に八例、死刑確定者に四例、無期受刑者に三例みられた。発作のあいだには、不機嫌、病的気分、多幸的ないし抑うつ的気分といった正常時の基底気分の色彩が反映する。この正常時の色彩は、「爆発」の準備状態と考えられるのであり、爆発は考えられるほど突然に現われるのではないのである。なお、彼らの多くには、不眠、心理的および身体的易疲労性、注意集中困難、頭痛などの神経衰弱様の愁訴がみられたことを付けくわえておく。このことは、この原始反応が神経衰弱者にみられる感情失禁の極端な形であり、不機嫌、易怒性、感情抑制の欠如によって特徴づけられていることをあらわすものである。

この爆発反応の対極に位置するのが、昏迷状態である。これはしばしば爆発状態と交互にあらわれるとされるが、私たちの対象者では純粋なこの状態はみられなかった。重度の昏迷では、起立したままであれ、房内に坐った状態であれ、不動の姿勢をとり、接触の喪失と緘黙症、それにしばしば失禁がみられる。昏迷が軽度の場合では、低声で呟きながら房内をゆっくりと動いていることもある。この状態は、通常かなり長く持続し、一週間から数週間である。私たちは、「零番」囚に一名、死刑確定者に四名、ガンゼル症状群の経過中にこの状態を観察した。

この爆発と昏迷というふたつの状態は、クレッチマーの意味における原始反応と考えられる。この反応は、危険に遭遇すると外観を変えるある種の昆虫の反射や運動暴発に似た、本能的、衝動的行動様式である。人間では、適切で知的な方法が、様々な危険から身を守るために用いられるわけである。しかしながら、この高等な構造の使用の可能性が、抑止されたり麻痺させられている時には、下等な構造である本能的機能や反射が、もっとも容易な防衛現象としてあらわれるのである。言いかえれば、ジャクソンの言う知的解体が、下等構造の解放の原因となるのである。

クレッチマーによれば、原始反応は原因となる刺激が十分に強ければ、誰にでもあらわれるという。とはいえ、体質的要因との連合が疑われる余地はやはりあるのであって、というのもこの種の反応は、同一の条件下で生活している被拘禁者のうちでも、非常に特殊なある者にしか観察されなかったからである。ここで問題になるのは、精神水準であるが、これは通常の知能検査での意味ではなく、環境に適応するための自己統制の基礎となる体質的能力を特徴づけるものなのである。原始反応を示した者は、爆発型、情性欠如型、てんかん気質など、すべて精神病質者であり、その原始的症状にもかかわらず、正常な知能の持主なのである。

b　ヒステリー状態　これは、多少とも意識の変化をともなう病的状態である。様々の前駆症状をともなったガンゼル症状群はしばしばみられるが、神経-精神症状（発作、麻痺ないし知覚消失のような）をもつ古典的ヒステリーは、私たちの対象者ではかなり稀である。ガンゼル症状群は、「零番」囚に一例、死刑確定者に四例みられたが、このうち三例は未決拘禁時に初発している。しばしば譫妄性錯乱状態を示し、幻聴、幻視、錯覚、興奮状態といった多くの二次的症状が起こる。ヒステリー発作がみられたのは一例のみであるが、これは精神鑑定のために入院した病院ですでに発作を起していた例である。これらの症状の背後には、抑うつ的あるいは多幸的な、病的気分がみられる。当初の興奮状態が過ぎると、的はずれ応答や的はずれ行動のようなガンゼル症状群に特徴的な症状があらわれ、これに昏迷ないし緘黙が加わる。通常、その症状は状況によって変化する。たとえば、医師のいる時といない時では、態度が異なる。この状態は慢性化し、やがて頭痛やめまいのような詐病の性格を帯びてくる。ある事例では、急性症状は、ごく些細な動機でひきおこされている。またある者は、長い間神経衰弱様の愁訴をくりかえした。ここで付言しておくべきなのは、この五例は例外なく無罪妄想と被害妄想を示している、ということである。これは、ビルンバウムの不均衡者における妄想様構想と考えられるが、これについては後述する。ガンゼル症状群の基礎性格については多くの議論があるが、私たちはこれを、ヒステリーと詐病の中間的症状群と考えている。なぜなら、初期の急性症状では、ヒステリーの枠内に入る意識の変容がみられるが、症状群の出現後には、しばしば慢性の詐病状態がみられるからである。私たちの事例のうちのある者は、いずれは真正の詐病者となり、日常生活は正常であるにもかかわらず、医師の質問には偽答をし、精神病を装うことになるかもしれない。

これらのヒステリー者は、一例をのぞいてすべて発揚情性型および自己顕示型の精神病質人格者である。判決確定後はじめて症状があらわれた死刑確定者が例外のものである。これは戦後の日本で最初の女性死刑確定者であったため、ジャーナリズムの世界で有名となり、最終判決の少し後には、恩赦請願運動がおこなわれた。この時点で彼女は精神障害を起したのである。症状は、赦免妄想、被害妄想それに幻聴幻視である。やがてこの赦免妄想は、軽躁的な色彩を帯び、昏迷状態と被害妄想が交替してあらわれ、ついでガンゼル症状群に変化し、三年間続いたのである。

c　慢性妄想　自分の犯罪、とりわけ殺人を否認する者は「零番」囚に一二名（五〇名中二四％）、死刑確定者に九名（四四名中二〇％）それに無期受刑者に五名（五一名中一〇％）みられた。私たちの対象者のような重罪犯は、自分の犯罪はそれほど重大なものではない、と言う傾向がある。したがって、彼らが看守や医師に無罪だと言っても、その言葉の信憑性は疑わしいのである。

そこで、無罪を主張する被拘禁者の数と分布を知るために、私たちはここでは、検事による裁判所への起訴を否認した者だけを選ぶことにする。彼らの無罪が、嘘であるか事実であるかについては、精神科医はこれを評価する資格をもたないし、また、誤審の問題はこの研究には無関係である。

同様に、自分の犯行を合理化する傾向もみられる。この傾向がある者は、「零番」囚に九名、死刑確定者に四名みられた。共犯者がある場合には、彼らは皆、自分は単に共犯者の影響に引きずられたのであって、直接犯行には加わらなかった、と言う。熱情的犯罪者のある者は、被害者への憎悪から犯行におよんだわけであるが、しばしばその犯罪の正当性を主張する。その相対的無罪の主張を注意して見ると、彼らと真の虚言者のあいだには、これといった心理学的差異はみられないのである。

被拘禁者の慢性妄想と虚言との関係は、非常に重要である。これについては、あとで詳しく考察するが、ここでこれら被拘禁者の無罪主張のうちには、虚言がかなりの比率を占めていることに注意しておく必要がある。なお、自己弁護をする機会の多い「零番」囚に、無罪主張をするものが多い（二四％）ことは、当然である。また五分の一の死刑確定者が無罪を主張していることも、特赦請願をくり返して出来るだけ死刑執行を延期しようとする一般的心理的傾向のためであり、了解できる。

この無罪の観念に比すべきもうひとつの重要な観念は、被害観念である。無罪主張をしている者のほとんどは、この被害観念をあわせ持っている。すなわち、「零番」囚に一五名、死刑確定者に一二名、無期受刑者に一名であり、被害観念のみ持っている者は、「零番」囚に一名、死刑確定者に七名、それに無期受刑者に二名みられたにすぎない。通常、彼らに被害を加える者は、彼らの周囲にいる看守、警官、検事や裁判官のような訴訟に関係した人物である。虚談症の一例のみに、想像上の迫害者がみられた。要するに、彼らは無罪観念にもとづく被害観念を抱いていることは了解できるのであり、つまり彼らは、「加害的被害者」である、と言えるのである。

多くの場合、彼らはまず無罪観念をつくりあげ、ついでこれを合理化するために被害観念があらわれる。これらのほかに、何人かの純粋な被害妄想者がみられたが、これはちがった精神病理学的視点から分析する必要があろう。

妄想様観念のほかに、意識障害、精神病理学的興奮状態や他の反応性の諸症状を示すような真正の反応性症例と考えられる者は、「零番」囚に四名、死刑確定者に六名みられたにすぎない。

症例一　U・S、一九〇八年生まれ、強盗強姦殺人で死刑判決。攻撃的な被害妄想者。

犯行は一九五一年一二月五日。数日後逮捕され、豊多摩拘置所に収容された。一九五三年六月二〇日東京地方裁判所で死刑判決。この判決の直後、精神障害を起こす。興奮して多弁。「あの娘を殺したのは私ではない」「被害者の靴や鉄管（凶器）など知らない」「私は無実だ」。やがて、被害的主題があらわれる。「看守が弟が面会に来るのを邪魔している」「私の担当看守は私を逮捕した警官だ」。ついで錯乱状態があらわれ、拘置所内の病棟に移さざるを得なくなった。一九五三年一〇月八日、東京拘置所に移送。なお時おり興奮して、無罪観念にもとづく被害妄想を以前より強固に示す。一九五四年六月二八日、東京高裁は控訴棄却。再び非常に興奮して多弁となり、頭痛と腹痛を訴える。警察で受けたという拷問を証明するため、医師にX線撮影を要求する。一九五四年一二月二三日、最高裁は控訴を棄却し、判決が確定した。不安な状態が続き、独房を訪れる者すべてに自分の無実を訴えている。

この症例一では、無罪観念は第一審判決後突然もうろう状態をともなってあらわれ、さらに挿間的な興奮状態がこれに続いている。本症例は情性欠如型精神病質者であり、その知能は軽愚級である。ここでは、無罪観念は二次的に被害観念を出現せしめ、このため彼は攻撃的な被害妄想者となったのである。この妄想観念の構造は、ビルンバウム(22)の「妄想様構想」（wahnhafte Einbildung）に分類されるものであろう。

ビルンバウムによれば、妄想様構想は直接の原因なしに、精神的興奮と同時に突然あらわれることが多いという。時おり、前駆症として心気的愁訴、好訴的傾向、犯行についての後悔、不機嫌、拒食、自殺観念、錯乱状態などがみられる。当初では昏迷、ガンゼル症状群、もうろう状態が混在する。したがって、妄想観念の突然の出現とともに、多くの場合これと共存する意識障害に注意する必要がある。妄想の主題としては、被害（被毒）と誇大（発明や血統）妄想が多い。妄想内容の不安定、被暗示性、表面性、過剰な作話などが特徴的である。経過は、数週間から数ヵ月続くものや、稀ではあるが数年からそれ以上続くものなど、多様である。ビルンバウムはこの妄想様構想では、精神病質素質と先天性判断薄弱が重要な役割をもつ、としている。なお大部分は治癒可能であり、分裂病におけるような欠陥状態をみることはない。

症例二　S・O、一九二九年生まれ、「零番」四、強盗殺人被告。被害妄想者。

犯行は一九五二年一二月三〇日。第一審の審理中は、外面的には平静であり、拘置所での生活に適応していた。しかし、担当看守に対しては、彼が所内での自分の行動を裁判官に報告している、と言って彼を嫌っていた。二度の精神鑑定を受け、一度目はてんかん気質者の病的酩酊中の犯行として限定責任能力とされたが、二度目では全面的に責任能力ありとされた。一九五六年三月一五日に死刑判決。精神的に不安定な点はみられなかったが、次第に関係妄想が固定化していった。毎晩看守が鍵音をさせるので、眠りが妨害されると訴える（解釈妄想ないし幻聴）。盗み見られないように自分で考案した暗号で日記をつけ、房室を出ているあいだに看守が盗み見することをおそれて、日課である運動や入浴を拒むようになる。医師の説得により、この妄想は多少好転したが、やがて自分を見るすべての者を疑うようになり緘黙と見かけ上の自閉状態におちいった。すべての迫害から逃れるために死を選び、控訴を拒んだが、家族が忠告して審理を続けた。

この症例では、被害観念が支配的である。本例は、爆発型、粘着型、自己顕示型の精神病質者である。てんかん気質と心因性妄想はこの性格を基礎として形成されたものと考えられる。知能は正常級である。彼は何人かの人物を別にすれば、他人と良好な接触を保っていた。このことから本症例は、分裂病の妄想とは区別される。また、経過の安定性と興奮状態と意識障害がみられないことから、ビルンバウムの妄想様構想とも異なるものである。見方を変えれば、クレッチマーの敏感関係妄想（106）の枠内にはいるものであろう。

症例三　M・O、一九二七年生まれ、「零番」四、強盗殺人、窃盗、詐欺被告。虚談症。

犯行は一九五三年四月から九月のあいだ。殺人の五日後に逮捕され、一九五三年一一月に東京拘置所に収容された。少しのち強盗殺人の起訴は無実であることを証明しようとする抗議文を裁判所長に送った。次第に幼児的態度と失声をともなう、ガンゼル症状群を主徴とする心因反応を示しはじめ、一九五四年一〇月東京松沢病院に移された。そこで彼は催眠面接を受け、このために彼が偽の告発者だと信じていたM、Uなる者を彼が憎んでいることが明らかとなった。このM、Uは、実際には彼の想像上の人物である。ついで彼は、体系的な無罪妄想を示した。精神医学的治療のために、ガンゼル症状群は消失したが、外見上の行動の正常さにもかかわらず、無罪妄想は残存した。

この症例三は、本書のIの二「特異な妄想形成を示した拘禁反応の一例」で紹介されている。当初の虚言が、妄想的確信にまで発展し、この想像上の憎悪が、幻覚性精神錯乱とガンゼル症状群をひきおこしたのである。妄想は体系化され、その経過は慢性で安定している。これはデルブリュック（40）の「空想虚言」ないし、デュプレの「虚談症」と考えられるが、それは体質的な精神病質人格に由来するものである。

リューディン（165）は無期刑を受けた老囚における、赦免妄想と無罪妄想を記述している。また彼は急性幻覚性被害妄想を記述しているが、この幻覚状態にある者は、看守や裁判官のような彼をとりまいている人物から迫害されていると考えており、この妄想は特に独居囚に多いという。リューディンの時代と現代の日本では、刑務体系に多少の相違があることを考えれば、この知見は、私たちの対象者に直接あてはめることはできないかもしれない。無期受刑者における赦免妄想と無罪妄想は、ここでは相対的に若年層（二八から三六歳）にみられ、急性の反応状態をともなうものはなかった。

d　気分の障害　これは原因や外的環境と関係なしに、気分の障害が強固に持続するものである。ここでは体質的ないし基本的な気分の不均衡を除外する必要があるが、それはこの種の気分障害は、性格的現象としてある者にみられるからである。たとえば、発揚情性者の誇大的気分は、死刑確定者の三四％、無期受刑者の一七％にみられた。このことを念頭に置いて、抑うつと多幸という、反応性病的気分の双極をなすものを記述してゆこう。

第一のものは、反応性抑うつ状態と呼ばれるものである。この状態にある者は、意気消沈した様子で、頭を垂れ、低声で単調な話し方をする。日課である三〇分の運動に出てゆこうとせず、面会を拒否し、多くは房内でひとり横になっている。この状態に拒食、食欲不振、不眠が加わる。重度の場合には、昏迷状態におちいることもある。精神運動性の制止が全景を占める。

この抑うつ状態は、「零番」囚に一四例（一八％）、死刑確定者に一四例（三二％）みられたが、無期受刑者では四例（八％）みられたのみである。被告の場合には特に、気分の変化は、裁判の成りゆきに大きく左右される。この種の悲哀気分は、拘禁初期や、判決の直後にあらわれることが多い。

いっぽう、反応性多幸状態があらわれることもある。環境に順応しにくい私たちの対象者が、かなり持続的な感情変化（一時的情動ではない）である躁的ないし上機嫌な反応を示すことは逆説的に思える。彼らは騒ぎ、多弁で、歌い、笑い、冗談を言う。看守に対して表面的には従順であるが、時として反則行為をおかす。上機嫌にもとづく、精神運動性の興奮が全景を占めるのである。

この状態は、「零番」囚（一四例、一八％）と死刑確定者（八例、二七％）ではかなり頻繁にみられたが、無期受刑者では稀であった（一例のみ）。

この気分障害に特徴的なのは、躁状態がしばしばもう一方の極に移行するという、易変性である。多幸的状態にある者が、突然たやすく抑うつ状態になったり、意気消沈して緘黙状態におちいってしまうことが、よく見られる。さらに、気分の変化が突然な場合には抑うつと上機嫌が同時に混在しているような印象を与える。この病的気分の混合状態は、私たちの対象者に特徴的であって、他の被拘禁者にはまったくみられないものである。この混合状態は、「零番」囚に九名、死刑確定者に三名みられた。彼らは、多動多弁であるいっぽう、不安感と悲哀感を表明するので、泣き笑いすることになる。この気分混合状態は、アルコール中毒者によくみられる、滑稽なことを話しながら不安を示すという気分に類似している。

無期受刑者では、病的気分が対極へ移行することは、きわめて稀である。混合状態はみられないのである。彼らの気分に特徴的なことは、その安定性と慢性化した状態であり、他の二種の被拘禁者の気分とは、質的に異なっている。これは、感情鈍麻ないしミンコフスキー(126)のいう「感情麻痺」と考えられる。感情の動きの幅は、外面的に生活は正常であっても、非常に狭く、情動的反応の速度も、非常に遅い。彼らは周囲に興味を示さず、計画をたてないが、看守の命令には従順で、一定限度内で感情をあらわすことはできる。この最後の点だけが分裂病者の自閉的感情と異なるところである。この感情鈍麻は、一般的には長期の被拘禁者にみられるものだが(129)、私たちは、一五名（二六％）の無期受刑者に、これを観察した。

気分の障害については、被告と死刑確定者における急性で劇的な感情表出と、無期受刑者の慢性で安定した症状とは、周囲に対する防衛と考えられる。私たちは、シュナイダーやクレッチマーの性格理論との関係を研究してみたが、統計的に有意な結果は得られなかった。

ｅ　神経症状態　ここでは、様々な程度にわたるほとんどすべてのいわゆる神経衰弱様ないし精神神経症的症状が問題となる。これに含まれるのは、不眠、怒りっぽさ、無為、精神的に疲労しやすいこと、注意集中困難、注意力散漫などの心理的障害、および「お釜をかぶったような」頭痛、偏頭痛、腰部や頸部の背骨痛、腹痛、めまい感、振せん、食思不振、胃痙攣、便秘などの身体障害である。これらの症状のうち一、二のものは、心因反応を示した者の大部分にみられた。もっとも多い症状は、不眠、様々な頭痛、腰痛、食思不振それに精神的易疲労性である。これらの神経症者は、刑務所での診察の常連である。どんな名目によっても彼らは看守に診察を依頼し、医師に苦痛を訴える。そして医師が詐病とみなして、治療を拒否すると、彼らはしばしば非常に攻撃的となる。症状は、慢性で安定した神経症である者のほかは、不安定で一過性であり、暗示に敏感である。治療によって一時的には治癒するが、つねに再発の可能性がある。

この神経症状態は大部分他の反応性の諸症状と共存するものであり、「零番」囚に四六％（二三名）、死刑確定者に五二％（二三名）の頻度でみられたが、無期受刑者ではわずか六％（三名）にすぎなかった。これら前者と後者の差は、統計的に有意であり、それぞれの拘禁状況の差異から説明できるものである。

神経症様症状の大部分は、主観的なものであるため、詐病は容易であり、これら神経症様の者のうちで詐病者が占める割合は、かなりなものと思われる。もちろん、本当に苦痛のある者も存在するのではあるが。刑務所で単調な生活を送っている被拘禁者にとっては、診察室へ出入りすることは、運動や入浴や日曜ごとの娯楽集会のような、気晴らしになっているのである。

恐怖、強迫、不安などの神経症様症状は被拘禁者では非常に稀である。精神身体医学的な視点からは、胃潰瘍がみられたが、症例数が少ないため、十分な情報を得ることはできなかった。

B　拘禁中の精神状態と行動についての心理学的研究

1　反応型

精神病理学的にみた精神状態の研究にもとづいて、ここでは被拘禁者心理の一般的傾向を観察することにしよう。私たちは、環境に適応するために疾病観念、つまり詐病観念が生じ、これが多様な防衛反応をひきおこすことを見た。そこで私たちは、拘禁時の一般的心理を広義の防衛反応として研究できると考えるものである。彼らの行動の経過と、精神科医の印象から、彼らの防衛反応は以下の四型に分類される。

a　敏感型

受動的で周囲に非常に敏感であるが、自分の心配を外に表出することが少ないタイプである。精神病理学的反応としては、原始反応での昏迷、ヒステリー状態での被害妄想、病的気分としての抑うつ状態およびある種の神経症状態が含まれる。正常者では、これらの反応症状は弱い形であらわれる。刑務所に適応すると、通常、大変扱いやすい受刑者である。しかし、彼らは愚痴っぽく気むずかし屋で、しばしば大げさな印象を与え、たやすく憂うつな状態におちいってしまう。彼らの感情表出は抑制され、晦渋なので、看守との葛藤が頻発する。

b　誇張型

能動的で周囲には鈍感であり、むしろ自分を過大評価しているタイプ。彼らが示す反応は、爆発反応、無罪妄想および好訴妄想、上機嫌、それに詐病の色彩をもった大部分の神経症状態などである。彼らのうち正常な者に特徴的なことは、出会う人に何事かをたえず頼みこむことであるが、満足が得られないとたちまち怒りだしたり、しつこく要求を繰り返したりする。通常彼らは退屈しており、看守にとってはやっかいな被拘禁者である。感情表出は直接的で唐突であるため、彼らはしばしば看守や他の被拘禁者といさかいを起す。所内反則は多く、懲罰を加えても、矯正不能となることがある。老練な看守のうちには、彼らをとり静める方法を心得ている者がいるが、これは彼らがたえず訴えを繰り返しているにせよ、周囲との接触は保たれているためである。

c　麻痺型

中性的なタイプであって、周囲には鈍感であると同時に感情表出も少ない。彼らは外部の現実との接触を制限しているのである。感情麻痺という鈍化した感情が、典型的である。したがって、彼らは刑務所の単調で厳しい環境に適応し、その感情のために、看守の命令には非常に従順である。とはいえ、所内反則で懲罰を受けたり他の刑務所に移送されたりするような、日常生活の変化がおきると、彼らは自分の感情を統御できずに、たやすく不安な状態におちいってしまう。これは、とりわけ仮釈放を前にした無期受刑者にみられる現象である。

	「零番」囚		死刑確定者		無期受刑者	
敏感型	9	18.0%	11	25.0%	8	15.6%
誇張型	18	36.0%	17	38.6%	13	25.5%
麻痺型	8	16.0%	7	15.9%	24	47.1%
混合型	15	30.0%	9	20.5%	6	11.8%
合計	50		44		51	

d 混合型　前三者の特徴を混合して示すタイプ。

＊＊＊

以上四型の基礎には、たとえば敏感型には分裂病質や意志薄弱、誇張型には発揚情性といった性格傾向の存在が考えられるとはいいながら、これらは単に記述的な視点からのみ選ばれていることに留意する必要がある。その分布は上の表のとおりである。

敏感型は未決被告と死刑確定者に相対的に多く、麻痺型は無期受刑者に特に多くみられる。この差は統計的に有意である。心因反応についての研究ですでにみたとおり、この特徴的な差異は、拘禁中の心理と行動を理解するために、きわめて重要なものである。

2 家族に対する感情

先にみたとおり、私たちの対象者の家庭環境は、一般に好ましいものではない。半数の者は欠損家庭や貧困家庭、あるいは不道徳家庭で生育したのである。さらに、彼らのほぼ六〇％は独身である。このため、家族との連絡は稀であると考えられようが、実際には、面会記録や書信を研究したり、彼らの会話の印象などから、家族についての感情を評価してみると、両親、兄弟姉妹、妻などとの深いつながりに驚くことが多いのである。主観的なものではあるが、家族についての感情を、その深さの程度によって分類してみると、半数の者（未決被告の四四％、死刑確定者の六六％、無期受刑者の六一％）が、深い感情を抱いていると思われた。彼らの愛情は一般に、原始的で小児的であり、自己中心的で裁判の援助や差入れのみを目当てにしているものが多いけれども。

3 被害者に対する感情

原理的には、被拘禁者は裁判所での審理中や服役中、あるいは刑執行を待つあいだに、自分の犯罪を思い出さざるを得ない。彼らの殺人の被害者は、理論的には重要なものであるはずである。ところが実際には、彼らの半数は被害者をごく稀にしか思い出さないのである。彼らにとっては、犯行の瞬間をたびたび思い出すことは不愉快なことであり、このメカニズムは精神病理学的状態にもあらわれ、被害者が幻覚や妄想の対象になることはまったくないのである。彼らの道徳的反省は、常に真剣味を欠く。熱情的犯罪者である七名の者は、被害者に対する憎悪を抱き続けており、彼らにとっては、過ちをおかしたという感情は熱情的な憎悪に押し潰されているわけである。

4 所内反則

刑務所内でおかされる様々な反則行為は、行刑上の大問題であると同時に、拘禁心理学にとっても重要なことがらである。所内記録についておこなわれた調査は、反則行為と懲罰のある局面を示してくれる。

三群の被拘禁者における反則行為の頻度を比較するには、拘禁期間と各群の人数を計算する必要がある。反則行為の総数を、拘禁年数の合計で商すれば、その結果は一年あたりの反則頻度をあらわす反則行為頻度指数と呼ぶことができる。その結果は次頁の表のとおりである。

もっとも頻度の高いのは、未決拘禁中の死刑確定者であり、これに「零番」囚が続いている。もっとも低いの

	「零番」囚	死刑確定者		無期受刑者	
		未決拘禁時	受刑時	未決拘禁時	受刑時
A. 反則総計	59	45	30	12	93
B. 拘禁期間総計	136年	99年	101年	62年	300年
$\frac{A}{B}$ 反則頻度指数	0. 43	0. 46	0. 30	0. 19	0. 31

は、未決拘禁中の無期受刑者である。これら二種の受刑者の未決拘禁時の差異は、その心理の反映として興味ぶかいものがある。拘置所に慣れると、被拘禁者は所内規則に反抗するようになり、反則行為をおかしはじめる。慣れと反抗というこの二要因は、とりわけ未決拘禁の長い死刑確定者にみられるのであり、一般に第一審の判決に服することが多い無期受刑者では未決拘禁の期間が短い事実と対照する。被拘禁者の全体についてみられることであるが、反則者のうちには、多くの精神病質者と累犯者がみられる。特に問題となるのは、情性欠如型と発揚情性型精神病質者である。発揚情性型は、無期受刑者よりも、死刑確定者に多いことを銘記しておこう。

判決確定後では、無期受刑者に反則行為が増加することが認められる。これは死刑から解放されたという感情と、長い拘禁生活からくる慣れに原因していると考えられる。

さて、反則行為は次の六種類に分類される。

身体的暴力による反則、すなわち看守に対する反抗、暴行、傷害、他の被拘禁者に対する暴力行為ないし違犯行為など。

利欲による反則、すなわち、禁制品の所持、禁制品——多くの場合、煙草や書籍の収授である。金属製品や鑪の場合には、特に厳しい懲罰が加えられる。

脱走およびその未遂による反則。

器物損壊および不法侵入による反則。

性的反則、すなわち性的倒錯、とりわけ同性愛。

	「零番」囚	死刑確定者		無期受刑者	
		未決拘禁時	受刑時	未決拘禁時	受刑時
反則行為者数	20	16	15	7	22
暴力	26	16	11	3	30
利欲	23	13	14	5	28
脱走	1	3	1	3	7
器物損壊	3	3	2	0	2
性的反則	0	0	0	0	10
その他	6	10	2	1	16
反則行為総計	59	45	30	12	93

その他の反則、すなわち反則行為の教唆、所内徘徊、秘密の手紙による交信、いれずみ、拒食、詐病、自傷行為、自殺企図。

反則行為を主題別にみると、上の表のとおりである。

ここで各群に共通の現象は、暴力反則と利欲反則の頻度が高いことである。同性愛行為は、無期受刑者に一〇例あるにすぎないが、実際には、同性愛はさらに多く存在すると見なければならない。独房に拘禁されている「零番」囚と死刑確定者では、この種の反則行為は不可能である。とはいえ、性的倒錯にもとづく反則行為はしばしば見られる。他の被拘禁者との秘密の恋文の交換や、嫉妬による喧嘩などがこれである。

自殺企図ならびに自殺はみられなかった。重監視下の被拘禁者における、この種の反則行為はきわめて稀であると思われるし、私の知るかぎりでは、一九四五年以来、東京拘置所で自殺したのは、「零番」囚に一名あったにすぎない。自殺が稀なのは、看守の監視が非常に行き届いていることと共に、防衛反応状態への逃避によるものである。言いかえればこれは行刑の結果であり、同時に被拘禁者自身の心理の結果なのである。

ここで注意すべきことが二点ある。ひとつは、反則行為者の六〇%から九〇%が反則行為時に反応状態にあったことであり、もうひとつは、自傷行為や拒食などのような、精神病理学的反応として精神医学的に評価しうるある種の反則行為が、時として行刑上の理由から罰せられていることである。

	「零　番」囚		死刑確定者		無期受刑者	
毎晩夢をみる者	27	54%	20	45.5%	11	21.6%
時々夢をみる者	20	40%	22	50.0%	39	76.5%
まったく夢をみない者	3	6%	2	4.5%	1	1.9%
合　　計	50		44		51	

所内反則の予知、予防、それに懲罰については、精神科医の関与が重要であり、かつ必要であろう。

5　夢

夢の頻度は上の表のとおりである。

毎晩夢を見る者は、「零番」囚にもっとも多く、反対に無期受刑者にもっとも少ない。不眠をともなう場合が多い。心因反応をおこしている者のうちには、いつも夢を見る者が数多く存在する。

夢の内容は様々である。犯罪の記憶はかなり稀である。未決拘禁の当初では、家族や社会生活についての夢が多くあらわれる。しかしこれは次第に減少してゆき、判決確定後には、所内の生活についての夢が前景に立つようになる。性欲や性交についての夢は、頻繁にみられる。ある死刑確定者は、何度も刑の執行の光景を夢にみたが、そのたびに絞縄が切れたり、彼の母親があらわれたりして、助かるのであった。願望夢の変型と考えられる幼児期の夢も、また多くみられる。悪夢は稀ではない。被害妄想のある者は、しばしば迫害者が他の人物や動物に変化するという被害的な夢をみる。

私たちはまた、夢と色彩との関係を研究してみた。所内で色彩をもった夢をみている者は、一般に拘禁される前から、そのような夢をみていた。したがって、色彩をともなう夢はむしろ素質にかかわる現象と考えられる。これは「零番」囚に一四名（四七名中の三〇％）、死刑確定者に八名（四二名中の一九％）、無期受刑者に一二名（五〇名中の二四％）みられた。

6　判決に対する感情

無罪を主張する者が、判決に不服の念をおぼえるのは当然である。これらの者のほかにも、判決に非常に不満な者がかなりいて、すでに一度は判決を受けている「零番」囚三四名中一六名（四六％）、死刑確定者四四名中二二名（五〇％）、無期受刑者五一名中一四名（二七％）にみられた。これはかなり大きな比率と言えようが、それは他の一般受刑者についての結果との比較を待って、はじめて確定的に言えることである。反応性精神病を示す者では、この判決に対する不満の割合は、平均的被拘禁者よりも大きい。したがって、彼らの判決に対する感情は、心因の点からみて重要と思われる。

判決に対する彼らの不満は、ひとつには彼らの道徳観の低格によるものであるが、死刑や終身拘禁のおよぼす心理的圧迫によるものでもある。私たちは死刑の問題について質問を試みたが、その結果は興味がある。死刑廃止の必要性については、「零番」囚一一名（二二％）、死刑確定者二二名（五〇％）、無期受刑者二七名（五三％）がはっきりと肯定しており、これは心理的にまったく同情できる結果である。しかし、半数の者が死刑確定者でさえも、死刑の存在を容認し、彼らは自分の犯罪が罰せられて然るべきものであることを、よく承知していると称している。

結論（時間の精神病理学）

私たちの対象者のうち、ある者は法によって限定された時間しか生きられない状況におかれ、これとは反対に、無限定で果てしない時間を特に厳しい条件下で生きてゆくという状況に置かれている者もある。このような状況にあっては、時間は強制され、奇妙な変化をこうむる。そしてこれに適応しようとすると、人間は時間の変様を感じないわけにはゆかない。この異常性や困難さは、正常な世界つまり普通の社会生活との比較において研究されている。広義の強制状況は、あらゆる種類の被拘禁者、たとえば刑務所の受刑者や戦争捕虜などに適用される。しかしながら、狭義の強制状況とは、時間が極度に制限されている絶対的な強制状況をいうのであり、それは、死刑確定者や無期受刑者、それにナチの強制収容所の囚人がおかれている状況をさすのである。

ここで問題となるのは、ベルグソン(18)の心理的持続としての心理的時間、ジャネ(86)の時間の感情、ミンコフスキー(125)の生きられる時間、ドレー(39)の自閉的時間などである。

私たちが時間の持続を感じるのは、ある行為を始め、そして終えるための努力の感情によってである。ジャネ(86)は言う。「行動はある一定の段階、すなわち私たちが始動期とよぶ時期に始まり、解放的刺激まで続く。そこにみられるのは、期待の状態である。つまり、期待とは行動の能動的調整なのであるが、これは準備的刺激と解放的刺激という二種の刺激を分かつのである。そしてこの二種の刺激は、準備期ないし始動期において、行動をその間に保持している。準備、保続、行動の解放は、期待が構成する作用である」。さらに彼は続けて、「焦慮はすでに期待の一変種、その複雑化したものである。これは悪質で辛い期待であり、成り行きに任せるのを困難にする。ひとは一度は棄てた期待を、ふたたび取り戻すのだ。結局、困難をともなって生み出される期待、これが焦慮と呼ばれるものなのだ」

死刑確定者では、その主な行為は準備的刺激つまり判決確定によって始まり、解放的刺激つまり刑の執行によって終わる。判決が言い渡されるや、彼らはつねに処刑されるのを待っていなければならなくなる。日本では、刑は週日の朝に執行され、刑務所長はこれを数時間前に受刑者に予告するのが、慣例になっている*。したがって、処刑の予告が朝になってもない場合には、彼らは翌日の朝まで二四時間、あるいは、日曜日や祝祭日の前日ならば翌々日の朝まで、四八時間生きていられるという希望を持つのである。そのたびごとに、彼らの人生は二四時間ないし四八時間に制限され、彼らはその最期を、ジャネによれば現在と強い感情的関係を持っていると言われる「近い未来」に予期せざるを得なくなる。彼らは絶えず「私はもうすぐ処刑される」と考えるのを強制され、誰もがそうであるように最後の解放的刺激ではあるが辛い刺激である死を待つことを強制される。そのうえ、死刑は、実際には判決確定の六ヵ月後には執行されないのだ。要するに彼らは、毎朝の死への辛い期待と、長い拘禁期間中におけるこの期待の反復という、二重の困難の前に立たされているのだ。

無期受刑者では、判決の言い渡しが彼らにとって準備的刺激となるが、解放的刺激は決して実現されることはないのである。一〇年後に仮釈放の可能性があるとはいえ、彼らはその生涯の終りまで無期受刑者の名のもとに生きてゆかざるを得ず、このため社会に容れられることがむずかしくなる。彼らはあてどなく待っており、その未来は無限定である。彼らにとっては、死は「遠い未来」に存在するが、これはジャネの表現によれば、「漠然とした未来」であり、現在と感情的関係を持たないものなのである。

前者における制限された未来と、後者における無制限の未来という、これら二群の受刑者の状況の差異は、判決が確定した時点から始まる。もちろんこの時点以前には、「零番」囚の不確定の状況がある。彼らは判決あるいは解放的刺激を、不安を抱きつつ待っているわけだ。受刑者では未来が絶対的に制限されているのに対し、彼らの未来は相対的に制限されているのである。

これが被拘禁者の強制的状況である。彼らの時間と空間は、法によって強制的に変化をこうむり、判決確定や仮釈放や死といった、不快な解放的刺激を待つことを余儀なくされる。このため彼らは多大のエネルギーを消費する。言いかえれば、彼らは焦慮の状態に置かれているのである。

＊大阪拘置所では、この予告は例外的に刑執行の二、三日前におこなわれていた。そのあいだに受刑者は家族と会ったり、遺書を書いたり、私物を整理したりできるわけである。

これら被拘禁者の様々な反応は、正常なものであれ病的なものであれ、この強制的状況がその主な原因となっている。なぜなら、これら三群の被拘禁者には、その遺伝的素因と社会環境についての注目すべき差異が存在しないにもかかわらず、刑務所での精神状態と行動には、大きな差異が存在するからである。そしてこれは、その状態の差異に依存しているとみることができるのである。

原始反応、ヒステリー状態、慢性妄想、神経症状態といった精神病理学的反応は、「零番」囚に典型的にみられ、死刑確定者がこれに続くが、無期受刑者では稀である。前二者にあっては、反応は急性で不安定であるが、後者では慢性で安定している。その反応型をみると、状況によって異なる現象がみられる。すなわち、前二者では、柔順なタイプ、および能動的ないし受動的なタイプが目立ち、後者では頑固な麻痺型が多い。ここにみられるすべての反応は、現在や期待の行為の困難さからのがれるための、防衛現象である。ここで、これら被拘禁者の主観的時間が問題になるが、私たちはこの点について調査を試みた。私たちは、時間についての感情を、次の三群に分類した。すなわち、緩慢に過ぎてゆく時間、早く過ぎてゆく時間、それに時間についての感情の欠如である。その結果は、次頁の表のとおりである。

一般的にみて、彼らはみな、現在は空虚であり、そこでは時間は非常に早く過ぎてゆくと感じている。彼らは刑務所で退屈することはまずないが、現実感が欠けている。彼らは、現在を現実に生きることよりも、むしろ現在そのものからのがれるために、精神病理学的状態に陥るのだ、と言えるかもしれない。そうではないとしても、彼らはつねに困難で不快な現在を忘れさせてくれる気晴らしを求めている。「零番」囚はしばしば、法で許されている所内労働に興味を示す。もちろん、面会や手紙は大きな喜びをもたらす。死刑確定者では、その生活の一般的傾向は、被告とほぼ同様なものであるが、それは、刑の執行前には彼らは被告と同様な方法で処遇されるためである。無期受刑者は、毎日労働をしなくてはならない。彼らにとってこの強制労働は、苦痛というよりむし

時間に対する感情	「零番」囚		死刑確定者		無期受刑者	
時間が遅く過ぎるという者	16	32%	8	18.2%	10	19.6%
時間が早く過ぎるという者	32	64%	35	79.5%	39	76.6%
時間に無関心な者	2	4%	1	2.3%	2	3.8%

ろ気晴らしであって、これによって単調で辛い生活からのがれることができるのである。

さて、これら被拘禁者に蔓延している現在についての空虚感は、ある種の恐怖症者や神経症者にも見られるものである。

タフト(197)は、限定された時間と無限定の時間についての、二種類の恐怖を記載している。彼によれば、制限された時間ないし無限定の時間に対する私たちの反応は、私たちの生きかたを明らかにするという。私たちは、到達することのできないゴールを好まないのと同時に、それ自体が終りであり、かつ通過できないゴールも嫌うものである。死刑確定者と無期受刑者にあっては、この時間恐怖の二傾向が人工的に誇張されているのである。

フェニケル(49)もまた、二種類の時間恐怖を記述している。ひとつには、時間の喪失をおそれる恐怖症者がある。彼は仕事があまりに多すぎ、過去と未来との間の非常に短い時間に追いまわされている、と感じる。これは閉ざされた空間の恐怖（閉所恐怖）に比すべき状態であり、「時間における閉所恐怖」と呼ぶことができる。もうひとつは、これとは逆に「時間の長さ」や余暇や間隔を恐れ、これを避けるために働き続けざるを得ない、というタイプの恐怖症者が存在する。彼にとっては、自由な時間は広場恐怖における自由な空間に対応する。フェニケルのいうこれら二種の恐怖は、それぞれに死刑確定者と無期受刑者の時間恐怖によく似ている。とはいえ、これら恐怖症者は自分自身でその「変様した状況」をつくりあげるのに対し、受刑者では、この状況は外部から課せられたものであることに注意すべきである。

これら執拗に時間に拘泥する恐怖症者とは対照的に、時間を避けたり忘れたりする精神障害が存在する。ジャネ(86)は、躁病者、メランコリー患者それに神経衰弱者には、現在の感情が欠けていることを指摘した。彼らにとっては、現在はつねに空虚なのである。現在の困難さを避けようとするこの傾向は、神経症者全般にも見られるものである。たとえば、フランクリン・S・デュ・ボイス(41)によれば、神経症者はいずれも現在の時間から顔をそむけているという。彼らが神経症の状態や、白昼夢や空想や、中毒に陥るのは、ただ時間の現実性から逃避するためだけなのである。

時間の恐怖症者は、時間において状況が変化していると主観的に感じており、これに反して神経症者は辛い現実を避けているわけである。前者は現在の空虚を恐れ、後者はこれを好んで選ぶのである。被拘禁者における時間についての感情を注意深く観察してみると、この二傾向が彼らにも見られることがわかる。すなわち前者は、心理的反応を示す「正常」な被拘禁者にみられ、後者は、拘禁反応を示す精神病理学的被拘禁者にみられるのである。制限された時間に対する恐怖が、死刑確定者や「雲番」囚でみられた急性で不安定な心因反応をひきおこし、無制限の時間に対する恐怖が、無期受刑者における慢性で安定した心因反応の原因となるのである。

要約

三群の重罪被拘禁者が研究の対象である。すなわち、五〇名の未決被告、四四名の死刑確定者、五一名の無期受刑者である。研究は犯行前、犯行時および犯行後の三部に分けられる。

一　犯行前の状態

A　犯罪の原因となる個人的素因、すなわち、精神医学的側面、性格、犯行時の年齢、遺伝、体質および既往症。

また犯罪学的にみた犯罪者の分類を試みた。

B 犯因性の居住社会環境、すなわち、家庭環境、学歴、職業および結婚。

以上のAおよびBであげた項目については死刑確定者と無期受刑者のあいだには、統計的に有意な差は認められなかった。

二 犯行時の状態

A 犯因性直接環境、すなわち、場所、時間、経済状態。

B 行動と精神状態の研究。ここでは、とりわけ、精神運動性の爆発反応や、血の陶酔などによって特徴づけられる殺人時の精神病理学的状態に注目した。

ここでは、死刑は十分な威嚇の効果を持たないという結論が得られた。それは死刑の存在を知っているにもかかわらず、私たちの対象者は、死刑を予想して犯行を抑えることができなかったからである。これは彼らの衝動性と、現在の瞬間にしか生きられないという無能力のためである。

三 犯行後の状態

拘禁時の精神状態と行動が観察された。ここでは三群の被拘禁者に、特徴的な差異がみられた。

A 精神病理学　急性で不安定な反応をもっとも頻繁に示したのは、「零番」囚であり、これに死刑確定者が続いている。しかし無期受刑者に目立つのは、慢性で安定した反応である。前二者は、とりわけ原始反応、慢性の被害妄想および赦免妄想、それに混合状態によって特徴づけられる劇的な気分障害を示した。いっぽう、後者の反応は、慢性の神経衰弱状態と感情麻痺が多い。素質、性格、犯因性環境には大きな差異がないのであるから、彼らの反応の差異は心因の差異であると考えられる。

拘禁性精神病と詐病との関係を考察して、心因反応は意識的詐病と自動的状態の中間に位置するものである、との結論を得た。したがって、神経症状態は意識的詐病が創出する混合状態であり、原始反応は本能的、自動的状態であって、詐病とはもっともかけ離れたものである。この両極のあいだに、ガンゼル症状群、レッケの昏迷、慢性妄想状態および幻覚状態が位置しているのである。

B　心理学　以上の病的状態についての観察にもとづき、拘禁時の一般的心理、すなわち家族、被害者、判決に対する感情についての研究をおこなった。これと同時に、夢の分析と所内反則の側面にも注意を払っておいた。その態度によって、被拘禁者は、敏感型、誇張型、麻痺型、混合型の四型に分類される。敏感型と誇張型は、「零番」囚と死刑確定者に、麻痺型は無期受刑者に見られた。

結論として、時間の精神病理学について検討した。

第一に、「限定された時間」に対する恐怖（時間における閉所恐怖）と、「無限定の時間」に対する恐怖（時間における広場恐怖）という、二種の恐怖が区別される。前者は、死刑確定者がその「近い未来」に対して抱いている死についての感情に類似しており、後者は、無期受刑者の「漠然とした未来」に対する感情に類似している。限定された時間に対する恐怖は、急性で不安定な反応をひきおこし、無限定の時間に対する恐怖は、慢性で安定した反応の原因となるのである。

第二に、心因反応を示す被拘禁者は、ピエール・ジャネのいう「空虚な時間」の感情を経験している。彼らは現在の困難さから逃避するためにのみ、反応状態に陥いるのである。

（Kogi, S.: Etude criminologique et psycho-pathologique de condamnés à mort ou aux travaux forcés à perpétuité au Japon, ANNALES MÉDICO-PSYCHOLOGIQUES, 117, T. II; 377, 1959. 坂井光平訳）

Ⅱ　拘禁状況と人間

一九六〇年、フランス留学から帰った私は府中刑務所に通って受刑者に会っているうち、この累犯刑務所では所内反則が多く、それが戒護上の大きな問題になっていることを知った。受刑者の身分帳を熟読し、私なりに整理していくうえで、所内反則が拘禁心理を解く、もう一つの鍵を与えてくれることに気がついた。

つまりこういうことだ。拘禁反応が困難な状況への逃避であるとすれば、所内反則はそれへの反抗なのだ。むろんこういう単純化した言い方は真実と離れる危険があり、拘禁反応にも反抗的色彩のものがあるし、所内反則にも逃避的な傾向のものがあるが、大まかなところはそうだと私は思った。

一つの調査をする場合、極端に違った二つのグループを比較するという方法を死刑囚と無期囚の研究で学んでいたので、反則者の対照群としては全くの無反則者である模範囚をえらんだ。一九六一年から六三年にかけて、当時府中刑務所の医務部にいた石川義博氏の協力をえて研究が続けられた。これが「累犯受刑者の犯罪学的・反則学的研究」である。

人間は拘禁状況においても社会においても大体似たりよったりの行動をするというのがこの論文の結論であった。が、この法則に従わぬ例外的な事例も発見されたので、かれらが比較的長期刑者に多いことから、さらに長期受刑者を対象に研究する必要を私は感じた。一九六二年から六五年にかけて千葉刑務所で調査がおこなわれ、長い拘禁は人間に対して強い影響を与えることが実証された。これが「長期受刑者の犯罪学的・反則学的研究」である。

「異常性格の概念」は、いわゆる精神病質の概念についての総説で、私の犯罪や拘禁研究の基礎となっている。

以上の諸研究を踏んまえて、拘禁状況における人間の反応を総合的にのべたものが、最後の章「拘禁状況の精神病理」である。

一　累犯受刑者の犯罪学的・反則学的研究

——社会環境と拘禁環境における人間行動——

まえがき

累犯者の研究は犯罪現象のうちでもっとも中心的なテーマであったし、ことに第二次大戦以後は、少年非行の激増と相まって、早発累犯の問題が世界各国で注目を浴びるにいたっている。ことに我国では最近(199)成人犯罪の数が減少してきているのに累犯率はむしろ増加し、少年非行の増加とあいまってますますその問題の重要性を増してきている。

累犯研究の主流は、G・アシャッフェンブルク(11)やA・レンツ(112)以来の犯罪生物学的研究と、S・グリュックらをはじめとする犯罪社会学的研究に大まかに分けられるが、わが国においては両者の特徴を総合する吉益を中心とする犯罪生活曲線による研究が活発に行われている。これらの諸研究の方法は累犯者の生活歴を遡行的(retrograde)にとらえていく方法と、一定対象群の犯罪者を時間的に追求していく成行き調査(follow up study)とに分けられるが、いずれにしても研究の主軸は、累犯現象の縦断的把握にあるようである。この縦断的研究を基礎として戦後盛んになった累犯予測の可能性が生れてきたわけである。一方、累犯処遇や社会復帰への実際的努力も行われ、ことに受刑中の累犯者の行動やその対策を科学的に樹立する必要も叫ばれてきており、この方面での基礎的研究も、二、三散見するが、まだまだ十分な成果は得られていない。

われわれは、従来蓄積されてきたすぐれた累犯研究に刺激されるとともに、約三年前から累犯者の刑務所内での行動に注目し、その処遇対策や教育治療にたずさわりながら、所内行動の科学的分析を行なってきた。そこで、われわれの立場を明らかにするために、以下、過去の主な累犯研究を概観してみたい。

G・アシャッフェンブルク(11)(一九二三)は、第一次大戦後の生存競争の激化と、犯罪機会の頻発、職業犯の集団化が犯罪の増加をもたらしたとし、ことに三犯以上の累犯の激増に注目して、その徹底的な対策を要望した。彼はC・ロンブロゾー式の遺伝的決定論に反対し、犯罪の原因は遺伝負因と、幼少時の疾病、貧困、放任、無教育などの環境的害毒とが相互に作用しあう結果だと考えた。ここに、素質に加えて環境という重要な因子が導入されたわけである。

A・レンツ(112)(一九二七)は犯罪とは環境の影響下における身体的・精神的な可能性、すなわち人格の実現であるとして犯罪者の全般的人格(Ganzheit)を観察する必要を説いた。かれは、人格を犯罪の主体と解する犯罪生物学を提唱したが、犯罪者を単に精神的人格として問題とするのみでなく、犯罪者を身体的・精神的人格として解し、犯罪を人格の成果(Auswirkung)とみた。そうして生活歴(Lebenslauf)を中心とする研究方法に注目した。この方向にむかっての累犯研究はその後急速な発達をとげることになる。

A・ヨーン(88)(一九二九)は、窃盗累犯の研究において、結婚が窃盗累犯に好影響をあたえることや、累犯数の多いほど再犯までの間隔が短い事実を発見した。また、かれらが犯罪行為についてエネルギッシュであると同時に、道徳的、社会的に抑制能力が欠ける事実、財産犯罪者の五〇%強が慣習犯である事実および精神医学的診察とから、窃盗累犯の大部分が精神病質素質と精神薄弱の傾向を持つと結論した。

J・シュリッヒ(180)(一九三〇)は三一例の多発累犯を詳細に検討して、二例をのぞいてすべてが早発犯罪者であることを発見し、一方では情動性(Affektabilität)が累犯者に高く、したがって刺激閾値が低いという精神医学的考察から、累犯を人格の形態（Form）すなわち人格に規定された犯罪と規定した。

E・メッツガー[122]（一九三四）は、それまでの精神医学的、生物学的、社会学的諸研究を総括して、従来犯罪の原因として議論されてきた素質か環境かの問題について重要な意見をのべた。かれによれば、素質か環境かという「分離的」な議論は無意味であって、「いかなる程度に遺伝素質が、またいかなる程度に環境の影響が個々の犯罪行為、または全体の発達に対する責任を負わされているか」ということこそが問題である。こうして犯罪者と犯罪は複雑な生き生きとした力動学（Dynamik）として把握され理解される。ここでわれわれにとって重要なことは、E・メッツガーがすでに万人にかくされている潜在的犯罪傾向に注目していることで、本論文の生活曲線の考察にとって非常に参考になったことである。

K・シュネル[174]（一九三五）は、この素質と環境との問題を五百例の累犯者について具体的に追求した。かれは、少くとも累犯者については八〇％は素質が環境よりも犯罪因として優位な犯罪者であり、環境の優位なものはわずかに二〇％にすぎないといい、常習累犯者は内的な必然性から、運命的に犯罪をおかすのであると結論した。

同じような意見は、J・ウェント[215]（一九三六）やL・ロッツ[116]（一九三九）にもみられる。そうしてこの頃から、素質の重視とその表現としての精神病質人格が累犯研究の重要な課題になってくる。

J・ウェントは、三八四名の頻回累犯者を研究しその特徴を次のようにのべている。(1)早発犯罪、(2)犯罪間隔の短かさと重い刑罰、(3)同じ犯罪動機と手口――これはとくに窃盗、詐欺、横領について顕著である。(4)犯罪社会と密接にかかわりあっていること、(5)重い職業犯罪者の犯行地の拡大などである。かれは、慣習犯は精神病質的又は変質的（psychopathisch od. degenerant）な人格であって、民族の分泌する劣悪要素がかれらに集り、それらの劣悪さが自然に発酵したものが犯罪であるとまでいっている。

L・ロッツ(116)はJ・ウェントにしたがって、二百例の危険な慣習犯をしらべ、初犯年齢、犯罪主方向、犯罪間隔などに注目した。これは後年、吉益の犯罪生活曲線を中心とする活発な累犯研究を触発する源流ともいえる重要な着目であると思われる。この場合L・ロッツはJ・ウェントとちがって、犯罪方向の転換（Richtungswechsel）に重点をおいているが、中田(141)も指摘するように多方向累犯者の概念の萌芽がここにみられるであろう。

K・エルンスト(45)（一九三八）は暴力犯罪者とその子孫の遺伝生物学的研究をおこない、かれらの特徴として犯罪早発、犯罪密度の濃さ、持続しかつ減少しない高度の犯罪性、頻回の刑罰、犯罪の多方向性、浮浪罪が多いこと、低い社会的地位などを見出した。K・エルンストは、暴力犯罪者とその子孫の人格が、情性欠如、意志薄弱、活動性などを特徴とすることに注目し、累犯者のうちもっとも悪質なものは純粋な暴力犯の子孫ではなく、多方向（polytrope）の重罪犯の子孫であると結論した。

これらの諸研究を基礎として第二次大戦後の累犯研究が継続される。

R・グラスベルガー(61)（一九四六）は戦前の尨大な資料を使って、再犯曲線や累犯係数など累犯研究上の重要な概念を導入した。その詳細は、すでに奥沢(153)や中田(138)によって紹介されているので記述を省略するが、かれによって強調された犯罪初発の現象は、従来の諸研究の成果に一層の根拠をあたえたものとして興味深い。かれによると、犯罪は素質と環境によって規定され、素質的負因のつよいものほど小さな刺激によって犯罪をおこす。すなわち素質犯においては、その生涯の早期から犯罪が現われるとともに、再犯へも容易におちいるという。この素質的犯罪傾向を示すのがかれのいう累犯係数である。

F・エクスナー(46)（一九四九）は、それまでの研究を総括して次のようにいっている。有罪判決者の中の累犯者の割合は恒常的である。累犯者の特性として、累犯に陥るという危険性は、本質的には初めて罪をおかす危険性よりも大である。累犯の危険は前科とともに上昇する。再犯までの期間が短かいほど、前科が頻繁に発見される。女性には累犯者は少ない。累犯性の程度は犯罪種別によってことなり、ことに内向的な犯罪意思（Hagemann）をもつ同種累犯は、窃盗、詐欺、あるいは不自然な姦淫への傾向を示す。F・エクスナーはこれらの帰結として、頻回累犯者の子孫の判決について、その最初の犯罪行為が重要で、初発犯罪年齢と犯罪種別が、その後の犯罪活動を決定するとのべている。

E・フライ(53)は、早発累犯について徹底的な研究を行なった。この際、早発累犯に二種あり、非行とむすびつかない少年犯罪群と、非行とむすびついた少年犯罪群とがあり、後者すなわち、刑法には触れないが早くよりぐれだす型の群が累犯化する事実に注目した。この事実は、われわれの論文の考察の項で、犯罪生活曲線の表現上の課題としてもう一度触れるつもりである。E・フライはあらゆる面から早発累犯の問題ととり組み、早発累犯現象を解明したが、とくに早発累犯の五七・五％に精神病質者が、二六・二％に軽愚がみられることと、精神病質の複合型が累犯性に関係が深いことに注目している。精神病質的早発犯は精神欠陥と重い遺伝負因とを持つ家族の出身であることが多く、このため職業的にも父より下位にあり、累犯対策は幼時期からすでに立てられる必要があると説き、累犯問題が結局、少年非行の問題と密接に関係してくることをのべている。かれの結論は、「犯罪は多くの場合人格によって規定され、人格に一致している。人格は主に素質の表現であるが、環境との相互作用をもち、ある場合には環境をも形成する」ということである。彼によってひらかれた早発累犯と少年非行への視野が、今後の最も重要な犯罪学的課題であることは確かであろう。

その他にP・R・ビーズ(28)の二百人の未成年累犯の研究や、とくに、一九五五年の第三回国際犯罪学会議（ロンドン）における累犯の諸研究(168)(204)があげられる。ただ、以上にあげてきた、ドイツ・オーストリア・スイスの諸研究に比べると、フランス・イギリスなどの研究はまだまだ質的にみおとりがすることは否めない。

さて我国の累犯研究であるが、前述したように吉益を中心とする犯罪生活曲線の研究が主流を占めている。

吉益は早くから累犯者の生活歴を調べ、かつその成行きを追求するという縦断的方法の重要性をとき、累犯青少年一、一四三名の実証的研究(221)などを土台にして、一九五一年に犯罪の経過形式に関する方法論的考察(222)を提案した。ここでは一九五〇年におこなわれた府中刑務所の四〇歳以上の累犯者と、戦時中に観察した小菅刑務所の累犯者を材料にして、はじめて初発年齢、犯罪反復度、犯罪方向の三つの概念を用いて分析が行われた。この方法は、一九五二年の「犯罪心理学」(223)の中でさらにまとめられ、一九五八年の「犯罪学概論」(225)の中に犯罪生活曲線のイデーとして結実してくる。吉益自身のこの方法に関する最近の考えは、ドイツ語(226)および英語(227)によっても発表され、海外でも反響をよんでいるが、犯罪張力(tension criminelle)を使った理論的考察は、一九六〇年の犯罪学年報第一巻にはっきりした形でのべられている。

この方法を使った累犯研究は枚挙にいとまがないくらいであるが、以下そのうちの主なものを問題別に概観してみよう。

菅又(191)(192)は、詐欺累犯の研究において、詐欺累犯者は純粋であればある程、初発年齢は遅発傾向が多く、一般累犯者に比して犯罪間隔は長くなるといっている。放火犯については中田(135)(137)の研究があり、一般累犯者または詐欺累犯者などに比較して持続型が少なく、弛張型および間歇型が多いことや、犯罪の方向が多岐的になるにつれて遅発傾向が増加することが知られている。女子累犯については、吉益(224)、武村(202)、広瀬(78)の研究があり、男子と異なり遅発-単一方向-持続型という特異な累犯形式が多い事実が注目されている。性犯罪については、石井(82)の研究があり、早発-多種-異種-持続型が過半数を占めることがわかった。少年累犯については、武村(201)、樋口(74)が、飲酒犯罪者については村田(131)が、老年犯については菅又、上出(193)が各々研究を行なっている。殺人についての犯罪生活曲線的研究も多いが、これらは、われわれの論文の資料が八年以下の短期累犯者であって殺人者が少なく、直接の関係は少ないので、引用はさしひかえる。

これらの諸研究の特徴は、累犯者の素質、人格環境、行為環境、犯罪歴などを遡行的、および成行き調査的に調べていくことで、いずれの研究においても、犯罪生活曲線のイデーの独創性と、着眼点の正しさが証明されている。けれども、われわれが犯罪者を調査研究する場合に、われわれの前にいる犯罪者はすでに拘禁された状態でいることが多い。ここで後に考察の項でのべる「準・実験場面」としての拘禁環境に注目して、累犯者を研究するという新しい方法による研究が、従来の縦断的発達史的研究の成果の上につけ加えられる必要が生じてくる。

古くA・レンツ[112]（一九二七）は、自由刑の執行についての体験から、拘禁のもつ有害な作用に注目し、刑に対する受刑者の拒否的態度として、内部的逃避、反抗、嘲笑、反則などに注目している。一方、有益な作用として受刑者の受納─責任と可罰性に対する理解、屈服──諦念と社会的醇化などをあげている。A・レンツの場合、実証的根拠は稀薄ではあるがその直観的洞察は現在でも十分参考になるものをもっている。しかし、A・レンツの先駆的洞察にもかかわらず、刑務所での心因反応としての拘禁反応や拘禁性精神病の研究はその後も比較的よく行なわれたのに、受刑者の一般行動にまで視野をひろげた研究は、現在までになおきわめて少ないのが現状である。

W・メイヴェルク[121]（一九三八）は、その累犯予測の研究において受刑者の所内行動に注目し、所内行動の良いものは予後が良く、悪いものは再犯におちいりやすいといっている。彼によれば、一方では小羊のように柔和で、課せられた作業を行なうが、真の後悔は稀であるような受刑者があり、他方では施設の秩序に反対する意識的、目的性をもった受刑者があって、その反共同体的態度は、累犯傾向の顕著なあらわれであるという。

A・C・シュヌール[175]（一九四九～五〇）は、ウィスコンシン州刑務所の一、七六二名の累犯者について、書類上の調査ではあるが、所内行動（prison conduct）と受刑者の社会的諸要因との相関を研究している。この際、彼は、累犯と関係のある諸要因一五と、所内行動と関係のある諸要因一二とをそれぞれぬきだして考察している。そうして累犯要因と所内行動要因がほぼ一致した傾向を示すことを統計学的に証明している。所内行動の要因としては、(1)本犯の在所年数の長いほど行状が悪い。(2)独居拘禁の数が多いほど行状が悪い。(3)今までの在所年数の長いほど行状が悪い。(4)共犯者のあるものは行状が悪い。(5)年齢の上なほど所内行動は良い。(6)犯罪初発年齢がおそいほど行状が良い。(7)暴力傾向をもつ者は行状が悪い。(8)独身者に反則が多い。(9)老人は反則が少ない。(10)本犯刑が重大なほど行状が悪い。(11)教育歴高いものは行状がわるい。(12)性病を持つものは行状が悪い。などである。これらの要因のいくつかは、われわれの経験と相違するけれども大体において妥当する事実と思われる。A・C・シュヌールはまた所内行動の良いものの中にいわゆる刑務所ずれ(prison-wise)なものの存在にも注目している。しかし、かれの研究は、精神医学的、心理学的考察がなく、あまりにも大ざっぱでありすぎる欠点がある。

吉益(120)(一九四八)は不良凶悪因として甲府刑務所に収容されていた六五名の頻発反則者の調査を行ない、犯罪生物学的立場から分析を行なった。この研究はわれわれの研究の端緒となった、すぐれたものであるが、所内反則の実態にはあまり触れられていない。

R・ヴィエンヌ(113)(一九五七)は、第二次大戦後、フランス本国に収容されることになった流刑囚の所内行動を研究した。流刑囚は改善不能と目された頻回累犯者である。彼は流刑囚の中に二群があることに注目した。一つは反社会的な活動的犯罪者であって、所内行動は種々であるが、他の受刑者から孤立するもの、釈放を早くするためにわざと暴力的になるもの、看守に対して反抗的暴言を吐くもの、あるいは「静かなるひねくれもの(cynique tolérant)」などが多い。一般に反社会的犯罪者の知能は高く、性格的には感情的で攻撃的である。これと対照的なのは、非社会的犯罪者で流刑囚の四分の三を占める。彼らは、刑務所内では「良き囚人(bon détenu)」であって、一般に知能は低く、意志薄弱の人格特徴をもつ。この二つの型の犯罪者は性格的には全く対照的だが、過去の生活歴は似通っていて、欠損、貧困、不道徳家庭の出身のものが大部分で、その犯罪と所内行動の特徴は、彼らの性格に基因するところが大きいという。R・ヴィエンヌの考察は示唆にとんでいて、われわれが本研究において、所内反則者と無反則者の二群をとりあげたのと期せずして一致している。しかし、彼の考察は主として、全体的な印象に頼っており、具体的な事例の分析もないし、諸要因の分析も直観的にしか行なわれていないうらみがある。

最近、坪井(208)(一九五九)はその暴力犯累犯者の研究において、所内反則者を非常に多数見出したところから、とくに人身反則の問題に興味を持ち、人身反則の予測表(209)を作成し、矯正職員の実務に貢献している。中田(141)(一九六二)は多種方向犯罪者の研究において、彼らにも暴力犯累犯者と同様、所内反則が多いこと、ことに暴力的多方向犯に頻回にみられることに注目している。小木(本書Iの三参照、一九五九)は死刑確定者と無期受刑者の所内行動を研究し、所内反則の頻度、経過、方向などについて、犯罪生活曲線の方法を用いて分析をこころみた。これがおそらく、この方法での最初の反則研究と思われる。

以上、従来までの文献的回顧を行なってきたが、われわれの立場はとくに奇異なものではなく、従来の累犯研究の成果を十分に踏み台にした上で、縦断的方法に加えて準・実験場面として拘禁環境を利用し所内反則ならびに所内行動を研究するという新しい方法をとり入れ、犯罪学とあわせて累犯受刑者の全般的人格をより的確に把握しようと意図するところにある。この点について、すでに第十回日本矯正医学会総会において、小木(100)が「反則学(infractiologie)」という方法論を発表し、石川(84)がこの方法を使って得た予報的成果について報告した。本研究の題目を犯罪学的及び「反則学」的研究としたのは、このような経過によるものである。

調査資料と研究方法

累犯受刑者の反則者と無反則者（一級者）——すべて男——が本研究の対象である。累犯については、刑法に規定されたごとく、刑の執行を終りまたは免除されてからのち再び犯罪を行なった者とした。なお再犯期間が五年以上の経過初犯者も資料に含ませた。反則者とは監獄法に規定された法令に違反したいわゆる所内懲罰事反者のことである。

調査は一九六一年初頭より一九六三年三月の二年間にわたり府中刑務所において行なわれ、対象は、所内で一回以上の反則を行なった累犯反則者百名と、同じく累犯者でありながら所内では無反則の「一級者」四五名である。反則者は無選択的に抽出したものであり、無反則者は全数である。

この研究の目的の第一は累犯反則者を対照群としながら、累犯受刑者の所内反則の実態を把握するとともに、所内反則の背景に横たわる諸要因に照明を当て、その分析を通じて所内反則者の処遇や予測などについて、主として精神医学の立場から考察することである。第二の目的は社会における犯罪と所内における反則との関連を検討し、この結果を通じて人間行動の特徴を明らかにすることである。第三にこれらの研究結果を基礎として、累犯者の総合的解明およびその類型化を志すことである。このため対象者全員に対して個別面接を行ない、前科身分帳、分類票および本犯所内経過の記録などを参照し、各個に人格特徴、環境要因および犯罪経過の類型などについて検討した。

最後に犯罪と反則とのおのおのについての類型を組みあわせて、典型的な事例をあげた。

1　受刑者の精神医学的状態像

以下、男子累犯者の反則者と無反則者とを比較しておのおのの精神医学的特徴を明らかにする。まず、この両群の資料の年齢分布をみると第1図のとおりである。反則者では二五〜二九歳の者がもっとも多く三八％を示す

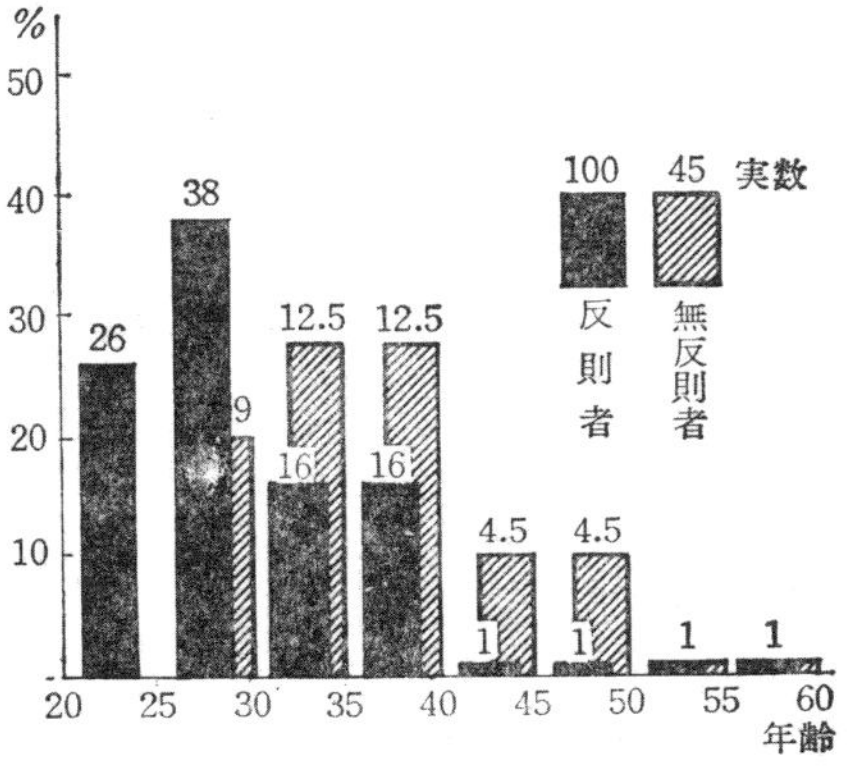

第1図　調査時年齢分布

（註：年齢別に実人員を整理したために端数が生じた）

のに反し、無反則者では三〇～三九歳が最高で半数以上がこの年齢層に属する。また二〇～二四歳の者が反則者に二六％みられるのに反し、無反則者には一人もみられないことも顕著な差である。つまり二九歳以下の若年者は、反則者に圧倒的に多く（六四名）、逆に三〇歳以上の者は無反則者に非常に多い（三六名）ということができる（$X^2=20.403$, $P<0.001$）*。このことは反則という現象が、体力や闘争力および欲動的な力が強く、精神的に無思慮な年齢層と、相当の関連をもつことを示しているものと考えられる。

1　精神医学的診断

男子累犯者の反則者の精神医学的診断は第1表のとおりである。

正常と診断された者は両群共にきわめて少ない。無反則者四名（八・九％）に対し、反則者には一名（一％）である。

累犯者における精神病質者の比率は従来の諸研究でもかなり高率で、菅又(192)の詐欺犯では八五・八％、坪井(208)の暴力犯では六七・七％である。われわれの累犯者でも精神病質者はその傾向および精神薄弱と合併したものを含めると非常に多く反則者で八〇％、無反則者で八四・四％を占める。その比率には両群に顕著な差はみ

* 以下のX^2検定は、反則者と無反則者に分け、検定しようとするカテゴリーとその他のカテゴリーとの間の差を検定した。したがって自由度はすべて一となる。

第1表　精神医学的診断

	反則者	(%)	無反則者	(%)
正常	1	(1.0)	4	(8.9)
精神病質傾向	25	(25.0)	18	(40.0)
精神病質	55	(55.0)	20	(44.4)
精神薄弱＋精神病質	1	(1.0)	0	
内因性精神病	15	(15.0)	2	(4.4)
外因性精神病	3	(3.0)	1	(2.3)
計	100	(100.0)	45	(100.0)

とめられないが、精神病質の程度は著しい差がみとめられ、程度の軽い精神病質傾向は、反則者に二五%であるのに無反則者には四〇%の多きを数える。これに反し程度の重い精神病質は五五%対四四%である。他の累犯研究では重い精神病質は武村(202)の女子累犯者(二二%)、中田(35)の放火累犯者(四五%)、坪井の暴力累犯者(五四%)、中田(141)の多種方向犯罪者(六八・五%)でわれわれの反則累犯者ではかなり高率であることがわかる。

精神病の比率は他のいずれの累犯研究よりも高率である。すなわち吉益(220)の不良凶悪囚の一六・九%、坪井の暴力累犯者の一四・〇%、中田の多種方向犯罪者の一・四%に対して一八・〇%の高い割合を占める。

以下各診断別に結果をくわしく検討してみよう。

1)　**精神病質**　精神病質および精神病質傾向と診断されたものは、精神薄弱に合併したものを含めて反則者では八一名(八一%)、無反則者では三八名(八四・四%)であるが、この診断には主として、K・シュナイダーの類型を用い、これにE・クレッチマー(108)の性格類型を併用して両群の人格特性を表示した。精神病質をK・シュナイダー(171)の現象的無体系的類型によって分類することは、今日もっとも広く行なわれており、これを用いることは他の研究結果を相互に比較するために必要なことである。しかしこの類型だけで複雑な人間の性格を描き出すことは勿論不可能であるし、またこのK・シュナイダーの類型にうまく一致しないことがかなりの場合にみられたので、理論的には矛盾するが、それを補うためにE・クレッチマーの類型を併用した。一人が二つの類型に分類されるときは、おのおのの頻度を二分の一とし、三型に分類されるものは三分の一とし、類型の度数を集計し

第2表　精神病質分析

	反則者（％）	無反則者（％）
意志薄弱	22.9（28.3）	23.0（60.5）
情性欠如	13.5（16.6）	0（0）
爆発	11.8（14.5）	0（0）
発揚	8.2（10.1）	5.5（14.5）
顕揚	6.3（7.8）	2.0（5.3）
気分易変	2.8（3.5）	0（0）
無力	0.3（0.4）	0（0）
分裂病質	6.1（11.2）	4.0（10.3）
てんかん病質	4.8（6.0）	1.0（2.6）
循環病質	1.3（1.6）	2.5（6.5）
計	81.0（100.0）	38.0（100.0）

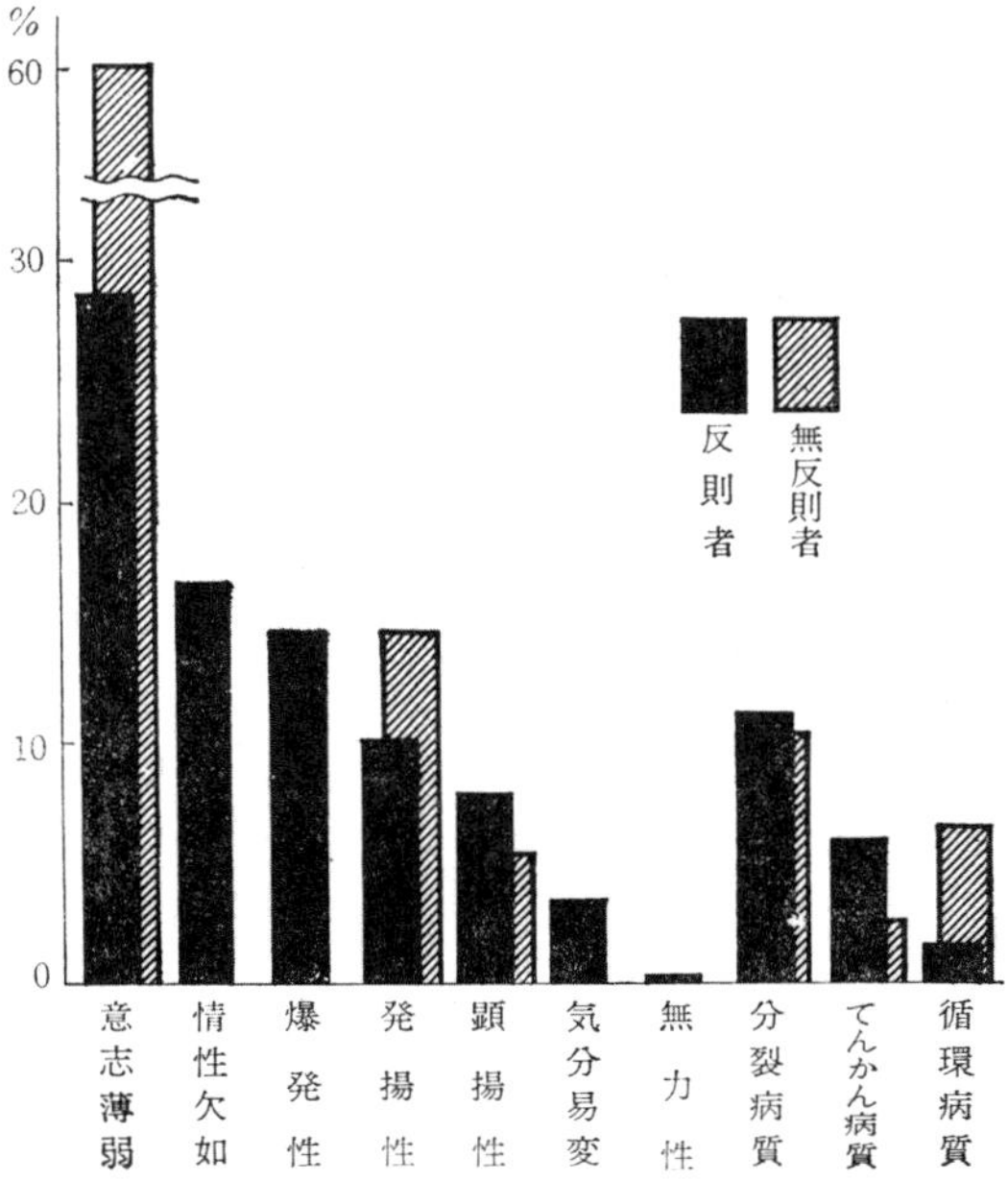

第2図　精神病質分析

た場合に資料の総数と一致するようにした。この手順で精神病質、精神病質傾向を分類すると第2表、第2図のごとくになる。

両群を比較してもっとも目立つことは、意志薄弱が無反則者に圧倒的に多い（六〇・五％）ことである（$X^2=11.11,\ P<0.001$）。他の累犯研究で意志薄弱の多い犯罪者は中田の多種方向犯罪者第Ⅱ群（六二・五％）、菅又の詐欺累犯者中の盗犯型（七五％）、新井(8)の経過初犯者（八六％）などであり無反則者はこれらの犯罪者に近いことがわかる。

情性欠如性精神病質者は無反則者には皆無であるのに反則者で一六・六%（$X^2=5.80, 0.01<P<0.02$）で、菅又の詐欺累犯者中の暴力犯型（二二%）、坪井の暴力累犯者（三四・七%）、中田の多種方向犯罪者I群（二六・六%）であり、爆発性は反則者に一四・五%（$X^2=4.72, 0.02<P<0.05$）と多く、中田の第Ⅱ群（二〇・〇%）に近い。

さらに他の類型について比較すると、発揚性一〇・一%と一四・五%、分裂病質一一・二%と一〇・三%、顕揚性七・八%と五・三%等は両群において相当の比率を有してはいるが、統計学的に有意差はみとめられない。なお狂信性、抑うつ性、自己不確実等は両群において一例もみとめられなかった。

以上各群について頻度の多い順にまとめてみると、反則者では意志薄弱>情性欠如>爆発性>分裂病質>発揚性>顕揚性の順であり、無反則者では意志薄弱>発揚性>分裂病質>循環病質の順である。

一般に反則者は、爆発性、攻撃性、好争性、無情性、固執性等の強力性の（sthenisch な）傾向がつよいといわれているが、われわれの調査でもこういった外攻他罰への性格偏位が明らかである。これに反して無反則者は対照的に、意志薄弱、温和、無力性等の無力性の（astenisch な）傾向をより多く示し、両群あいまって、累犯受刑者の極端な二つの性格傾向を代表していると思われる。

なおこのような性格類型には、はっきり示すことはできないが、面接場面でも無反則者は表情が柔和で人当りがよく、調査に協力的態度を示したのに対し、反則者は調査に対し警戒的で、非協力的で、執拗に調査の目的を問うたり、ひねくれたり、ひがんだりした。

事例1（反則者）二六歳。診断：無情性＋爆発性

一九三八年三月大阪市で生まれたが父母不詳、五歳ごろから養父母に育てられ、小学校へ通った。当時学業成績は中位で

あったが、新制中学入学後勉強が嫌いになり怠学が多くなった。卒業式の日、校門を出るなり卒業証書を破り捨て、養父母の家をとび出し大阪のテキヤに入り三年間をここですごした。一八歳のとき獅子舞で住居へ侵入したり、暴行したりして少年鑑別所へ送られたことがある。一九歳のときテキヤを逃げ出して上京、土方、工員などをしながら、また各地を流れ歩いた。犯罪は二〇歳のとき東海道線車内で恐喝、傷害を働いたのが最初で、本犯は二一歳のとき中央線内で恐喝を行なったものである。

精神医学的面接時は、薄ら笑いをうかべてよくしゃべるが質問に応じた答ではなく多分に一方的である。とくに反抗的ではないが、すねたような、脅迫的言辞を弄することがある。「昔から神経質でね、両親がいないのでひがみっぽい」。犯罪事実に対しては「俺だっておまんまを食わなくちゃならないからね」と体裁だけの反省さえ示さない。衝動的で些細な原因で憤怒する点がもっとも目立つ。やや固執的、粘着的で迂遠である。自己主張多く多弁で他との協調性に乏しい。

事例2（無反則者）四〇歳。診断：意志薄弱

一九二三年一月生、父は大学卒で旅館を経営、実母には二歳時死別したが継母に可愛がられて育った。小学校時代は嫌学、友人多く、腕白者であったが、中学校では勉強が好きになり中位の成績で卒業、就職したが、このとき母が継母であることを知ってから、ぐれはじめた。犯罪は窃盗を一八歳、二九歳、三二歳、三四歳のときに行なった。

精神医学的面接時、表情は豊かではないが、眼鏡をかけておとなしそうな印象を与える。つめたくはないが、自分からはあまり話さず質問に必要なことを答えるだけで、全体として活気に乏しい。幼時から甘やかされたらしく勝気そうなところと弱々しいところが同居している。犯罪にはいずれも動機がある。「一回目の窃盗は、実母と思っていたのが継母とわかり、精神的にショックをうけて不良と遊び、非行に走ったのです」、「二回目は会社が解散し、生活苦のため妻子を実家にあずけ別居したのでやけをおこした」、「今回は店員として働いているうち刑務所出身ということがわかり、店の者の風当りがつよくなった。また妻が離別するというのでやけをおこし、酒、マージャンにふけり、金に困って窃盗をした。もう四〇歳をこしましたし、今立直らなければいけないと思います」。

社会的、精神的な葛藤や困難に対して抵抗が弱く、短絡的な行動に走り、犯罪をおかす意志薄弱者の例である。

累犯研究よりも高率である。

2) 精神病　精神病は、反則者に一八名（一八％）の多きを示し、これは先にも述べたように他のいずれの累犯研究よりも高率である。これに反し無反則者では三名（六・七％）であり、かなり少ない。

われわれの資料の精神病の内訳を、反則者と無反則者とについてみると次のとおりである。まず内因性精神病は反則者一五％に対し無反則者四・四％である。反則者では精神分裂病七、精神分裂病の疑い五、てんかん一、てんかんの疑い一、躁うつ病一であるが、無反則者では二名ともにてんかんである。精神分裂病と診断された一二名はいずれも破瓜型であり、確診されたもの七名のうち四名は現在欠陥状態である。

つぎに外因性精神病は、反則者では進行麻痺二、頭部外傷後遺症一であり、無反則者の一名は頭部外傷後遺症である。

われわれの資料の精神病中もっとも多い精神分裂病者一二名について若干考察を試みてみよう。まず遺伝負因が明瞭なものは意外に少なく僅か一名であり、不明の二名を除いて他の九名はいずれも負因はみとめられない。既往歴をみると、小学校当時からすでに内気、孤独な点が目立つ者と手のつけられない暴れ者とがいるが、いずれも小学生当時よりすでに怠学が始まっているものが多く（八名、六六・七％）、このため学業成績は悪く、学校に適応できず退学したものも多い。問診と新制田中B式知能テストの結果からみたかぎりでは、知能の低いものが多く、正常範囲にいるものは四名（三三・三％）にすぎず、他は限界以下であり、持にIQが六九以下の精神薄弱は四名（三三・三％）にみられた。また過去に於て精神病院への入院や外来通院により何らかの精神医学的治療をうけた者は七名（五八・三％）あり、このうちロボトミーをうけた者が三名もいる。

これらの精神障害や知能の低格等のために、社会に出てからも、適応できた者は一人もおらず、いずれも安定した職にとどまることが出来ず、転々と職を変え、土方や乞食となって放浪しているうち生活に困り犯罪に陥った者が多い。そのため犯罪は窃盗、強盗、詐欺等の財産犯が多く（一一名、九一・六％）、純粋の暴力犯は殺人、傷害の一名にすぎない。その事例もヤクザ組織に加入している者であった。このように精神分裂病者の犯罪は、全般的な人格障害から社会に適応することが出来ず貧困に陥り、その際道徳的判断力や感情鈍麻から抑制力が弱まっているままに犯罪に陥ったと考えられるものが多く、幻覚、妄想等の病的体験と直接結びついているものは、われわれの事例の中には発見できなかった。阿部(1)は分裂病と犯罪との関連について症例研究を行ない、蔵原(109)は統計的に研究して分裂病には財産犯の傾向があると述べた。市場(81)は、暴力犯、放火犯には妄想型が多く(約五〇%)、財産犯には破瓜型が多い(約五七%)と述べており、とくに財産犯には了解可能な犯罪が多い(約八〇%)と述べているが、われわれの事例も財産犯が多く且つ全例が破瓜型であり、市場の結果とよく一致する。

事例3 (反則者)二九歳。診断:精神分裂病。
面接時、よく話すが表情に乏しく、かたく冷たい印象を与える。時に顔をしかめ、空笑する。応答は投げやりで、突如として自分の考えをしゃべる。「固定独居にいたい。団体生活ができないから」、「しゃばにいるときの楽しみは映画、友人はいないね」など話していて、突然不機嫌そうになり黙りこんでしまう。また医師の顔を全然直視しない。まじめな顔をしていて急にふきだす。「孤独だね……ハハハ」浅薄で空虚な笑い声。とにかく異様に無気味で凄みがある。表情かたく、感情の表出に乏しく、不活発、また自閉的で他人には殆んど関心を示さず全然うちとけない。抽象的思考能力、論理判断能力も著しく低い。

本例は破瓜型の精神分裂病欠陥状態であり、発病は判然としないがかなり陳旧性のものである。幼少時より内気、孤独で怠学、徒遊などの非行があり、中流家庭であるのに小学校を卒業したにすぎない。しかしその後は父の保護のもとで家業を手伝い、とくに問題はなかった。一七歳時父が死亡したので就職したが、何となく嫌気がさしたとか、人にいやがらせをされたという些細な理由で頻回に転職しているうち、遊興費欲しさに犯罪をおかした。しかしその後は母の保護のもとに、やはり職を転々としながらも犯罪に陥らなかったが、たまたま二三歳時母が死亡し保護を失うとともに人夫になり、生活に困って犯罪をおかしたものである。発病→怠学、徒遊→父の死亡→就職、転職→母の死亡→人夫→犯罪という経過をとったもので、精神分裂病と犯罪とは直接の関係はないが、その欠陥状態のために早くから社会に適応できなくなっていた。しかし強力な保護の下で犯罪に陥らずにいたものが、保護の喪失とともに欠陥を露呈し、生活に困って犯罪に陥ったものである。

3) 知 能　知能程度の判定に際しては、個別面接時の問診および新田中B式知能テスト（刑務所調査官実施）を参考にした。

知能程度を比較すると、反則者には優秀＋正常が少なく、無反則者との間に明瞭な差異がみとめられた（$X^2=53.144, P<0.001$)。つまり限界以下の知能低格者は反則者に圧倒的に多いのである（第3図）。われわれの資料を、坪井の暴力犯累犯と中田の多種方向犯罪とを比較しても優秀＋正常は、われわれの四六％に対し、坪井のそれは四九・五％、中田の第Ⅰ群は六一・五％と多いのである。

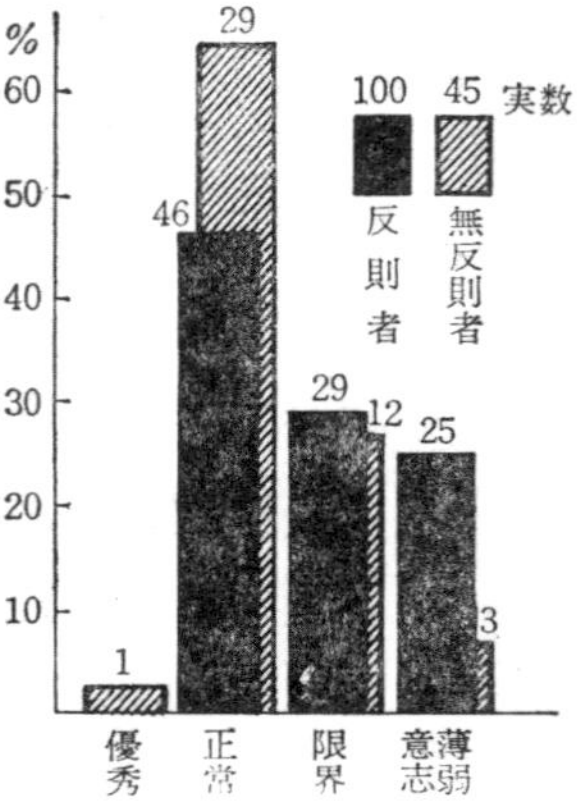

第3図　知　能

このように反則者に知能低格な者が多いということは、反則者は本来知能が低いということを示すと同時に、上述したように精神病や精神病質が多く、家庭の貧困、両親の低格等と相まって十分な教育をうけることができなかったためと、また後に述べるように幼児期の頭部外傷や、長じた後の覚醒剤常用等による器質的、機能的な脳障害のためと思われる。

2　受刑者の素因

1) 遺伝負因　遺伝負因の調査は、発端者から始めて一々家

第3表　両親および同胞についての遺伝負因

	反則者（%）	無反則者（%）
あり	29（29.0）	7（15.6）
なし	64（64.0）	37（82.2）
不明	7（7.0）	1（2.2）
計	100（100.0）	45（100.0）

遺伝負因の内訳

大酒家	10	4
犯罪者	4	0
精神病質者	5	3
精神病者	10	0
計	29	7

族、親族に面接すべきなのであるが、調査の性質上それが出来なかったので、身分帳記載の事実と受刑者の問診とから調査せざるをえなかった。調査の範囲は両親および同胞に限定し、しかも明らかな精神病、神経症、精神病質、大酒家、犯罪者、自殺などについて述べる。その結果は第3表のとおりである。

予想されるように反則者には遺伝負因が高く、約三分の一に負因がみられるが、無反則者一五・六%に比しやや多いという程度である（$X^2=3.005,\ 0.05<P<0.10$）。反則者の遺伝負因率二九・〇%は、坪井の暴力犯累犯者約六〇%に比して著しく低いが、これはわれわれの調査方法が不十分であったことによると考えられる。

遺伝負因の内容をみると、もっとも際立つことは反則者に精神病者が一〇名見出されるのに反し、無反則者には一名も見出されないことで、同じような傾向は両親および同胞の間の犯罪者にもみられる（反則者四、無反則者〇）。大酒家をみると無反則者に四名みられるのに反し、反則者には一〇名で非常に多い。

2)　**脳疾患の既往歴**　幼児期よりの頭部外傷、高熱疾患、意識消失や痙攣を伴う疾患、脳炎等の重篤疾患については、とくに詳細に受刑者を問診し、また身分帳を調査した。

その結果、反則者には脳疾患の既往歴は二六名、二六%の高率に見出され、無反則者の四名、八・九%に比し、きわめて多く（X^2〔Yates〕$=58.125,\ P<0.001$）、坪井の暴力累犯者（四九%）や中田の多種方向犯罪者の

第Ⅰ群（二七・五%）に近い。一般に犯罪者には頭部外傷や脳疾患が多く、人格を変化せしめ、知能の低下と共に、欲動の低下、爆発性、抑制力の欠如といった性格変化を惹きおこし、これが犯罪に影響をおよぼすことがあるといわれているが、われわれの反則者ではたしかにこの事実が認められる。しかるに、拘禁環境における無反則者にはこの事実がないということは、後述するようにかれらの社会における意志薄弱的機会的犯罪傾向をも反映していると思われる。

3) **覚醒剤使用歴**　覚醒剤はすべてヒロポンであるが、反則者中覚醒剤使用歴を有する者は四一名（四一%）、このうち中毒症状を呈した者は一九名（四六・三%）である。これは無反則者における経験者四名（八・九%）に比して非常に多い（$X^2 = 10.127$, $P < 0.01$）。無反則者には覚醒剤中毒は一名のみである。

覚醒剤経験者の人格特性を精神医学的に研究し反則者一般と比較してみよう。まず精神医学診断をみると、精神病質63%＞55%（はじめに挙げた百分率が覚醒剤経験者、以下同じ）、精神病質傾向22%＜25%で明らかな精神病質は覚醒剤経験者に多い。性格的にみると覚醒剤経験者には、一方に無気力で仕事などにもあき易い意志薄弱な者と、他方には派手で発揚性、爆発性等の性格を持ち不良集団に属する者とがある。

覚醒剤中毒者一九名のうち、症状の詳細が不明なもの七例を除いて、他の一二名すべてに一過性に分裂病様症状が出現している。すなわち無為、感情鈍麻、自閉等に作為体験、考想化声などの自我障害が加わり、さらに錯覚、幻覚に被害妄想、追跡妄想も生じて当時の現症の上からは精神分裂病と鑑別するのが困難であった。現在もこのような精神分裂病状態がつづいている者は一名あるが、かれは表情の硬さ、乏しさ、対人接触の浅薄さ、疎通性の悪さ、幻覚（幻臭、幻聴）や妄想（被害、被毒）、確信の度合がつよい点などから、むしろ精神分裂病と診断される。また本例はロボトミーも受けており、そのための性格変化も考慮すべきであろう。

他の一八名は現在幻覚妄想状態はなく、面接時表情も豊かで多弁多動で感情的に浅薄だが、調査にも協力的な者が意外に多く（一一名、六一％）、逆に表情乏しく、不活発でかたく、口数少なく、調査に投げやりな者は少ない。しかし全体として、表情に張りがなく、了解がわるく、話の内容も迂遠で、感情も浅薄で不活発といった器質的精神疾患にみられる症状がみられた。

4）　薬剤嗜癖歴　特定の薬剤嗜癖の経験のある者は、反則者で一〇名（うち中毒者一名）、無反則者では一名である。薬剤の内容はモルヒネ二名、チクロパンが九名（不明一）である。薬剤を使用している者は、他の薬剤の使用歴を有する者が多く、一〇名中覚醒剤使用者は九名、酒の常習ないし中毒に陥っている者が七名もいる。

薬剤嗜癖歴を有する者は全員が精神病質であり、知能が限界以下の者は六八・九％である。一般に薬剤嗜癖者は薬剤購入のために売春を行なったり、家内非行、賭博、その他の犯罪を行なったりというように犯罪と深い関連を有するといわれている。

秋元（4）は麻薬中毒者の統計的研究から、中毒後虚言、無恥、短気、粗暴、倖易、安逸などの性質変異を来したもの（三八・一％）を述べ、貧困となり麻薬代をうるため窃盗に陥ったもの四名（一九％）をあげている。われわれの麻薬使用者においてもこの傾向がみとめられる。たとえばある反則者は前刑入所中肺結核となり、出所後知人の家で徒食しているうちヘロインを覚え、ヘロインを買う金欲しさに窃盗をおかしたものである。

5）　酒精について　飲酒歴のある者は、反則者に八六名（八六％）、無反則者には三九名（八六・七％）で両群には差がみとめられない。飲酒と犯罪との関係については高橋（198）が触れ、村田（131）が詳細に研究し、機会的飲酒者に傷害などの粗暴犯が多く、常習飲酒者に窃盗、強姦、放火などが多いと述べている。また秋元（3）、坪井（208）は病的酩酊がとくに悪質で殺人、傷害などの暴力的犯罪に深い関係を持つといっている。後述するようにわれわれの反則者には暴力的犯罪者が多いのに病的酩酊者は少ない（反則者五名、五％、無反則者六名、一三・

三%)。

なお反則者の異常酩酊者五名をぬき出してみると、脳の器質疾患の既往ある者は三名（六〇%）、爆発性三名（六〇%）と多く、飲酒時の犯罪一例は強姦、致傷、窃盗を行なったものである。

6） **性病歴**　性病歴のある者は、反則者一九名（一九%）、無反則者一二名（二六・七%）で後者にやや多い（$X^2=2.333, 0.10<P<0.20$）。梅毒歴のあるものは、反則者においては六名であり、淋病歴のあるものは八名である。

進行麻痺に罹患した者は反則者の二名のみであるが、いずれも発病と犯罪との関連が密接である。例をあげると、

事例4（反則者）大正一五年一月に職業軍人を父として、中産階級の家庭に生まれ、私立専門学校を卒業して入隊した。終戦後は自動車運転手を一年勤めた後、闇屋を行なっていたが、二七歳の時生活に困り、詐欺、横領事件をおかして懲役一年六カ月を受け、昭和二八年四月に出所した。その後は内妻と砂利販売業を営み犯罪はなかったのであるが、昭和三一年二月頃進行麻痺が発病した。このころから浪費癖が強まり、金が足りなくなるや詐欺、横領、恐喝、窃盗等の財産犯を次々に犯し、昭和三一年一二月から昭和三五年までの四年間に四回、刑務所に入所している。入所するや進行麻痺のために執行停止となり、三回精神病院へ強制入院させられ治療をうけた。前刑出所時（昭和三五年五月）には、一応進行麻痺は治癒したといわれ、一年間働いていたが再び詐欺、横領を犯して入所した。

本例は入所後八カ月間無反則であったが、石けんを不正授受したかどにより罰せられている。もう一例（事例9—反則者）の病歴は考察の項で報告するが、同じく反則者として懲罰をうけていた。このことは、異常行動を行なうものの中にこのような精神病者がいることを示し、原則として懲罰にかける前に精神医学的に診察し、精

神病として治療すべきか、反則として罰すべきかを区別する必要を痛感させる。

2 社会環境における行動と犯罪

先の章においては、受刑者の精神医学的状態像をのべた。この章では過去にさかのぼって受刑者の社会における環境と行動、とくに犯罪行為について考察をすすめよう。

1 人格環境の分析

1) **欠損家庭** 生育期の環境要因としてもっとも重要視されるものは欠損家庭である。本人が二〇歳未満で親の双方または一方と死別もしくは生別したものは、反則者では五七名、五七%である。これは坪井の暴力犯の五二%、一般累犯者の五〇%のいずれよりもやや多く、菅又、上出らの老年犯の五八%に近い。しかし無反則者では二七名、六〇%であり反則者のそれとの間に差はみとめられない（$X^2=0.114, 0.50<P$）。欠損の内容をみると、父の欠損は反則者に少なく（一六%:二六、七%）、母欠損については両群に差はみとめられず、父母欠損は反則者が多い（二四、〇%:一五、五%）。結局、反則者、無反則者ともに他の累犯者に比して高率の欠損家庭をもつことは明らかになったが、両群の間に著しい差は見出されなかった。

2) **親の職業** 親の職業は一般に年少時の社会環境をある程度規定し、家庭の経済状態、社会的地位および親の教育程度を示す目安になる。これを第4表に示す。

第4表 親の職業

	反則者（%）	無反則者（%）
土工・人夫	11（ 11.0）	1（ 2.2）
工員	20（ 20.0）	1（ 2.2）
職人	24（ 24.0）	9（ 20.0）
農漁業	18（ 18.0）	14（ 31.2）
商業	13（ 13.0）	8（ 17.8）
勤人	2（ 2.0）	6（ 13.3）
その他	6（ 6.0）	6（ 13.3）
不明	6（ 6.0）	0 -
計	100（100.0）	45（100.0）

土工、人夫などの不安定な職をもつものは反則者の親に多く（一一%：二%）、工員、職人、農漁民等の比較的恵まれない職も反則者の親に多い（六二%：五三%）。一方、商人、勤人などの安定した職は無反則者の親に多い（一五%：三一%）。ここで菅又の分類により下層階級（人夫、工員、職人、農漁民など）と商人、勤人、医師などの階層に分けると、下層階級のものは反則者（七三名、七三・〇%）で無反則者（二五名、五五・六%）よりも非常に多い（$X^2=6.006, 0.01<P<0.02$）。

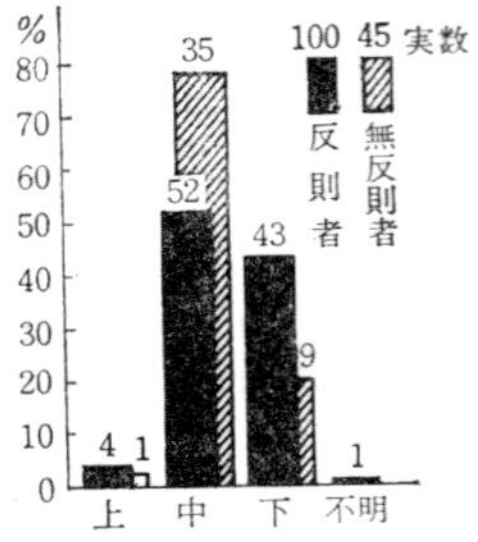

第4図　家庭の経済状態

3）**貧困家庭**　親の職業に関連して、家庭の経済状態を、両親の職業、学歴、受刑者の供述などにより推定し、上、中、下の三群に分けて示したのが第4図である。

家庭の経済状態が下層に属するものは、反則者四三%であるのに対し、無反則者二〇%であり、反則者に家庭貧困の者が圧倒的に多い（$X^2=7.708, 0.001<P<0.01$）。

4）**問題家庭**　父が大酒家や犯罪者であったり、女出入りがあって両親が不和なもの、嫁姑の関係が悪いもの、親が子供に厳格すぎるものなどのために、家庭の雰囲気が悪いものを問題家庭として一括する。このような葛藤の多い暗い家庭が、幼少年期の少年の人格形成にとって重要な影響をもつことは否めない。

問題家庭は、反則者五七名、五七%に対し無反則者二一名、四六、七%で、両者に大差がない（$X^2=1.042, 0.30<P<0.50$）。

以上出身家庭の分析を要約すると、反則者・無反則者ともに人格形成因としての家庭はきわめて悪いが、とくに反則者において貧困家庭が多くみられた。

5）**学　歴**　反則者、無反則者の学歴は、第5表に示すとおりである。反則者には高小卒以下のものがやや

第5表　学　歴

	反則者（％）	無反則者（％）
不就学	0	
小学校中退	23（23.0）	5（11.1）
小学校卒	12（12.0）	6（13.4）
高小中退	6（6.0）	1（2.2）
高小卒	13（13.0）	18（40.0）
新制中学中退	10（10.0）	1（2.2）
新制中学卒	20（20.0）	7（15.5）
新高・旧中中退	10（10.0）	6（13.4）
新高・旧中卒	1（1.0）	0（0）
旧高・大学以上	5（5.0）	1（2.2）
計	100（100.0）	45（100.0）

多い（$X^2=2.043, 0.10<P<0.20$）。

しかし、入学した学校を卒業したか中退したかという就学態度で分けてみると、学校中退者は、反則者五九名、五九％、無反則者一三名、二八・九％で、反則者に圧倒的に多い（$X^2=11.255, P<0.001$）。これは坪井の暴力累犯者（二七％）、中田の多種方向犯罪者（四七・五％）、吉益の不良凶悪囚（五三％）のいずれよりも高い中退率である。このことは、前述したように、反則者に遺伝負因が濃く、幼時に何らかの脳疾患に罹患したものが比較的多く、しかも生育環境が劣悪なことを考慮すればかなり納得のいく事実である。

6）**問題行動**　こうして学校に適応出来なくなったかれらは、学校内で友人をいじめたり、授業を妨害したり、教師に反抗したりするようになり、ついには怠学するにいたる（問題行動は重複しているので、その延数の怠学の割合は反則者四一名、二六％：無反則者二名、四％）。この怠学をはじめとして何らかの問題行動があったものは反則者に圧倒的に多い（$X^2=17.442, P<0.001$）。

問題行動の内容を比較してみよう（第6表）。反則者に多い非行は、不良交友、けんか、家出などであり、すでに性格の項で強力性の（sthenisch な）傾向が多いと述べたように、非行の内容にも同じ傾向がみられる。一方、無反則者に多いものは盗みであり、反則者に比べて非暴力的な非行が多いのである。

しかもこの問題行動が、反則者ではきわめて早期に始まっていることも注目されてよい（第5図）。すなわち

第6表　問題行動

非行内容	反則者（%）	無反則者（%）
怠学	41（ 25.6）	2（ 3.9）
不良交友	40（ 25.0）	10（ 19.6）
けんか	14（ 8.8）	3（ 5.8）
家出	37（ 23.1）	8（ 15.7）
盗み	13（ 8.1）	18（ 35.3）
家財持出	8（ 5.0）	2（ 3.9）
その他	7（ 4.4）	8（ 15.7）
計	160（100.0）	51（100.0）

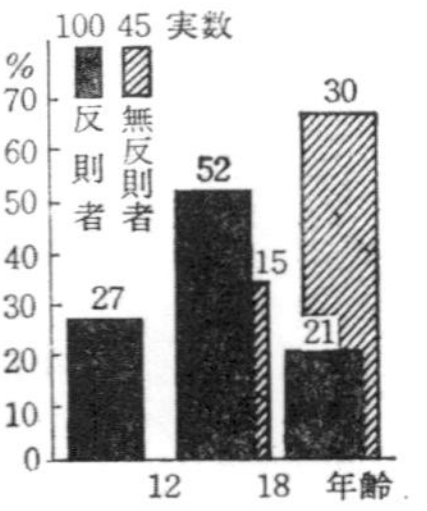

第5図　ぐれだし年齢

一二歳未満、つまり小学生時代にすでにぐれだした者は反則者で二七名、二七%と非常に多く、無反則者では皆無である（$X^2=13.196$, $P<0.001$）。また一八歳未満でぐれだした者は反則者に七九名、七九%で、無反則者で一五名、三三・三%である（$X^2=28.389$, $P<0.001$）。

まえがきで諸文献を紹介したように、一般に犯罪初発年齢が若い者ほど、犯罪学的に悪質であるといわれているが、初発犯罪にさらに先立つ「ぐれだし年齢」の若い者に、より悪質な犯罪者が多いことも重要な事実であると考える。

7）**文身**　反則者で文身を有する者は四二名、四二%であり、無反則者の一五名、三三・三%に比してやや多い程度である（$X^2=1.184$, $0.20<P<0.30$）。

しかし、これを他の資料と比べてみると非常に高率である。すなわち武村、坪井の府中刑務所における一般累犯者三〇%に比して、より多く、坪井の暴力累犯五九・一%、中田の多種方向犯罪者の五八・五%に近い。

反則者を文身を有する者と有しない者とに分けて、まず学歴を比較すると、文身を有するものは、小学校卒以下の学歴の低い者が多く（一六名、四〇・〇%：一九名、三一・六%）、とくに小学校中退者が多い（一二名、三〇・〇%：一一名、一八・三%）。つぎに本犯犯行時の職業を比較すると、文身を有する者に不良集団に属する者がはるかに多い（一〇名、二五・〇%：八名、一三・三%）。このように文身を有する者は、反則者の中でも学校や正常の社会環境に適応することがより困難で、不良集団の中に沈澱した――というよりもそこではじめて適応することのできた――持殊な階級に属する者といえる。また、犯罪においても文身のある者は、今までに殺人、傷害、暴行、強盗傷人等の粗暴な犯罪をおかした者が多い(三一名、七七・五%:三五名、五八・三%)。

8) 職　業　かれらが最初についた職業は第7表のとおりである。

まず、社会に出ても何らかの職業につこうともせず最初から浮浪したり、不良集団に入ってしまう者は、反則者の一六名、一六%の多きにみられ、無反則者ではわずかに二名、四・四%である。また就職してもその職種は、親の職種と同じように不安定な職種が多いのである。つまり人夫、農漁業、工員(町工場が多い)、職人、

第7表　最初の職業

	反則者(%)	無反則者(%)
浮　浪	10 (10.0)	1 (2.2)
不良集団	6 (6.0)	1 (2.2)
人　夫	8 (8.0)	2 (4.4)
農漁業	11 (11.0)	6 (13.4)
工　員	26 (26.0)	13 (28.9)
職　人	11 (11.0)	5 (11.1)
店　員	13 (13.0)	9 (20.0)
サービス	5 (5.0)	1 (2.2)
会社員	5 (5.0)	7 (15.6)
商　人	1 (1.0)	0 —
その他	4 (4.0)	0 —
計	100 (100.0)	45 (100.0)

店員、サービス業(ボーイなど)などであって、労働時間は不定かつ長く、近代的な身分保証もなく、しかも低賃銀という劣悪な労働条件の職種しかかれらには開かれていないのである。このようなものは反則者で七八名、七八%、無反則者で三六名、八〇%にみられる。会社員、公務員のような安定した職業につく幸運を持った者は非常に少ない(反則者では僅かに六名、六%、無反則者でも七名、一五・六%)。

すでに述べたように、遺伝的、知能的、性格的にさまざまの負荷を背負い、無教養な親の許、貧困かつ葛藤の多い家庭に育って、保護的な社会環境である学校においてすでに六〇%の者が退学してしまうようなかれらには、責任と規律とを要求される社会は非常に厳しく感ぜられよう。しかもかれらの入ってい

く社会は、通常よりも一層条件の悪い社会なのである。本来ならばその人格の欠陥のゆえに、もっとも保護されねば適応してゆけないかれらが、もっとも劣悪な環境に投げだされているわけである。

事実、かれらの転職回数は非常に多く、三回以上のものは反則者では五四名、五四%、無反則者では二七名、六〇%である。反則者にむしろ転職回数が少ないようにみえるが、実は反則者は二〜三回職を変えた後、ただちに浮浪したり、不良集団に入ったり、犯罪生活に入ったりして、再び正業につかないためである。本資料の場合、無反則者に転職回数が多いことは、むしろかれらの方に正業につこうという努力が強いとみた方がよい。このことは、のちに本犯犯行時の職業および犯罪生活曲線の項でも明らかにされるであろう。

しかし、いずれにせよ転職することによって職種が向上することは決してなく、全例がより劣悪な、より不安定な職業に転落していくのである。これが経済的にも、社会的にも、心理的にも、かれらを不安定にし、犯罪の潜在的な素地を形成していくことは明らかである。

本犯犯行時の職業は第8表に示すとおりである。まず目立つことは本犯時に無職が非常に多い(反則者八七名、八七%、無反則者三三名、七三・四%)ということである($X^2=4.062$, $0.02<P<0.05$)。中でも浮浪している者も反則者の五四名、五四%にみられ、無反則者の一七名、三七・八%よりも多い($X^2=3.268$, $0.05<P<0.10$)。かれらの親の職業も不安定なものが多かったが、かれらには職がないものが

第8表　本犯時の職業

	反則者(%)	無反則者(%)
浮浪	54 (54.0)	17 (37.8)
不良集団	19 (19.0)	5 (11.1)
失業	6 (6.0)	8 (17.8)
人夫	8 (8.0)	3 (6.7)
農漁業	0 —	3 (6.7)
工員	5 (5.0)	2 (4.4)
職人	4 (4.0)	1 (2.2)
店員	1 (1.0)	1 (2.2)
サービス	2 (2.0)	1 (2.2)
会社員	1 (1.0)	0 —
商人	0 —	2 (4.4)
その他	0 —	2 (4.4)
計	100 (100.0)	45 (100.0)

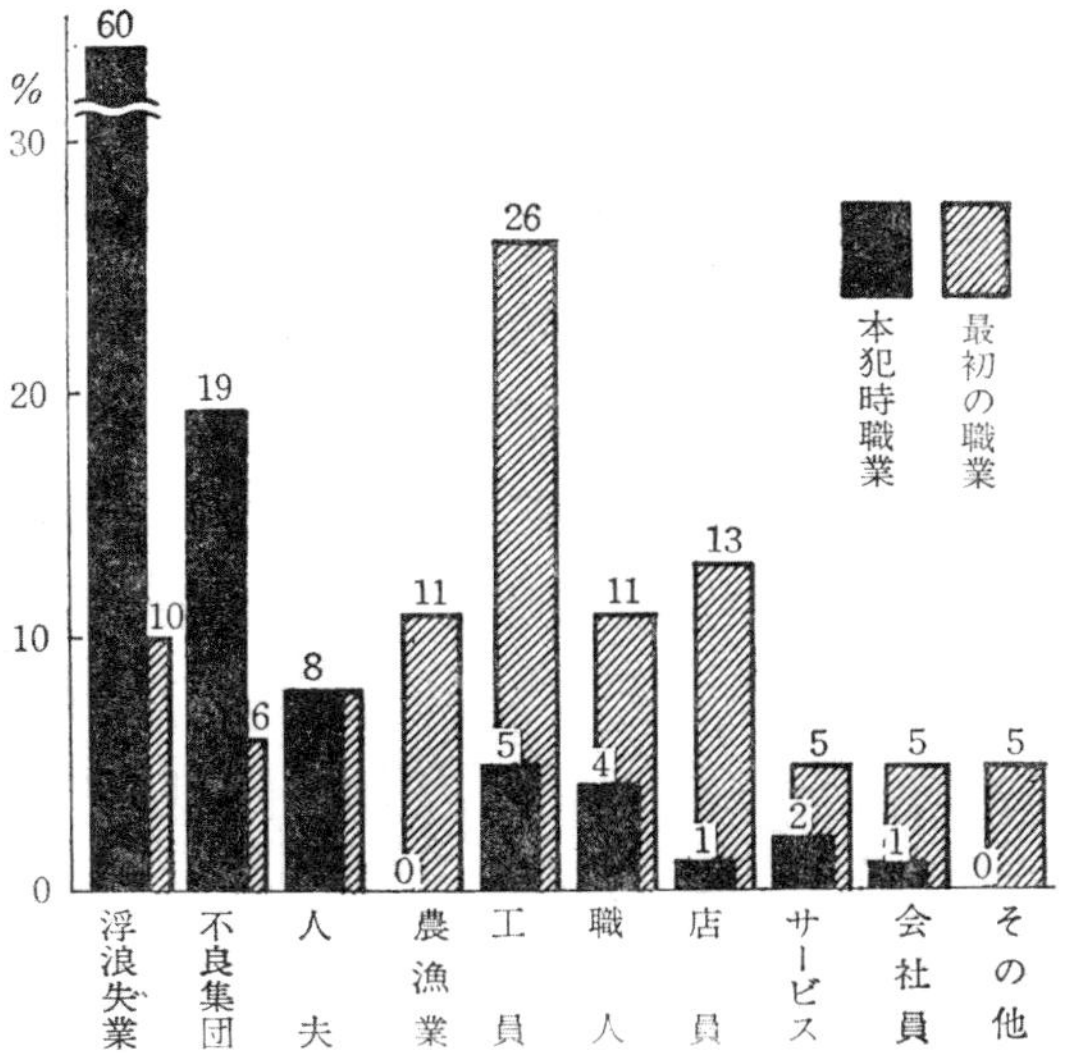

第6図　反則者の職業の転落現象
（最初の職業と本犯時の職業）

多いのである。無職の率は、吉益の不良凶悪囚の八一%に近く、坪井の一般累犯者の四七%、菅又の詐欺累犯の三〇%よりも高い。

ここで最初の職業と本犯時の職業を比較してみると、第6図のごとくなる。まず反則者について主な職種の変化を検討する。

農漁業：一一・〇↓〇%、工員：二六・〇↓五・〇%、職人：一一・〇↓四・〇%、店員：一三・〇↓一・〇%、会社員：五・〇↓一・〇%、サービス業：五・〇↓二・〇%。

以上あげた職種はいずれも激減している。ではどの職種がふえているか？

浮浪：一〇・〇↓五四・〇%、不良集団：六・〇↓一九・〇%。

つまり、職を失い、浮浪し、不良集団へ入ったものが激増しているのである。この無職の大集団が反社会的傾向を育成し、容易に犯罪の温床となる。

職業の転落現象は、無反則者にも同じくみとめられる。

浮浪：二・二↓三七・八%、不良集団：二・二↓一一・一%、工員：二八・九%↓四・四%、会社員：一五・六↓〇%、店員：二〇・〇↓二・二%。

無反則者もやはり累犯者特有の転落現象を示している。

考察の項で述べるように、累犯者の転落現象を抑制するためには、累犯者の諸類型を考慮して、慎重に対策をたてねばならないが、少くとも適切な職業をかれらに与えること、ことに最初の就職のとき、理想的には学童期、幼時期から根本的対策をたてねば無意味であろう。

2 本犯の犯罪

1) 本犯罪名分布　本犯時の犯罪名を第9表に示す。二つ以上の罪名が重複する場合は、その主な罪名をとった。

まず目につくことは、無反則者には窃盗が二六名、五七・九%で反則者の三八名、三八・〇%に比べて非常に多いということである（$X^2=4.923$, $0.02<P<0.05$）。さらに窃盗と詐欺を合せた財産犯も同様に無反則者は二八名、六二・三%で反則者の四三名、四三・〇%よりも多い（$X^2=4.589$, $0.02<P<0.05$）。

第9表　本犯の罪名分布

	反則者（%）	無反則者（%）
窃盗	38（38.0）	26（57.9）
詐欺	5（5.0）	2（4.4）
恐喝	7（7.0）	1（2.2）
強盗	11（11.0）	2（4.4）
暴行	2（2.0）	0（0）
傷害	17（17.0）	6（13.4）
殺人	4（4.0）	3（6.7）
強盗傷人	7（7.0）	2（4.4）
強殺未遂	1（1.0）	0（0）
放火	6（6.0）	2（4.4）
強姦	2（2.0）	1（2.2）
計	100（100.0）	45（100.0）

これに反して反則者には、強盗、恐喝などの暴力的財産犯と、傷害、暴行、強盗傷人などの暴力犯が四九名、四九%で無反則者の一四名、三一・三%よりも多い（$X^2=4.041$, $0.02<P<0.05$）。すなわち所内反則者とは、その大部分が社会における暴力的傾向をもった犯罪者であることが示されている。

すでに、問題行動の項で述べたように、反則者には暴力的な「ぐれだし」が多く、無反則者には非暴力的な「ぐれだし」が多いが、本犯の犯罪でも全く同様の傾向がますます明瞭に示されたわけである。

2) **本犯犯行時年齢**　本犯犯行時年齢として、犯罪を行なった日の年齢を示したのが第7図である。

分布の山は、反則者では二五～二九歳（三四%）にもっとも高く、二〇～二四歳（二八%）、三〇～三四歳（二〇%）の順に少なくなる。これに対し無反則者では、やはり二五～二九歳（二九%）がもっとも高いのであるが、ついで三〇～三四歳（二七%）、三五～三九歳（二二%）の順となる。すなわち反則者では無反則者にくらべると本件時年齢が若い年齢にかたよっている。

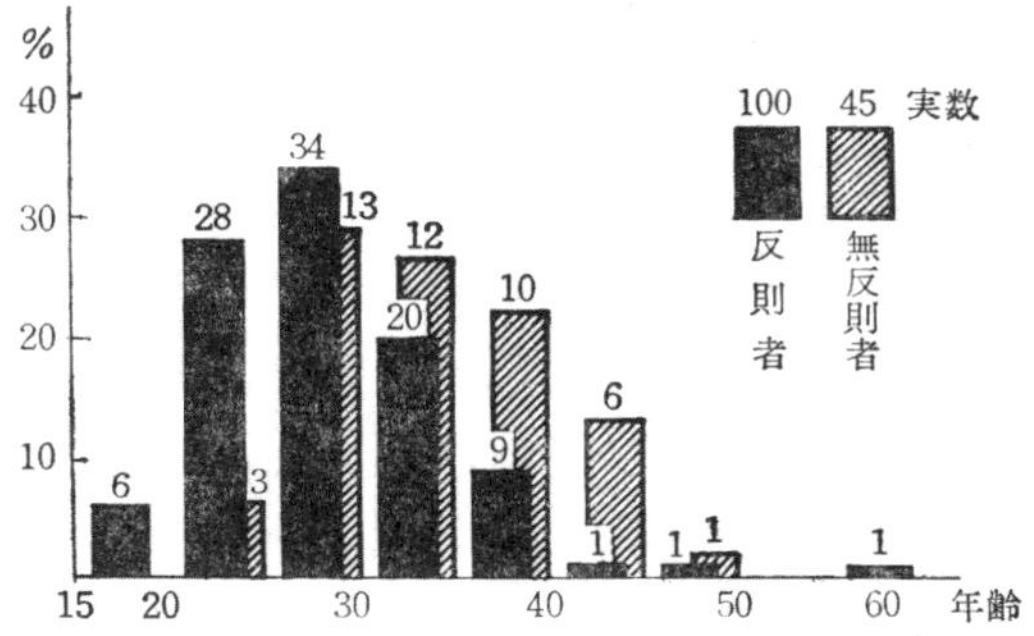

第7図　本犯時年齢分布

本件時年齢を二九歳で分けて考察すると、反則者には二九歳以下の者が六八名、六八%で、無反則者の一六名、三五・六%に比しきわめて多い（$X^2=13.381$, $P<0.001$）。前項で反則者には暴力犯が多いことを述べたが、暴力的犯罪が体力や欲動の強い若年者と密接な関係にあることが、ここに示されている。因みに、坪井の暴力犯でも二九歳以下の若年者は六八・八%で一般累犯の五一・二%に比してやはり高率である事実が知られている。

3) **本犯時の社会生活**　配偶者の有無について調査した結果は第10表に示す。有配偶者は、反則者二九名、二九%、無反則者一五名、三三・三%で大差はないが、現在までに結婚したことのある者は反則者三九名、三九%、無反則者二六名、五七・七%で後者に多い（$X^2=4.424$, $0.02<P<0.05$）。

反則者に独身者が多い事実については、もちろん年齢の若いことも考慮しなければならないが、さらにかれらの特殊な素質と環境因子も考慮せねばならない。ことに反則者の浮浪、不良集団加入の状態と、人格的暴力傾向

第10表　婚　　姻

	反則者（%）	無反則者（%）
未　　　婚	61（ 61.0）	19（ 42.3）
有　配　偶	29（ 29.0）	15（ 33.3）
離　死　別	10（ 10.0）	11（ 24.4）
計	100（100.0）	45（100.0）

が問題である。加藤(93)は累犯者一七四名のアンケートを研究し、累犯者の妻は本人と同様な性格傾向や環境を持った者が多く、結婚は何らの犯罪抑制作用を持たないとのべている。一方、新井(8)は経過初犯者の研究において、再犯抑制因子として職業の安定と結婚の安定とをあげている。われわれの累犯者には両群とも、新井のいう両因子のいずれの安定もえられず、そのため犯罪をくりかえし、その結果としてますます良い職業や結婚に恵まれないという悪循環に陥っているとみられるので、前記加藤の意見にはにわかに賛同し難い。

子供の有無を調べると、反則者で子供のある者は僅かに九名、九%であるのに反し、無反則者では一七名、三七・八%と圧倒的に多い（$X^2=17.469$, $P<0.001$）。

無反則者に配偶者や子供が多いということは、家庭が安定し、家族との結びつきが強く心の拠り所があることを示し、またとくに子供に対する愛情と責任感とから身をつつしみ反則などの行動に出ないことは、かれら自身がよく述懐するところである。逆に反則者にはこの心の拠り所や愛情、責任感が稀薄であることも確かにいえる。

3　犯罪生活曲線

この項では、われわれの累犯者の犯罪生活について、吉益の犯罪生活曲線の分析法に従って考察をすすめる。

1）犯罪初発年齢　はじめて犯罪をおかした年齢を反則者、無反則者について示したものが第8図である。

シュツンプフル－吉益は犯罪の開始が二五歳未満のものを早発犯とし、二五歳以後のものを遅発犯として分類するのであるが、この分類に従ってわれわれの資料を考察してみよう。早発犯は無反則者に三二名、七一・一%であるのに対して、反則者には九〇名、九〇%と圧倒的に多い（$X^2=8.673$, $0.001<P<0.01$）。この反則者におけ

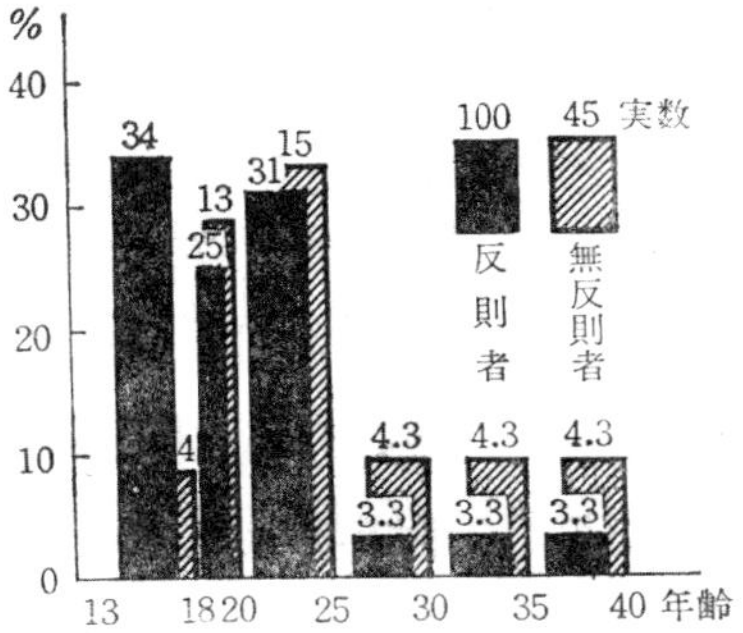

第8図　犯罪初発年齢分布

（註：年齢別に実数を整理したので端数が生じた）

る早発犯の割合は、菅又らの老年累犯者の五六・五%、坪井の暴力累犯者の八二・八%などの資料よりも高率で、中田の多種方向犯罪者の第Ⅰ群の九二・五%に近い。

犯罪初発年齢を細かく検討してみると、反則者では一七歳以下の若年ですでに犯罪に陥った者が三四名、三四%で、無反則者の四名、八・九%に比し非常に多い（$X^2=8.852$, $0.001<P<0.01$）。たとえばある反則者は妾の子として生まれ、小学校入学後すでに欠席がちで成績も下位で、不良グループのリーダー格となり、同級生から盗んだり、畑荒しをしたりという非行を行なっていたが、一三歳のとき強盗事件をおこして少年刑務所に入所したというように、一四歳以下の早発犯罪者が九名も含まれている。これに反して無反則者では一七歳以下の者は少なく、初発犯罪年齢の最高の山は二〇～二四歳にある（一五名、三三・三%）。なお本資料には四〇歳以上の高年初発者は一人もみられない。

このように両群ともに二五歳未満に犯罪を初発する者が圧倒的に多いということは、身体の成熟とそれに伴う体力と欲動力の強さとに関連しているためと理解される。しかし両群に同じく早発犯が多いといっても反則者にはさらに一七歳以下の若年者が多く、しかもその四分の一が一四歳以下で犯罪をおかしたということは、種々の累犯研究も示すように、反則者の累犯者としての資質がきわめて悪いことを示している。

つぎに、ぐれだし年齢と犯罪初発年齢との関係を検討してみよう。ぐれだし年齢と犯罪初発年齢とが一致する者は、反則者に二六名（二六・〇%）しか見出されないのに反し、無反則者には二七名（六〇・〇%）の多きにみられる（X^2＝17.970, P＜0.001）。このことは無反則者ではその前に非行がなく、いきなり犯罪を突発する者が多いことを示す。これに反して反則者では、早期から怠学、不良交友、けんか、家出などの非行をつづけた後に犯罪に陥る進行型の者が多いことを示している。すなわち、同じく犯罪早発者といっても、「初発形式」の差があることに注意すべきである。すでにE・フライ(53)が注目しているように、ぐれだし→潜在非行→犯罪の「進行型」と、直接犯罪に入る「突発型」とは厳格に区別さるべきであり、それを明瞭に表現するためには、従来の犯罪生活曲線の初発犯罪の部分を少し変えて、第9図のように潜在非行を表現する必要があると考えられる。

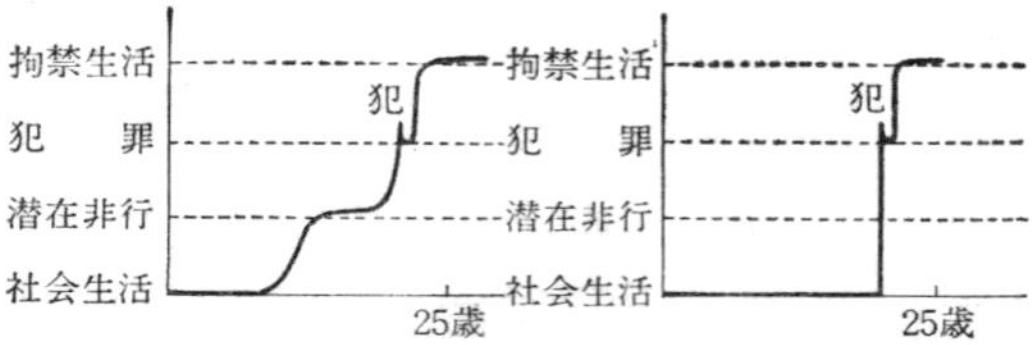

第9図　犯罪初発形式

2）**犯罪の方向**　吉益に従って、犯罪を財産犯（窃盗、詐欺、強盗など）、暴力犯（暴行、傷害、殺人など）、破壊犯、風俗犯（わいせつ、強姦）などにわけ、ただ一種類のみの犯罪を反復する単一型（たとえば窃盗のみ）、同種の中の二つの犯罪を反復する同種型（たとえば窃盗と詐欺）、二種類の犯罪をくりかえす異種型（たとえば財産犯と暴力犯）、三種以上にまたがる多種型に分けてみると第11表のようになる。

すなわち反則者には、異種、多種型の犯罪者が多く、五四名（五四％）であり、無反則者には単一、同種型が二六名（五七・七％）で多い（X^2＝1.722, 0.10＜P＜0.20）。たとえばある例は、家出―窃盗―強盗―逃走、横領―強盗、窃盗―強盗、窃盗―傷害―窃盗―強盗、窃盗という犯罪歴をもっている。中田(141)の三〇〇名の累犯中にも多種型のものはわずかに四名（一・三％）であったというから、われわれの反則者の八名（八％）がかなり高率であることは確かである。

犯罪歴において、一回でも暴行、傷害、殺人などの暴力犯罪や、恐喝、強盗などの暴力

第11表　犯罪方向

	反則者（%）	無反則者（%）
単　一	22（ 22.0）	11（ 24.4）
同　種	24（ 24.0）	15（ 33.3）
異　種	46（ 46.0）	19（ 42.3）
多　種	8（ 8.0）	0（ 0 ）
計	100（100.0）	45（100.0）

第12表　犯罪経過型

	反則者（%）	無反則者（%）
純粋持続	81（ 81.0）	25（ 55.5）
純粋弛張	4（ 4.0）	3（ 6.7）
純粋間歇	2（ 2.0）	3（ 6.7）
複合型	13（ 13.0）	14（ 31.1）
計	100（100.0）	45（100.0）

的財産犯を行なったことのある者は、反則者に四一名、四一％、無反則者に一〇名、二二・二％で前者に多い（$X^2=4.799$, $0.02<P<0.05$）。

3）**犯罪経過型**　まず、本資料の犯罪回数をみると、五犯以上の累犯者は反則者に四六名、四六％で、無反則者の一二名、二六・七％より多く（$X^2=4.833$, $0.02<P<0.05$）、最高は一六犯である。

つぎに、犯罪間隔を検討しよう。吉益にしたがって、刑務所釈放後次の犯罪にいたる期間が、二年半未満のものを持続型、二年半以上五年未満のものを弛張型、五年以上一〇年未満のものを間歇型、およびこれらの重複した複合型とに分けて考察する（第12表）。純粋の持続型の頻度は、反則者一〇〇名中八一名、無反則者四五名中二五名で圧倒的に前者に多い（$X^2=10.220$, $P<0.001$）。逆に純粋の弛張型および間歇型は無反則者に多く（六名、六％：六名、一三・四％）、複合型ではこの傾向は一層著しくなる（一三名、一三％：一四名、三一・一％）。

しかし単に犯罪が持続するといっても、それを詳細に検討すると、従来の犯罪生活曲線では表現できない点があり、しかもそれが重要な意味をもっている事実が判明した。すなわち、すでに職業の項で述べたように、反則者は刑務所から社会に出ても、人夫、工員などの不安定な職業しか与えられず、大部分は不良集団に属したり、浮浪したりして常に犯罪準備状態にあることが多い。これに反して無反則者には、在社会時に比較的安定した職

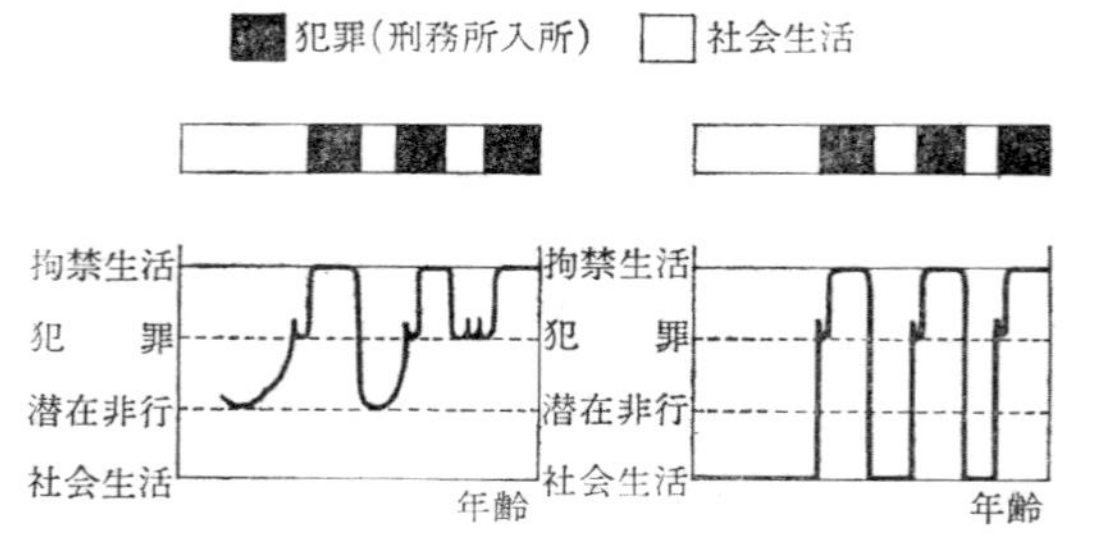

第10図　犯罪経過型

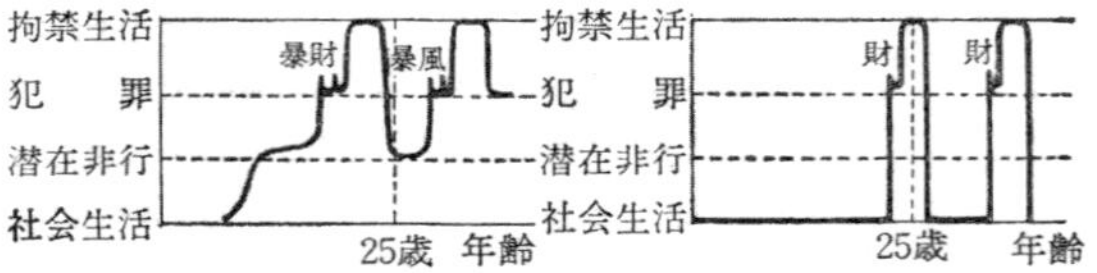

反則者　　無反則者

第11図　累犯者の典型例

業につくことが多い。この二つの相異った在社会時の状態をより正確かつよりよく比較しうるように表現するために、第10図のように犯罪生活曲線の縦方向にその反社会性の程度を表現すると非常に役にたつと考える。

要するに犯罪生活曲線の分析では、反則者において早発–異種・多種–持続型の累犯者が優位であり、無反則者において早発–単一、同種–持続型の累犯者が優位であることが明らかになり、両群が同じ早発–持続型ながら、種々の点において相異なった累犯者群をそれぞれ代表していると考えられる。

これら二群の典型例を、犯罪初発形式、社会における状態を考慮して表現すれば、第11図のごとくになる。

3　拘禁環境における行動と反則

これまで累犯受刑者を、反則者と無反則者とに分け、精神医学的、社会学的、犯罪学的に考察してきた。つぎに拘禁環境とその異常行動としての反則の研究にうつる。

1　拘禁環境

拘禁環境は特殊環境である。そこには受刑者が、かつて社会で求めて容易にえられなかった住居と食物とは不十分ながらも与えられるけれども、同時にさまざまの制限を加えられる。この拘禁環境の特性は、まず第一にあらゆる自由の制限である。一定の刑期の間、日常生活はすべて厳格な規律によって統制されており、居室でも作業場でも一挙手一投足を監視され、時間的にも空間的にも受刑者の恣意はほとんど許されない。もちろん飲酒や喫煙は全然許されず、性的行為もかたく禁じられている。第二に受刑者の個性は、受刑者という名のもとに没却され、無名化され、人間としての独自性は極度に制約されている。第三に空間的に行動できる場所は居住房と作業場のみにかぎられ、交際する人間も四六時中同じ顔ぶれで単調である。第四に人間関係において、一方では権威を代表する職員とのフォーマルな関係――監視する者と監視される者――があり、他方では受刑者間のインフォーマルな関係があるが、いずれの人間関係もきわめて特殊である。

以上拘禁環境のいくつかの特徴をあげたが、このような特殊環境に受刑者がある期間生活すれば、当然さまざまの影響が現われる。われわれの無反則者では、一般に意志薄弱傾向をもった性格のため、上記の特殊な拘禁環境にむしろ適応しやすく、その点で彼らなりの安定した人間関係と受動的ながら恒常的な労働意欲を示し、無反則の模範囚として拘禁生活をおくりうる。

また反則者では既往歴に脳疾患、覚醒剤使用歴、アルコール中毒、病的酩酊などのある者が多く、脳の器質的・機能的障害のために知能低下、性格変化（とくに衝動性、欲動亢進、抑制欠如、粗暴）を来している者が多い。また貧困・欠損・葛藤家庭に育ち、学校生活にも不適応を示して退学し、早くからぐれだして不良交友や、けんかなどの粗暴な非行をかさね、安定した職業にもつけず、一七歳以前にすで犯罪に陥り、しかも多種の犯罪を持続的におかした者が多い。これらの家庭、学校、社会のいずれにも適応できなかった反則者には、一切の自由を奪われる拘禁環境は全く我慢のならないものに思われるであろう。反則者は拘禁生活の間に周囲への関心が狭くなり、特殊な人間関係からたがいに不信感を強め、一方では敵対的、反抗的となり、他方では卑屈な追従を示し、情動はきわめて不安定となっている。こうしてある者は逃避的となり、さまざまの形の拘禁性精神病や詐病に罹り、また他の者は攻撃的となり規律違反や破壊、逃走などの反則をおかすにいたる。

同一の拘禁環境でありながら、受刑者によりその示す反応の形は実にさまざまである。本論文は、この中で施設側がもっとも手をやいている反則を中心に考察する。

1）**拘禁施設への入所回数**　さきに犯罪経過型の項で触れたように、反則者には五犯以上の累犯者が無反則者に比して多いのであるが拘禁施設へ五入以上の入所歴を有する者は反則者三一名、三一%、無反則者一六名、二二%で反則者にやや多いという程度で両群に著しい差はない（$0.20<P<0.30$）。三入以上の者も両群ともに約七〇%の多きに達し、刑務所の生活には両群ともに馴れている者が多いことがわかる。

しかしこのように刑務所への入所回数が両群において殆んど同じであるのに、反則がこのように異なるのはいかなる要因によるのであろうか？　それをつぎに刑期について分析してみよう。

2）**刑期**　刑期は第12図に示すように、二年未満の短期の受刑者は、反則者五三名、五三%で非常に多く、無反則者には二年以上の者が三一名、六八・九%で非常に多いのである（$X^2=5.982$, $0.01<P<0.02$）。このことは刑期がある程度長い者に、無反則で拘禁生活を送る者が多いことを示し、刑期の受刑者に対する心理を考える上にきわめて興味ぶかい。

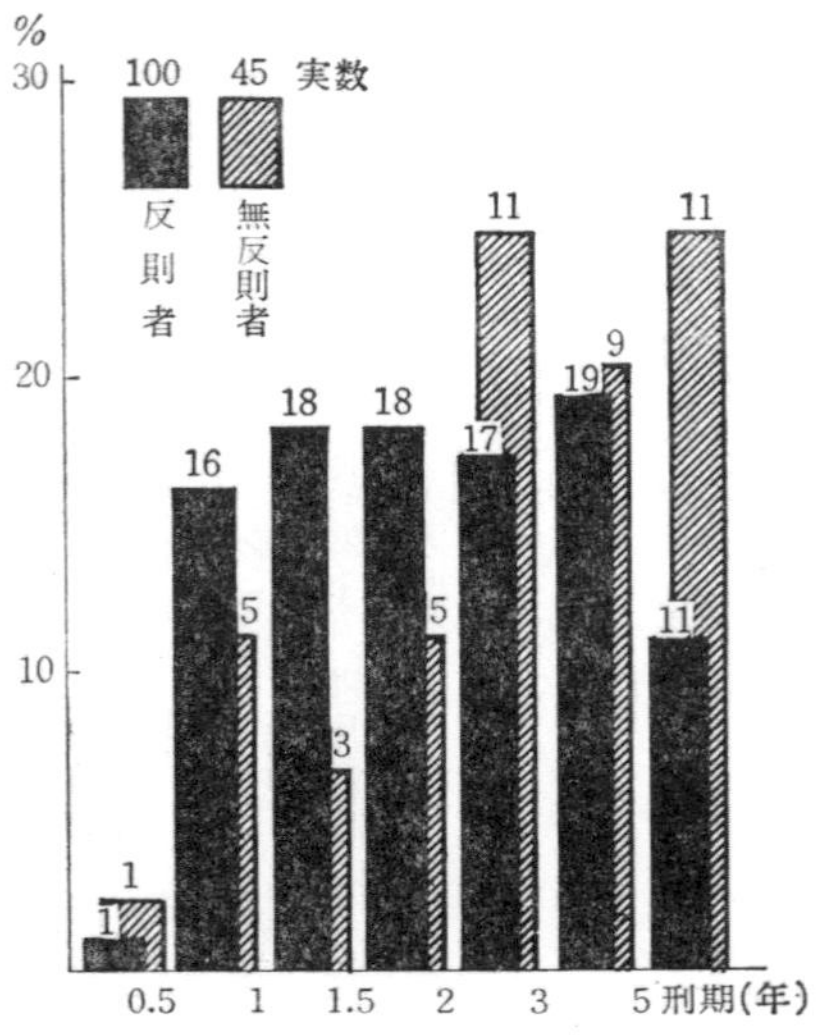

第12図　刑　　期

われわれの従来の経験でも、一般に刑期が長いほど反則が少ないという法則が発見されている。たとえば、われわれの調査したところによると、長期受刑者の反則頻度指数（後出）は一・一九九で、われわれの短期累犯受刑者の二・六二七に比べて半分以下である。また後述するように拘禁期間のうちのどの時期にあるかによって反則頻度が異なり、われわれの累犯者ではとくに拘禁初期の反則頻度がたかいことが示されている。この二つの事実から次のことが考察される。短期刑においては社会における反共同体的傾向がそのまま施設内に持ちこまれる可能性と、拘禁初期の攻撃的心的緊張が長期受刑者のように馴化されないで刑期中継続される可能性があることを示している。また長期受刑者が刑期が長く将来に対する一種のあきらめに似た心構えを持って、拘禁生活を送ろうとするのに反し、短期受刑者は「何をしてもどうせすぐ出られるのだから」といった浅薄な心構えで生活していることをも示すであろう。

第13表　入所後経年

	反則者（%）	無反則者(%)
～6月	17（ 17.0）	1（ 2.2）
～1年	21（ 21.0）	2（ 4.4）
～1年半	23（ 23.0）	3（ 6.7）
～2年	14（ 14.0）	3（ 6.7）
～3年	15（ 15.0）	8（ 17.8）
～5年	9（ 9.0）	19（ 42.2）
5年以上	1（ 1.0）	9（ 20.0）
計	100（100.0）	45（100.0）

3）入所後経過年数　刑務所へ入所後の年数と反則との関係を調べたものが第13表である。反則者では入所後経過年数の最高の山は一～一年半にある（二三名、二三％）のに反し、無反則者では三～五年（一九名、四二％）に山がある。刑期と同様に二年で区切ってみると、反則者では二年未満の入所後日の浅い者が七五名、七五％で無反則者の九名、二〇％に比し圧倒的に多い（$X^2=38.521$, $P<0.001$）。

われわれの反則者は後述するように調査時近辺において九二％が反則をおかしているのであるから、入所後経過年数は刑期や入所経歴よりも一応反則に関連があり、ある年月以上を拘禁施設ですごすことがかえって心の安定をもたらし、一種の適応状態になる可能性をここでも示している。

4）家族との精神的結びつき　以上無反則者は反則者に比して、刑期

・入所後経年数とともに長い者が多いことを述べたが、反則にはこれらの時間的因子の他に更に重要な要因がある。それは家族との精神的結びつきである。

面接の際受刑者に反則を行なわない理由を質問すると、「妻や子供がいるので一日も早く社会へ帰りたいから」と答えた者がかなりあった。すでに述べたように子供を有する者が反則者にくらべて非常に多かった。

また本調査では明らかになしえなかったが、長期受刑者（本書IIの二参照）や死刑囚（本書Iの三参照）において家族や友人の面会や文通を調査したところ、やはり無反則者には頻回の交流がみられ、家族との精神的結びつきの濃いことが心の拠り所となり、犯罪と同様反則に対しても抑制的に働いているようである。

5）**その他の反則抑制要因**　以上の理由の他に反則を行なわない理由として受刑者が答えるものには、「もう年ですからね、無鉄砲な真似はできませんや」というように年齢の問題がある。無反則者は反則者に比して三〇歳以上の中年層が圧倒的に多いのであるが、この年齢の要因は、体力や欲動の減退、分別などと関連して反則の抑制要因として重要である。A・シュヌールが(175)この点に注目したことは前述したとおりである。

この他精神医学的には、反則者には爆発性・情性欠如性などの性格異常が多く、知能も低い者が多い。これに反して無反則者には意志薄弱性の者が多い。このことは意志薄弱者が社会において独立できず、怠惰・遊興から生活困窮に陥って犯罪を犯すにいたるが、刑務所のように規律は厳しいが受動的に生活できる環境ではかえって適応しやすいことを示していると考えられ、このことがまた模範囚といわれる一級者＝無反則者が社会に出ると再び犯罪をおかしてしまう理由であろう。しかし拘禁施設内での反則という観点からみれば意志薄弱性精神病質は、反則抑制因子として一つの重要な因子である。

2　反則の分析

拘禁施設における反則を社会環境における犯罪の分析と同じ方法によって行なう。

第14表　対人反則と反則初発時期

	対人反則頻発者（%）	対人反則1回者（%）	その他の反則（%）	計　（%）
～3月	29（48.3）	12（36.4）	1（25.0）	42（43.3）
3～6月	23（38.3）	7（21.2）	1（25.0）	31（30.9）
6～12月	5（8.4）	9（27.3）	2（50.0）	16（16.5）
1年以上	3（5.0）	5（15.1）	0（0）	8（10.3）
計	60（100.0）	33（100.0）	4（100.0）	97（100.0）

（註：この表に含まれない反則者の三名は未決中のみ反則を行なったもの）

1）　反則初発時期　拘禁施設へ入所後はじめて反則をおかした時期により反則者を分けてみると、第14表に示すごとく入所後三ヵ月以内四二名、四三%、六ヵ月以内七三名、七四%、一年以内八九名、九〇%、二年以内九七名、一〇〇%と反則者は増加する。つぎに各期間内の反則総数を月数で除した「月平均反則率」をみると、三ヵ月以内一二、三～六ヵ月四・三、六～一二ヵ月三・五、一～二年〇・四で入所後比較的短期間内の反則率が最大である。すなわち累犯者といえども入所後三ヵ月間はもっとも心理的に動揺しやすく、拘禁施設に適応していないことと相まって、反則を頻発することがわかる。

反則を一回行なった者と二回以上行なった者とに分けて考察すると、三ヵ月以内に反則を行なった者四二名についてみると前者に六名二四・〇%、後者に三五名四六・七%で後者にやや多い（$0.10<P<0.20$）。

ここで精神病者一八名の反則初発時期をみると、多くは未決よりひきつづいて入所後もただちに反則をおかしている（一二名、六六・七%）。反則を遅発している事例は精神分裂病一二名中三名、進行麻痺二名中二名、頭部外傷後遺症一名中一名の六名にみられ、精神分裂病・進行麻痺では明らかに発病や病勢増悪期に関連して反則をはじめて犯したものである。

2）　反則の種類　反則の種類を、犯罪学における吉益の分類を応用して次のように分類した。すなわち暴力犯に相当するものとして「対人反則」（暴力的人身反則＝対看守暴行・他囚暴行・傷害・殺人など、非暴力的人

第15表　反則の種類

	累犯受刑者（％）	長期受刑者（％）
対人反則	283（ 70.8）	33（ 36.7）
財産反則	45（ 11.2）	33（ 36.7）
破壊反則	59（ 14.8）	2（ 2.2）
風俗反則	10（ 2.5）	10（ 11.1）
逃走反則	3（ 0.7）	10（ 11.1）
その他	0（ 0 ）	2 （2.2）
計	400（100.0）	90（100.0）

身反則＝抗命・規律違反・出役拒否・暴言）、「財産反則」（窃盗・物品不正所持・喫煙など）、「破壊反則」（官物損壊・施設破壊・発火など）、「風俗反則」（鶏姦・同性愛関係から行なわれる密書連絡など）、「逃走反則」（逃走・逃走企図・所内独歩など）である。

これによって反則者の反則延数を分類し、われわれの千葉刑務所における長期受刑者と比較したものが第15表である。累犯受刑者には対看守暴行、他囚暴行などの対人反則が二八三（七〇・八％）で長期受刑者の三三（三六・七％）に比し圧倒的に多い（$X^2=36.269$, $P<0.001$）。この対人反則は矯正施設側にとっては保安上、矯正教育上、あるいは行刑上の諸機能を果す上にもっとも大きな障害となる行動である。また破壊反則のごとき粗暴な反則も累犯受刑者に多い。

この事実は死刑確定者において急性の原始的な拘禁反応が多く、その反則も暴力傾向を帯びるのに反して、無期受刑者では慢性の二次的な神経症状態が多く、その反則も財産傾向を帯びるというわれわれの経験（本書Iの三参照）を想起させる。すなわち、われわれの累犯反則者の刑期は短かいので、精神状態は前述してきたように不安定で容易に対人反則をおかしやすく、かつ原始的な暴力行為に走りやすいことがここに示されていると考えられる。

なお第14表に示すごとく、対人反則を頻発している者六〇名のうち入所後六カ月以内の早期から反則をおかしていた者は五二名（八六・六％）でそれ以外の反則者三七名中の二一名（五六・八％）よりも多い（$X^2=10.995$, $P<0.001$）。すなわち拘禁施設において対人反則を行なう者は、入所後早期に反則を行なう者に多いのである。

第16表　反則方向の比較

反則方向	累犯受刑者 (%)	長期受刑者 (%)	計
1 種 方 向	51 (51.0)	3 (6.1)	54
2 種 方 向	35 (35.0)	19 (38.8)	54
3 種 方 向	10 (10.0)	19 (38.8)	29
4 種 方 向	4 (4.0)	8 (16.3)	12
計	100 (100.0)	49 (100.0)	149

第17表　反則方向と未決時反則

未決 / 反則方向	未決時反則あり (%)	未決時反則なし (%)	計 (%)
1 種	9 (31.0)	42 (59.2)	51 (51.0)
2 種	14 (48.3)	21 (29.6)	35 (35.0)
3 種	5 (17.3)	5 (7.0)	10 (10.0)
4 種	1 (2.4)	3 (4.2)	4 (4.0)
計	29 (100.0)	71 (100.0)	100 (100.0)

3) 反則の方向　つぎに上記五種に分類した反則の種類を一人の受刑者が一種のみをおかした場合を「一種方向」とし、以下「二種」「三種」とし、これを吉益の犯罪方向の概念にならって「反則方向」と名づけ分析した(第16表)。

この方法により長期受刑者と比較すると、一種+二種方向の者は累犯受刑者で八六名、八六%で、長期受刑者の二二名、四四・九%よりも多い($X^2=27.854$, $P<0.001$)。すなわち累犯受刑者の反則は、より純粋に暴力傾向を帯びた対人反則であることを示す。

未決時の反則の有無によって反則方向を検討すると、未決時無反則の者には一種方向が圧倒的に多く(四二名、五九・二%)、未決時有反則者には二種以上の方向をもつ者が多い(二〇名、六九%)($X^2=6.515$, $0.01<P<0.02$)(第17表)。

多種方向にわたる反則を行なった者の事例をあげよう。彼は頭部外傷後遺症の診断をうけた者であるが、所内にて工場転業を強要(対人反則)—転業強要・対看守暴言(対人)—他囚にキッスを強要・暴行(風俗)—他囚暴行(対人)—房の壁をける(破壊)—代用煙草を作りゴリ(不正発火)にて喫煙をはかる(財産)—対看守反抗(対人)—房破損(破壊)など八回、四種にわたる反則を行なった者である。

要するに多種方向反則者は、未決時に反則のあった者、対人反則頻発者に多く見出される。

4) **反則の経過型**　まず反則回数をみると、反則一回の者は二五%にすぎず、二回〜五回の者は四六%、六回以上の者は二九%、最高は四五回である。

入所時より調査時までの拘禁期間中の集団全体の反則総数(懲罰関係の総数)を、集団の在所年数の総和で除したものを「平均反則頻度指数」と名づけた。われわれの累犯受刑者の平均反則頻度指数は二・六二七である。因みにわれわれが研究した東京拘置所における零番者(未決重罪犯)〇・四二三、死刑確定者〇・二九七、無期受刑者〇・三一一、長期受刑者の反則者一・一九九のそれよりもはるかに高い。この要因としてはすでに述べたごとく、われわれの累犯反則者は医学的、社会学的に他のいずれの受刑者集団にも劣っているためと考えられ、拘禁環境においてさまざまのきびしい制約と監視下におかれてさえも反則をおかすことを示している。

また反則を一回のみ行なった者二五名のうち入所後三ヵ月以内に反則を行なった者が九名(三六%)で、何らかの動機があって反則を行なったものであり、適当な処置がとられることによって反則を停止したものである。たとえばある事例は、前科四犯四入の経歴を持つが、過去の拘禁生活中は反則は皆無であった。今犯も入所後一ヵ月間無反則で部屋長をしていたが、新入者が「便所側で狭い」と言ったのに対し古参のYが、「今までの古い者が意気地がないから新入者が生意気なことを言うのだ」と話したのを、部屋長の自分に当てつけていると思い、「当てつけずにはっきり言え」とYにどなりつけたので喧嘩になったものである。Yを転房させてからは調査時までの六ヵ月間を無反則で過している。

つぎに反則二回以上の者を反則間隔を中心に検討する。反則二回以上者七五名の全部の反則間隔の数の三一一件の内訳をみると、一ヵ月未満が一五五件(五〇・〇%)、一ヵ月以上三ヵ月未満が六五件(二一・一%)、三ヵ月以上六ヵ月未満四四件(一四・三%)、六ヵ月以上一年未満四一件(一二・六%)、一年以上六件(二・〇%)で、一ヵ月未満の短い間隔で反則を反復するものが半数を占めている。

第18表　反則経過型と反則開始時期

経過型＼時期	～3月（%）	3～6月（%）	6～12月（%）	1年以上（%）	計　（%）
持続型	29（80.6）	9（69.2）	12（57.1）	3（60.0）	53（70.7）
弛張型	5（13.9）	1（7.7）	3（14.3）	1（20.0）	10（13.3）
間歇型	2（5.5）	3（23.1）	5（23.8）	1（20.0）	11（14.7）
停止型	0（0）	0（0）	1（4.8）	0（0）	1（1.3）
計	36（100.0）	13（100.0）	21（100.0）	5（100.0）	75（100.0）

註：反則１回の者（25名）は除いてある

ここで犯罪における経過型にならい、反則間隔が一ヵ月未満のものを「持続型」、一ヵ月以上三ヵ月未満のものを「弛張型」、三ヵ月以上一年未満を「間歇型」、一年以上のものを「停止型」とする。なお本資料では反則経過型の純粋型が少く（三七%）、分析に困難を来すので「持続＋その他」の混合型を『持続型』、「弛張＋その他」の混合型を『弛張型』というように事例の最小反則間隔をもって反則経過型の代表型名とした。

この方法により、われわれの反則者の経過型の実数分布をみると第18表のごとく、持続型五三名（七〇・七%）、弛張型一〇名（一三・三%）、間歇型一一名（一四・七%）、停止型一名（一・三%）であり、短期間に反則をくりかえす者が多い。

つぎに反則経過型と反則開始時期との関連をみる。反則の持続型五三名中入所後六ヵ月以内の早期に反則をおかすものが三八名（七一・七%）で、これは他の経過型二二名中一一名（五〇%）よりも多い（$X^2=3.232,\ 0.05<P<0.10$）。

反則経過型と反則方向との関連をみると、反則の持続型五三名中一種方向一八名・二種方向一〇名・三種方向二一名、四種方向四名であるのに反し、反則の弛張、間歇、停止型には一種方向一〇名、二種方向五名、三種方向七名、四種方向〇という風に、反則持続型には多方向反則者が多くみられる。

つぎに反則経過型と反則内容との関係をみよう。対人反則者のうち、二回以上の対人反則をおこなった対人反則頻発者六〇名のうち、反則持続型は四六名（七六・八％）であり、その他の反則頻発者一三名のうち持続型は七名（五三・八％）である。すなわち、対人反則頻発者には反則持続型が多い。

以上を要するに反則経過型には持続型が多く、持続型には多種方向反則者、対人反則頻発者が多い（$X^2=5.211$, $0.02<P<0.05$）。

5）反則生活曲線　以上述べてきたことから明らかなように、反則を研究する場合でも犯罪を研究する場合と同じように、反則初発時期、反則方向、反則経過型などの面から考察する必要がある。われわれは反則を二回以上行なった者について吉益の犯罪生活曲線にならい「反則生活曲線」ともよぶべき類型を用いて反則者の縦断的分析を試みたわけである。この結果、反則頻発者をさらに二群に弁別しえた。すなわち一方は所内において早期に、持続的に、多方向の粗暴な対人反則を頻発する群であり、他方は早発的に、持続的に、一方向のあまり粗暴でない反則をおかす群である。このように反則生活曲線は反則の研究にとって非常に重要な方法であるが、具体的な詳しい記載は考察の項にゆずる。

4　犯罪と反則との関連

社会における犯罪が、拘禁施設という特定の環境条件においては反則として発現すると仮定すれば、従来過去にさかのぼって行なわれていた犯罪現象の解明は、拘禁施設内で容易に観察される反則現象の解明によって容易になるのではないかと考えた。この仮説のもとに、犯罪と反則との関連を考察する。この基準として吉益の犯罪生活曲線とわれわれの反則生活曲線とによってえた結果を用いる。

1　犯罪初発年齢と反則との関連

1）犯罪初発年齢と反則開始時期との関連を分析すると、反則を入所後三ヵ月以内の早期に行なった者には犯罪初発年齢が一八歳未満の者が一八名、四三・九％でもっとも多く、反則三〜六ヵ月の者には犯罪を一八〜二〇歳未満に行なった者が七名、四一・二%でもっとも多く、反則を六～一二ヵ月に行なった者には犯罪初発年齢が二〇～二四歳未満に行なった者が一二名、四〇%でもっとも多い。このように犯罪を一八歳未満の若年から始めた者三四名は、反則も入所後六ヵ月以内の早期に行なう者が二二名、六四・七%と多く、犯罪を比較的遅く始めた者六六名中、反則開始時期が六ヵ月以後の比較的遅い者は二六名、三九・四%と多い（0.10<P<0.20）。

2）犯罪初発年齢と反則回数との関連をみよう。反則を二回以上行なった者を反則頻発者とよぶと、反則頻発者七五名中に犯罪初発年齢が一八歳未満の者二九名、三八・七%、一八～二〇歳未満の者一九名、二五・三%である。犯罪初発年齢二〇歳未満の者五九名中、反則頻発者は四八名、八一・四%の多数にみられる（$X^2=3.100$, $0.05<P<0.10$）。

要するに犯罪早発者（とくに二〇歳未満）は、反則早発者および反則頻発者とかなりの関連があることが明らかにされた。

2　犯罪方向と反則との関連

1）犯罪方向と反則方向との関連を第19表に示す。犯罪方向が単一で反則が一種の者は一六名で犯罪単一の者二二名中の七二・七%と多く、各種の犯罪をおかした者で反則も各種にわたるものは四三名で、多方向犯罪者七八名中の五五・一%を占める（X^2〔Yates〕$=4.272$, $0.02<P<0.05$）。

2）犯罪方向と反則回数との関連は第20表のとおりで、犯罪が異種多種にわた

第19表　犯罪方向と反則方向

犯罪 / 反則	単一（%）	同種（%）	異種（%）	多種（%）	計（%）
1　種	16（72.7）	12（50.0）	22（47.8）	1（12.5）	51（51.0）
2　種	6（27.3）	10（41.7）	16（34.8）	3（37.5）	35（35.0）
3　種	0（0）	2（8.3）	4（8.7）	4（50.0）	10（10.0）
4　種	0（0）	0（0）	4（8.7）	0（0）	4（4.0）
計	22（100.0）	24（100.0）	46（100.0）	8（100.0）	100（100.0）

第20表　犯罪方向と反則回数

犯罪＼反則	反則１回（%）	反則頻発（%）	計（%）
単　一	8（32.0）	14（18.7）	22（22.0）
同　種	7（28.0）	17（22.7）	24（24.0）
異　種	10（40.0）	36（48.0）	46（46.0）
多　種	0　—	8（10.6）	8（8.0）
計	25（100.0）	75（100.0）	100（10.0）

る者五四名中、反則頻発者は四四名（八一・五%）で、単一同種の者四六名中三一名（六七・四%）よりも多い（$X^2=2.201,\ 0.10<P<0.20$）。

要するに犯罪方向が多岐にわたる者は、反則方向も多種で、同時に反則頻発者と相当の関連があることが明らかにされた。

観点を変えて犯罪の内容を検討すると、われわれの累犯反則者は本犯において暴力犯と暴力的財産犯が多く、また過去の犯罪歴において暴力犯歴のある者もやはり多かった。一方、反則者の反則にはやはり暴力犯に相当する対人反則が多かったから、犯罪と反則とは暴力傾向において平行しているわけである。

3　犯罪経過型と反則経過型との関連

犯罪経過型と反則経過型との関連をみると、犯罪の持続型六一名中、反則の持続型は四二名であり、犯罪の弛張・間歇・及び複合型一四名中反則の持続型は一一名である。すなわち犯罪持続型と反則持続型との間には明らかな関連はみとめられない。これはわれわれの症例が未だ少ないためと考えられる。なお弛張・間歇の累犯者で所内における反則持続者は、ほとんどが精神異常者であったこともこの経過型における不一致の原因と考えられる。

以上、犯罪と反則との間で相当の関連があったものを総括してみると次のようになる。

犯罪早発—反則早発と反則頻発

多種方向犯罪—多種方向反則と反則頻発

暴力的犯罪—暴力的対人反則

社会と拘禁施設という著しく異なった環境の中で、上記の各項目についてかなりの関係をみたということは、犯罪者の人格と環境とを考察する上にきわめて注目すべきことである。

考察

1 拘禁環境の犯罪精神医学における意義

以上述べたように、社会における異常行動としての犯罪と、拘禁環境における異常行動としての反則とは犯罪および反則生活曲線を用いる分析方法により、その犯罪初発年齢と反則初発時期、犯罪方向と反則方向および犯罪内容と反則内容などの間にかなりの密接な関係があることが見出され、はじめに述べたわれわれの仮説は相当程度に実証された。すなわち、犯罪者あるいは反則者の反共同体的行動についての比較分析により、社会環境と拘禁環境という異なった環境においても個人はかなり類似した行動を行なうものであることが示されたわけである。この結果われわれは、一人の累犯者が拘禁施設へ入所したとき、彼の精神医学的、社会学的検討とともに、過去の犯罪経歴を分析すれば、彼の拘禁生活における行動をある程度まで予想してこれに対する対策を立てることができるであろうと考えられる。また逆に拘禁環境における行動の分析から、彼の今までの社会における行動あるいは出所後の社会における行動を相当程度類推または予測することもできると期待される。

犯罪と反則とのこの密接な関係は、拘禁環境が人間行動の研究にとって一つのすぐれた「準・実験場面」を提供することを示している。狭義の実験とは「一定の仮説を立てて、その仮説を検定するような」一連の操作を行ないうることと、その操作が再現性（同一操作のくりかえし）をもちうるという二つの条件が満足された場合に用いうることばであろう。そうして実験の価値は、立てられた仮説が意味をもつかどうかということと、実験によってとらえられた現象がさらに一般的な現象にも妥当し、それを予測しうるかどうかということによって左右される。われわれの仮説は、本論文においては犯罪と反則との関係であり、検定により仮説は相当程度証明されたわけである。実験操作についていえば、拘禁環境はある程度受刑生活という全く同一ではないにしても同質の場面設定であるから「準・再現性」を持っている。この場合われわれの資料が累犯者で、その多くが短期間に犯罪をくりかえす持続犯であることと、ほとんどが一〜二年の短期刑をうけるということが再現性を容易にしている。事実われわれが別に行なった長期受刑者の研究の場合には、拘禁環境はその再現性という点でかなり後退して、個々の拘禁生活の持つ特殊性がきわだってきている。また操作についていえば、われわれの注目した所内反則はきわめてありふれた現象であり、矯正施設の職員なら誰でも遭遇し観察しうる。おそらくあまりにも日常的な現象であるが故に、従来「科学的」研究の対象とは考えられず見過ごされ、「反則」ではなくて「事故」として厄介視されるだけであったのであろう。このように見てくると、拘禁環境は厳密な意味では実験場面を構成しないが、少なくとも累犯短期受刑者では相当程度に実験に準じた操作となりうる。われわれが拘禁環境を「準・実験場面」とよび、拘禁を中心とした犯罪精神医学的研究を「準・実験」とよぼうとするのは、それが制限つきではあるが自然科学的方法に近いものを持つと考えるからである。

人間行動の諸研究における「準・実験」はおそらく経験的には種々の精神医学領域でなされている。一定の性格テストによって被検者の性格を推測しようとする場合、テストの結果と被検者の社会における諸行動とが一致するということは厳密な意味では証明しえない。テスト場面を全く同一の条件で行なう再現性の点でも、人間の場合には不十分にしか行ないえない。さらに性格テストの内容が、より一般的な生活の場面を代表しているか否かは経験的に評価できるだけである。にもかかわらず、すぐれた性格テストは「準・実験」としてその有用性を持ち、「一定の観点からみた」人間像を浮き彫りにしうる。人間行動が研究対象であるかぎり、この観点あるいは立場をぬきにしては研究は一歩も進められないのが現状である。われわれの場合、素質と人格環境の諸要因の比較と犯罪生活曲線という観点から対象を整理して、その立場からの「準・実験結果」がえられたわけで、同一の対象を別な観点から研究考察することは勿論可能なことであろう。

こうして拘禁環境を「準・実験場面」として利用し、整理の方法として一定の諸要因に注目して対象の全体的傾向を明らかにしようとする方法は、従来の犯罪精神医学が主として遡行的（retrograde）に対象を考察しようとした方法（遡行的方法）や一定の対象について長期間の成行きを追求（follow up）する方法（成行調査的方法）に対して、第三の現在的（actual）な方法（準・実験的方法）を提出するものである。われわれはこの方法を「反則学（infractiology）」的方法とよびうると考えている。

このように準・実験場面として考えられる拘禁環境は「社会の縮図」としての意味あいを持つのであるが、もう一方ではわれわれが所内反則を記述した際に述べたごとく、現実は確かに一つの「特殊環境」である。われわれは拘禁環境の持つ性格として、自由の制限、個性の没却・無名化、単調な生活、フォーマルな人間関係とインフォーマルな人間環境の特殊な葛藤の四点をあげたが、こういった特殊性を持つ環境は、もはや社会の縮図としての意味あいを持たないのではないかという疑問が生じる。確かに多くの人々はそう考えており、われわれもその疑問を持ちながら本研究をすすめてきたわけである。そこで問題は、一般社会の縮図と特殊環境としての二面がどのように把握されるべきかということになる。

A・レンツ(112)は拘禁環境の持つ有害な作用と有益な作用を考えその特殊性を洞察していたが、具体的に受刑者の行動を分析して結論をだしたわけではない。N・モリス(130)は刑務所の特性を次のように述べている。「知的には萎縮させられ、感情的には飢えさせられ、長年の間日々の必要上他人に頼るように訓練され、堅実な仕事や職業的熟練へと成長していく欲望を拒否され、自慰や性的倒錯へと性的エネルギーを向けさせられ、institution 以外の生活と比較できるものは何もない。」このようにとらえられた拘禁環境における受刑者の行動は、"institutionalized" syndrome としてきわめて特殊なものとしか考えられていない。M・フリム(55)はN・モリスの意見に賛意を表し、現在の犯罪者に対する処遇システムはシステム自身のもつ屈辱と拒否と退化と、刑務所内における道徳的崩壊とあいまってまさに累犯者養成所と化していると極端な意見を述べている。

さらに拘禁環境を特殊なストレスの場と考え、所内行動を特殊な反応としてとらえようとする立場がある。この考え方が、古くから現在にいたるまでの拘禁反応や所内異常行動の研究を通じて精神医学者や心理学者の間に一般的となっている。遠藤(44)はストレスに対する反応として、退行、傷心、反応的抑うつおよび爆発、個人や社会に対するうらみ、正気についての疑い、精神身体医学的反応、不安、擬似適応、更生決意などを挙げ、所内異常行動をストレス反応と考えている。佐藤(169)は拘禁場面における問題として詐病を考察し、「社会力動学」の考え方から受刑生活場面の構造を説明している。彼はインフォーマルな人間関係をフォーマルなもので包被した場合「良き囚人」となり、フォーマルな方向に不適応な場合にインフォーマルな関係に逃避し、フォーマル・インフォーマルな両面の不適応が受刑者を孤立化させるという社会学的見方に賛成している。樋口(75)は拘禁初期にはストレスに対する反応がより多く physical な面においてみられ、入所時におけるオリエンテーション・プログラムの進行とともに psychological な反応に、さらに施設適応が進むにつれて scicicultural な反応に移行すると述べ、施設適応が prisonize された不健康な受刑者をつくることに注目している。植松ら(212)も施設側職員と受刑者との特殊な人間関係が矯正教育上の重要な問題であることを種々の心理学的調査の結果から強調している。心理学的、社会学的立場からのみではなく、生物学的立場からの「拘禁ストレス」の研究(阿部)も盛んに行なわれている。拘禁環境が特殊なものという意見は実証的な根拠を十分に持つわけである。

けれども、これらの特殊性を十分みとめたうえで、受刑者の処遇の改善や社会復帰への訓練を行なわねばならないことが、現実におこってくる現場の人々の悩みでもあるし、われわれが受刑者の所内行動を考察しようとした出発点なのである。

われわれの研究は未だ不十分なものではあるが、拘禁環境がその特殊性を持ちながらも、なお準・実験場面としての「有用性」を持っていることを示した。そうして単に特殊な反応のみではなく、受刑者の所内行動が社会における行動と近似したものを持つことを示した。この場合、受刑者一般の所内行動を問題にするのではなく、個々の具体的な受刑者の行動パターンを記述することによって、いくつかの典型的な行動類型がうちだされてきたのである。そして拘禁環境の研究は、個々の受刑者の人格構造をぬきにして、一般的な傾向を求めるだけでは無意味であって、「拘禁・内・受刑者」と「社会・内・犯罪者」との関係を追求してその特殊性の限界を解明していくことが最も意味があり、そこから将来の処遇や社会復帰への具体的対策が立てられると考えるものである。

2　犯罪生活曲線の検討と反則生活曲線

吉益の犯罪経過形式の類型は、累犯者の研究においてことに重要な犯罪者の縦断的分析を可能にした。この犯罪生活曲線による類型は多元的・総合的な累犯研究の枠を提供し、犯罪生物学的ないし社会学的な研究の基礎を与えるすぐれた研究方法といえる。

累犯受刑者を反則者と無反則者とに分けて考察した本研究においても、この犯罪生活曲線を用い、得るところが非常に大きかったのであるが、この方法を若干発展させた方がよいことを示すいくつかの所見がえられた。その第一は犯罪初発年齢に関してである。つまり反則者では無反則者に比してぐれだし年齢がきわめて早く、犯罪に陥る前にすでに怠学・不良交友・けんか・家出などの非行をかさね、社会的に不安定な状態をつづけた後に犯罪に陥るのに反し、無反則者では比較的に非行が少なく環境の崩壊という動機があって突如犯罪に陥ることが多い。両群はともに早発犯罪者ではあるが、犯罪の起し方は非常に異なり、これは犯罪学的にも「反則学」的にも大いに意味がある。そこでわれわれは犯罪への陥り方を重視し、非行、不安定な生活状態などを犯罪生活曲線に表現するようにしたいと考える。

第二は犯罪の経過型に関してである。先に職業の項で述べたように、前刑出所後の社会における生活は、反則者では人夫、土工などの肉体労働にしかつけず、大部分は浮浪したり、不良集団に属したりしてきわめて不安定な状態にある。これが再犯間隔の長短に重大な影響を及ぼすことが明らかになったので、この在社会時の状態を犯罪生活曲線に表現すべきであると考える。

第三は拘禁施設における反共同体的行動としての反則分析の際にも、社会における反共同体的行動としての犯罪分析と同様、犯罪生活曲線の方式を用いることができ、甚だ有用であることを強調したい。

累犯者を反則者と無反則者とに分けた場合、犯罪学的類型を求めると、前者は早期のぐれだし―非行反復―早発犯罪―社会における不安定状態―犯罪持続であり、後者は環境の急変―精神的衝撃―犯罪突発―社会において比較的安定―犯罪方向同種以下―犯罪間隔比較的長期である。

また反則者でも二つの極端な類型があり、一方は拘禁施設で早期に反則開始―反則多種―反則持続であり、他方は反則遅発―反則一種―反則間歇である。この間にも勿論移行が存在する。

このような犯罪と反則における類型を組み合わせた累犯者の類型のいくつかを、先に述べた三つの点を考慮しながら総合的に表現してみよう。

横軸は年齢を示す。縦軸は四段階に分けて、一番下の位置を社会において「正常な」生活を行なっている場合の位置とし、一番上の位置を拘禁生活を行なっている位置とした。この二つの生活状態の間に非行と犯罪とを位置づけた。ここで非行とは潜在的な非社会的行動のことで、刑法犯にはいたらない程度の非行をさす。累犯者は社会生活と拘禁生活とを往復するものであるが、その中間において非行状態または犯罪状態があり、われわれはこれを程度によって位置づけて図示しようとするわけである。

第13図はわれわれの累犯反則者の典型的な犯罪生活曲線を示す。幼年時に一応家庭に保護されて生活していた

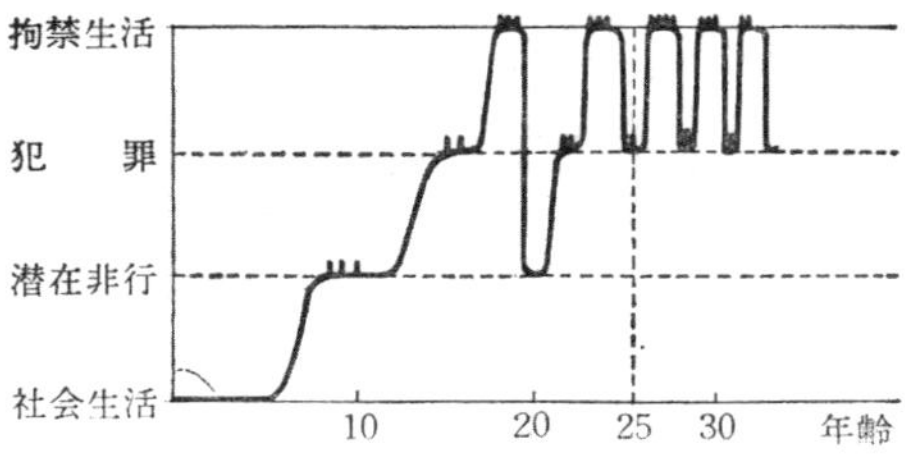

第13図　累犯反則者の犯罪生活曲線（進行型）

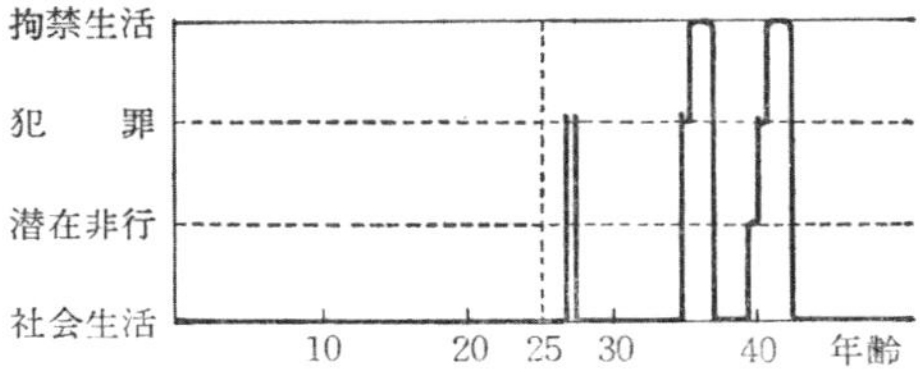

第14図　累犯無反則者の犯罪生活曲線（突発型）

ものがある時期から次第にぐれだし、曲線はゆるやかに上昇して潜在的非行状態に移行する。一二〜一三歳ごろから非社会的行動は次第に激しくなり、次第に反社会的な犯罪行動に移行する。ついに逮捕され、未決拘禁から受刑生活へうつり、曲線は上線に到達する。拘禁生活中は反則をくりかえすが釈放後も正業につかず、持続的な前犯罪状態に止まるから曲線は下線までは降下しない。この状態からいつとはなしに犯罪へと移行し、再び拘禁される。今度は釈放後ただちに犯罪をくりかえし、曲線は少し下ったのみで三度目の拘禁生活に入る。実際の非行あるいは犯罪と反則とは小棘線で示している。すなわちこの図は吉益(228)の実質犯罪生活曲線（real kriminelle Lebensweise）である。

これと対照的なのは典型的な累犯無反則者の犯罪生活曲線である。第14図に示すごとく、ある一定の年齢までは何らの非社会的あるいは反社会的行動を示さず、環境の急変・精神的衝撃・機会などにより犯罪を突発するから、下線から犯罪までほとんど垂直の上昇を示す。初犯時は保釈中に裁判が行なわれ、執行猶予の刑をうけたから曲線は上線に達せずすぐ下降してほぼ社会に適応した生活が続けられる。そして七〜八年後、再びある機会から犯罪をおかすが、この際にも潜在非行なしに犯罪が突発するのがその特徴である。今度は受刑生活を送るが、拘禁中よく環境に適応し反則をおかさないから、拘禁生活中の曲線はなめらかで小棘線を有しない。釈放後はただちに正常な社会生活に復帰する。

ここに図示した二つの曲線は累犯者の極端な二型であるが、実際にはこの中間に種々の移行型があるわけである。この場合、曲線の上昇の仕方が問題で、反則者のようにゆるやかに上昇していく「進行型」と、無反則者のような「突発型」とで、同じ犯罪でも初発形式が異なる。E・フライ(53)は、まえがきの項でも述べたようにこの点に注目して、早発犯には潜在非行と結びつかない少年犯罪群と潜在非行と結びついた少年犯罪があるといっている。この場合、前者はわれわれの突発型に、後者は進行型に相当するわけで、E・フライもいうように「潜在非行から犯罪へと移行していく早発犯こそが、人格発達の種々の段階における一定の素因の発現形態としての累犯、いわば素因的累犯である」ことを、犯罪曲線の上で表現しうるわけである。

また従来の分類によって同じく持続型の犯罪経過型と分類される累犯者でも、われわれの記載法によれば、釈放後ただちに潜在非行または犯罪状態におちいるものを浅い谷間で、釈放後は正常な社会生活に復帰し厚生の実をあげているものを深い谷間で表現し、両者を区別することが可能である。

次に、われわれが今まで考察してきた所内反則を犯罪曲線の上に表現する方法であるが、すでに小棘線として図示したほかに、とくに拘禁生活だけを対象とした「反則生活曲線」が画きうるであろう。第15図がそれで、横軸に拘禁生活の各時期をとり、下線が適応状態、上線が懲罰による軽屏禁状態あるいは隔離のための独居拘禁をとる。同じ所内反則といっても初発形式、経過形式、方向などの差を区別すれば、犯罪と同じくかなり受刑者の人格を浮彫りにしうることは前にのべたとおりである。ここで仮に示したA型の受刑者は、入所直後より規律に服せず潜在的反則をやりながら、ある時期から対受

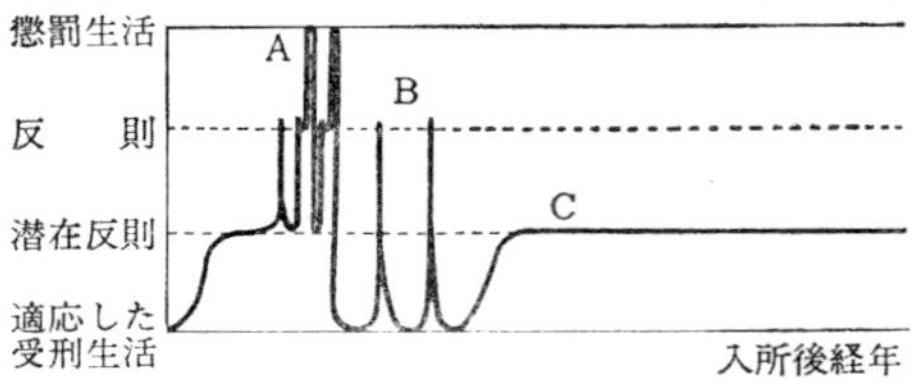

第15図　反則生活曲線

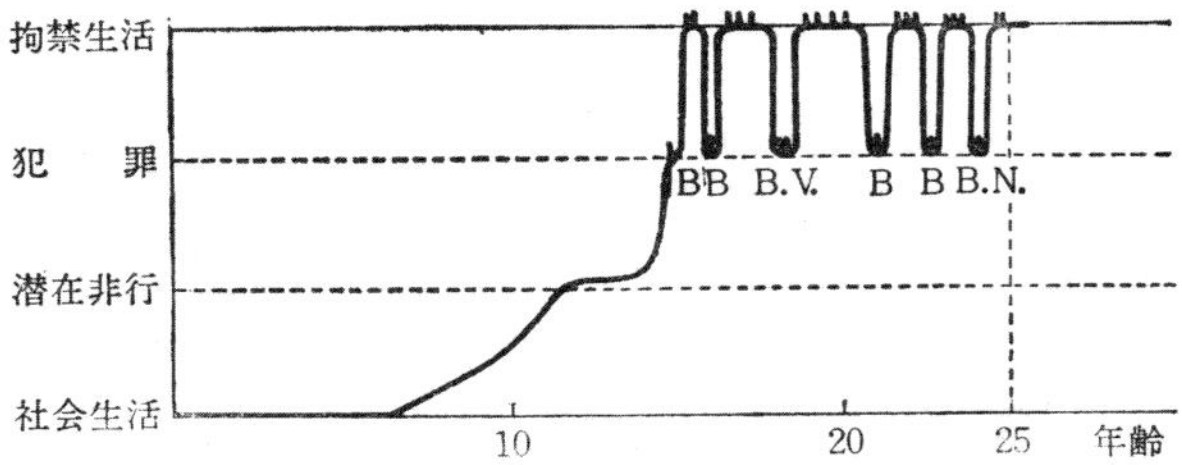

第16図　事例5の犯罪生活曲線（早発-持続-多種方向の累犯者）——第1型

註　B：恐喝，V：傷害，N：強姦

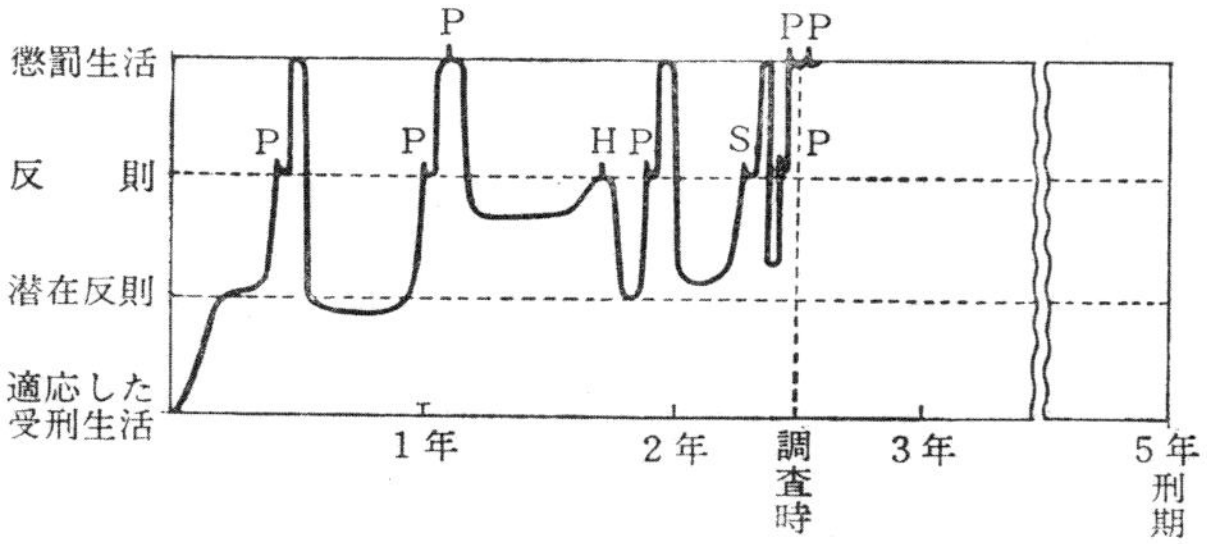

第17図　事例5の反則生活曲線（早発-持続-3種方向の頻発反則者）——第1型

註　P：対人反則，H：財産反則，S：風俗反則

刑者暴行、対看守暴行、鶏姦などの反則をくりかえす、いわゆる早発-持続-多種方向反則者の場合である。B型はこれに反して、一応適応した受刑生活をおくりながらも時折反則を示す遅発-間歇-一種方向の反則者である。C型として示したのは、規律にはふれないが要領よく怠業や反則行為をわからないところで行なう、俗にいう「刑務所太郎型」の受刑者である。

3　累犯者の類型

われわれの累犯受刑者を以上述べた犯罪生活曲線の分析法によって群別してみると、第21表のごとくになる。この表から明らかなように、大きな部分を占めるものとして反則者は進行型-早発-持続-多種・異種方向のものと、突発型-早発-持続-多種・異種方向のものとに分たれ、無反則者は進行型-早発-持続-単一・同種方向のものとに分たれる。これはわれわれの対象者に早発-持続型の累犯者が多く見出されたので当然の傾向である。しかし累犯者の類型を立てる場合に単に量的な分布をたてるのみでは不十分で、彼らの人格特徴をも考

刑　者　の　群　別

無反則者(45)															
進行型								突発型							
18 (40.0)								27 (60.0)							
早発				遅発				早発				遅発			
12 (66.7)				6 (33.3)				20 (74.1)				7 (25.9)			
持続型		その他		持続型		その他		持続型		その他		持続型		その他	
8(66.7)		4(33.3)		2(33.3)		4(66.7)		11(55.0)		9 (45.0)		4 (57.1)		3 (42.9)	
多異	同単	多異	同単	多異	同単	多異	同単	多異	同単	多異	同単	多異	同単	多異	同単
2	6	2	2	2	0	1	3	4	7	5	4	2	2	1	2

註3．犯罪経過型の"持続"とは犯罪間隔が2年半以内の純粋持続型であり，"その他"にはそれ以外の経過型がふくまれる。
註4．犯罪方向の"多異"とは多種，異種方向の略であり，"同単"とは同種，単一方向の略である。

慮したある程度理想型を立てることは止むをえない。そこでさらに反則生活曲線をも考慮して、犯罪と反則との二方向から類型をたて直して次の五型に分類してみた。第Ⅰ型は犯罪と反則の両方がもっとも悪質なもの、第Ⅱ型は犯罪と反則の両方が比較的良質なもの、第Ⅲ型は犯罪が悪質なのに無反則であるもの第Ⅳ型は犯罪が良質でかつ無反則なもの、第Ⅴ型はその他の類型で、たとえば犯罪が良質であるのに所内においては頻発反則を行なうものである。これらの類に別おいては定型例の記載が必要で、その犯罪－反則生活曲線の分析によって、各類型の特質を探っていこう。

第Ⅰ型の累犯者は犯罪においては早発－多種－持続型で、反則においても早発－三種－持続型のものである。すなわち、社会における反共同体的傾向がそのまま準・実験場面とよんでいる拘禁環境に持ちこまれるもので、行動の基盤にある人格特徴の発現がきわめて強力なものである。

事例5（反則者）二六歳

犯罪：六犯六入——恐喝・強姦、進行型－早発－多種・持続（第16図）

第21表 累 犯 受

	反則者群 (100)															
犯罪発現形式	進行型 74 (74.0)								突発型 26 (26.0)							
犯罪初発年齢	早発 70 (94.6)				遅発 4 (5.4)				早発 20 (76.9)				遅発 6 (23.1)			
犯罪経過型	持続型 58(82.9)		その他 12(17.1)		持続型 4(100.0)		その他 0 (0)		持続型 17(85.0)		その他 3(15.0)		持続型 2(33.3)		その他 4(66.7)	
犯罪方向	多異	同単	多異	同単	多異	同単	多異	同単	多異	同単	多異	同単	多異	同単	多異	同単
	32	26	6	6	2	2	0	0	12	5	0	3	1	1	1	3

註 1. 進行型とは犯罪を犯す前に問題行動，潜在非行などの反社会的行動を行なっていたものであり，突発型とは反社会的行動を行なうことなく突如犯罪を犯したものである。
註 2. 犯罪初発年齢の早発とは25歳以前に犯罪したものであり，遅発とは25歳以後に犯罪を犯したものである。

反則：一一回――暴力・財産・風俗、進行型―早発―三種―持続
（第17図）

生育歴：神奈川某町にて新聞記者の子として出生。家庭の生活程度は中流で円満であったが、父は一度家のことで詐欺事件をおこし罪に問われたことがある。兄妹は四人あるが、男子は本人一人であったため幼いときから非常に可愛がられ我儘一杯に育てられた。小学校でも教師に甘やかされ、学校でもつねにガキ大将であった。一九四四年（九歳）に父の実家である富山県某市へ疎開したが、実家は住職で町の有力者であったためにやはり甘やかされ、一層我が強くなった。父との折合いは良かったが、母とはいつも感情的なもつれがあった。一九四八年（一二歳）、神奈川県某中学校へ入学したが、学校で悪戯が激しく授業を妨害し教師の言をきかないので校長の部屋に席を移された。それは本人にとってはじめての強制であり、本人はいやでいやでたまらず、怠学を始め、ついに家出して熱海のヤクザ一家へ加入しヤクザ生活に入った。

犯罪歴：一九五〇年（一五歳）、恐喝事件のため静岡少年院入院、院内では反則頻発者であった。その後も恐喝、傷害事件により一九五六年までの間に二回特別少年院、少年刑務所に入所した。少年刑務所内でも他囚に革切庖丁で切りつけ顔面に全治一週間の傷を負わせ、懲役六カ月以上一年以下の刑を追加された。成人になってからも、二一歳時恐喝、二二歳時恐喝と何れも暴力的犯罪をおかし、本犯は第六犯に相当する。

本犯（二三歳）は前刑出所後七日目の犯行である。前刑裁判時の証人某にお礼参りと称して、前後四回にわたり金品を喝取した。また貸金の取立てを頼まれて某事務所へ赴いたが、相手方がいなかったので、同人の妻を言葉巧みに連れ出し山中にて自動車を停め、車中で強姦した。その後も一ヵ月間に四回恐喝を行ない、日本刀を不法所持するなどして逮捕されたが、警察での取調中に怒って電話器、時計などの官物を損壊し、懲役五年の刑に処せられた。

反則歴：拘禁施設入所後二年半の間に一一回の反則をおかしている。未決拘禁中にすでに喫煙したり、他の受刑者と通謀したり、看守に反抗したりするなどの反則を行ない懲戒されている。刑務所入所後も工場内で「作業を変えてくれ、それがだめなら独居房へ入れてくれ」と強要し、看守の説得を聞き入れず作業を怠けたので軽屏禁二〇日の懲罰をうけた。独居房においても規律に従わないで蒲団を敷いて横になり、担当看守に対して大声で「オヤジ、オヤジ、馬鹿野郎」などと暴言を吐き、あるいは哄笑して房内の静ひつを乱すなど、対看守暴言、規律違反などの対人反則を八回行なった。この他にも固定雑居内で他の受刑者に「アンコになれ」と強要し、接吻するなどの風俗反則、工場内で衣類不正授受の財産反則を行なうなど前後一一回にわたり、対人、風俗、財産の三種方向の反則を頻繁に行なったものである。

精神医学的現在症：面接時、入室するやただちに「何の理由で俺を呼んだのか」とごねだし、「こんな調査は何回やったっておいらの役には立たねえ、答える必要はない」と一方的に怒鳴り、医師や看守の制止を聞入れず反抗してさっさと席を立ち、問答はできない有様であった。そこで独居房へ赴き、調査室にて看守二名に附添われ、脅されたり、すかされたりしてようやく診察をうける。そうなると表情もさっぱりして自分からよく話すようになる。非常に我儘、短気で爆発的に興奮し、煽動にのり易く自己顕示的でヤクザ的傾向があり、犯罪に対する反省は殆んどみられない。自分でも「我が強く気性が激しい。虚勢をはる。反面時々憂うつになり淋しくて一人だけになりたいこともある」という。知能は田中-B式でIQ＝九二、診断は精神病質、情性欠如・爆発性性格者である。

本例は強度の精神病質者で、幼時から現在にいたるまで持続的に、社会においても拘禁施設内においても高度の犯罪性を露呈している事例である。しかも生育環境は不良ではなく、素因が本質的に重要な役割を演じている。

この例は既往歴に異常はないと述べているが、時に頭痛発作や不機嫌状態に陥り、以前脳波検査により異常とい

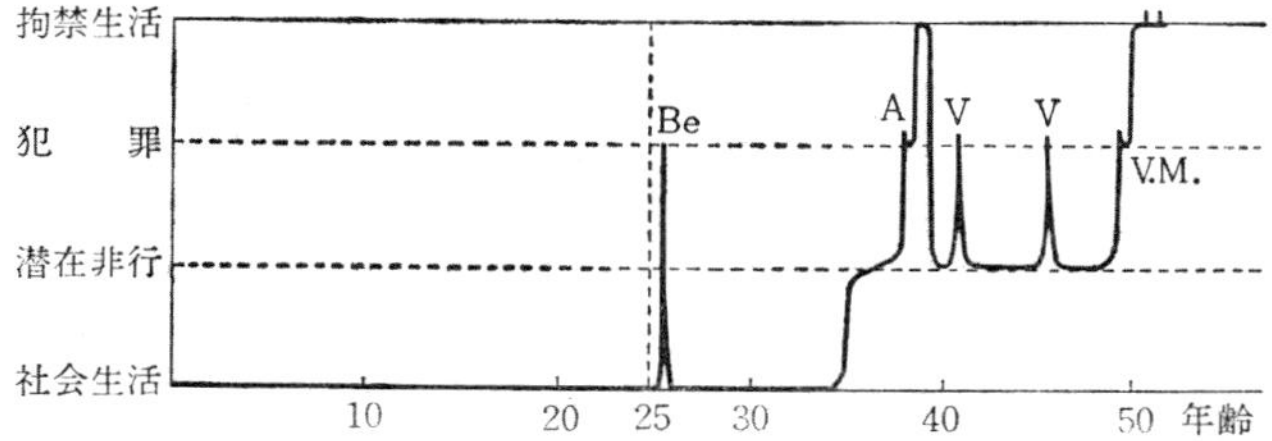

第18図　事例６の犯罪生活曲線（遅発−停止、弛張、持続−異種）——第Ⅱ型

註　Be：詐欺，A：賭博，：V.M.：傷害，殺人

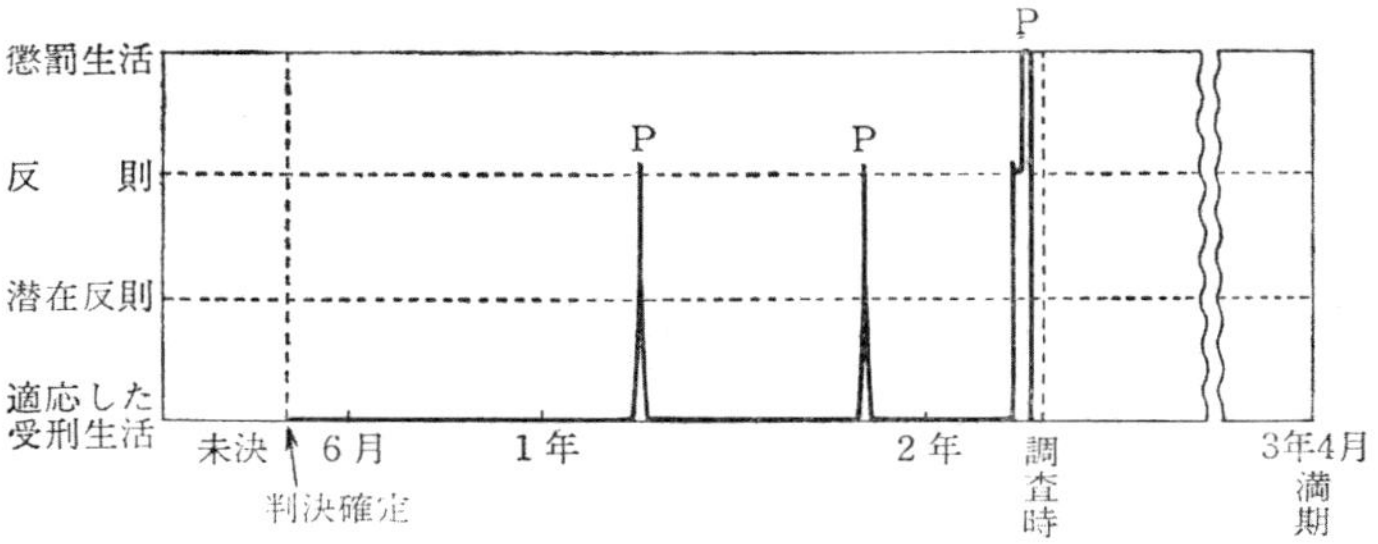

第19図　事例６の反則生活曲線（遅発−間歇、弛張−1種）——第Ⅱ型

われたことがあり、過度の興奮性、爆発性性格があり、迂遠な話し方をするなどの特徴があることから、この精神病質状態が脳器質性の障害であることを疑わせたが、脳波検査その他の検査を強く拒否したために、原因を明らかになしえなかった。犯罪生活曲線と反則生活曲線は同じように緊張度の高い水準を持続的に維持しており、その反共同体的傾向が大きいことと、人格の発現が強力に行なわれていることを示している。

第Ⅰ型の累犯受刑者は、社会においてはもっとも危険な慣習犯であるとともに、刑務所内においては看守を最も困らせる要注意の受刑者である。おそらくいかなる環境におかれても、彼らの反共同体的態度には変ることはなく、社会防衛上は現在のところ良策が考えられないような累犯類型である。

第Ⅱ型の事例は、犯罪においては遅発–多種–間歇、反則においても遅発–二種–間歇型であり、反共同体的傾向も前の第Ⅰ型にくらべて少ないものである。

事例6（反則者）一九一〇年九月生。調査時五〇歳

犯罪：五犯二入——傷害致死、突発型–遅発–多種–間歇（第18図）

反則：三回——暴力、財産、突発型–遅発–間歇（第19図）

生育歴：札幌にて同胞六人中三男として出生。祖父は衆議院議員、S市長、商工会議所会頭などを歴任し、父は農学士で会社社長をしており、生活は豊かで家庭は円満であった。しかし父方伯父に犯罪者が一名いる。本人が六歳のとき祖父が死亡し、父の事業も失敗したので一家をあげて上京し、父は某会社の課長となった。学歴は小学校卒業のみで、暫く家でぶらぶらしていたが、一六歳から郵便局員となり真面目に働いた。二三歳より海産物商を始めたが二年位で失敗し、以後鋳物工となった。こうして環境は次第に劣悪化しつつあった。二六歳のとき重症肺炎に罹患、三日間意識を消失した。それ以後、気候の変り目に頭痛があり多少いらいらすることがあるようになった。

犯罪歴：初犯は二六歳、詐欺であったが不起訴処分にされた。その後応召し一九四六年（三六歳）まで満州で生活した。引揚後は闇屋で生活していたが、この間ヤクザ一家との交際があり、賭場を開帳して検挙された（第二犯、三八歳）。その後もヤクザとの関り合いから四一歳、四六歳のとき傷害罪で罰金刑をうけた。

本犯時は日雇人夫をしていたが、一九五八年（四九歳）六月の夕刻飲酒中、同僚の喧嘩の仲裁に入ったところ、睾丸をけられたことに憤激し近くの病院から庖丁を持出し懐に入れて再び仲裁に入ったが、先刻のけった者に打ってかかられたため、その者の腹部を刺し、一時間後に死亡させたものである。刑は三年の懲役刑である。

反則歴：入所後二年四カ月で反則は三回で、第19図のように間歇的である。第一回反則は入所後一一ヵ月目で同房の者に作業製品を窃取しただろうと邪推されたため口論した。本人も疑惑の目で見られても仕方のない点があったことを認めて陳謝し、相手とも仲直りをした。その後五ヵ月目に雑居房で賭博類似行為を行ない、さらにその後七カ月目に同房者がラジオを聞いていた時、本人が雑談をしていてラジオを聞きとりにくいため「静かにしろ」と言ったところから口論となり、殴り

合いの喧嘩をした。

精神医学的現在症：表情は豊かで活発、愛想よく調査にも協力的であった。応答は調子よく多弁でさえある。単純なヤクザ的正義感が強く、その点自ら誇りとしている様子である。「終戦後けんかに強いところをヤクザの親分に買われて客分となった。それ以来ヤクザ、愚連隊などの交友多く、傷害事件もそれにからんでいる。いつも自分はできるだけ辛抱して、決して、こちらから手を出すようなことはしない」と自慢気に話す。接触は良いが未熟で幼稚なところが目立ち、医師に腕まくりをして見せ硬い筋肉に触らせたりする。怒ると前後の見境がなくなるという。ＩＱは田中‐Ｂ式で八二、知能は良くないが、健忘症傾向、痴呆傾向はない。診断は精神病質傾向で発揚性・顕揚性性格特徴をもつ。

本例は幼時は上流階級に育ったが、成長するに従い家庭は次第に没落した。この折に重症肺炎に罹り意識を三日間消失するという事件が加わり、犯罪に陥った。初発犯罪年齢は二六歳で遅発犯に属する。戦後腕力のある所からヤクザに迎合され、居心地がよいので縁を保っているうちにヤクザの暴力事件にまきこまれ、傷害事件をおこしたものである。人格は単純、未熟、幼稚で発揚性・顕揚性の性格傾向があるが、犯罪も反則もともに遅発‐間歇的で比較的扱いやすい事例である。犯罪生活曲線および反則生活曲線はきわめて相似しており、犯罪および反則がしばしば上線（独居・拘禁または懲罰）に達しない程度の内容であるとともに、犯罪および反則の間において、よく共同社会に適応した生活がみられることが特徴である。

第Ⅱ型の受刑者は割合に刑務所内に多くみられ、熟練した看守ならばよくその取扱い法を知っていて、かなり適応した受刑生活を行なわしめることができる。社会防衛上の見地からは、適当な労働施設の設置や就職の斡旋によって彼らの反社会行動を相当程度に抑圧できるのではないかと考えられる。

第Ⅲ型の事例は、犯罪において早発‐持続‐異種と犯罪性が高いにかかわらず、所内では比較的適応状態にある、いわゆる刑務所太郎型の受刑者の事例である。

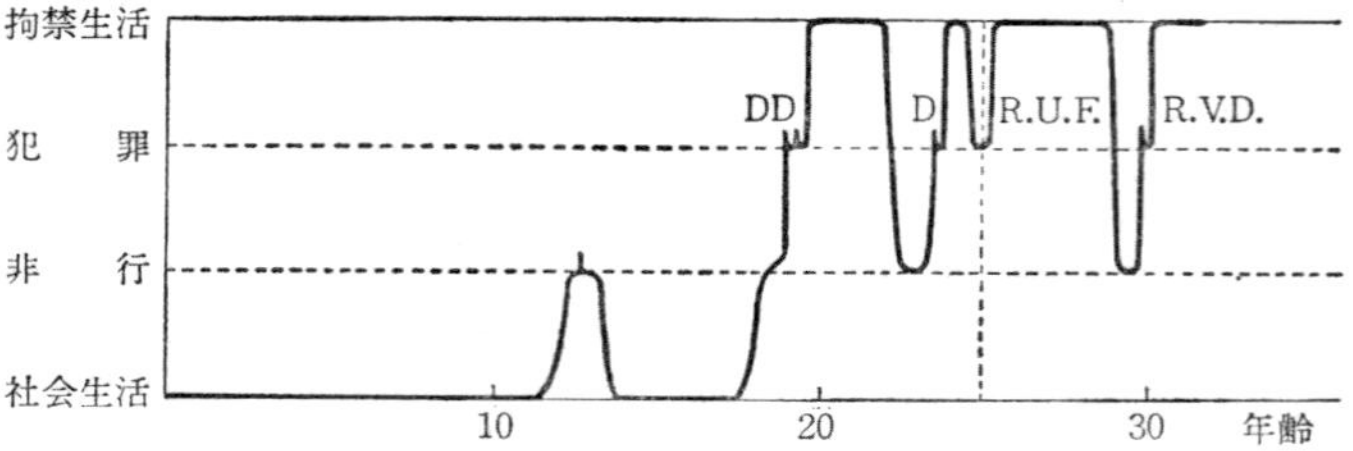

第20図　事例7の犯罪生活曲線（早発−持続−異種）——第Ⅲ型

註　D：窃盗，R：強盗，U：横領，F：逃走

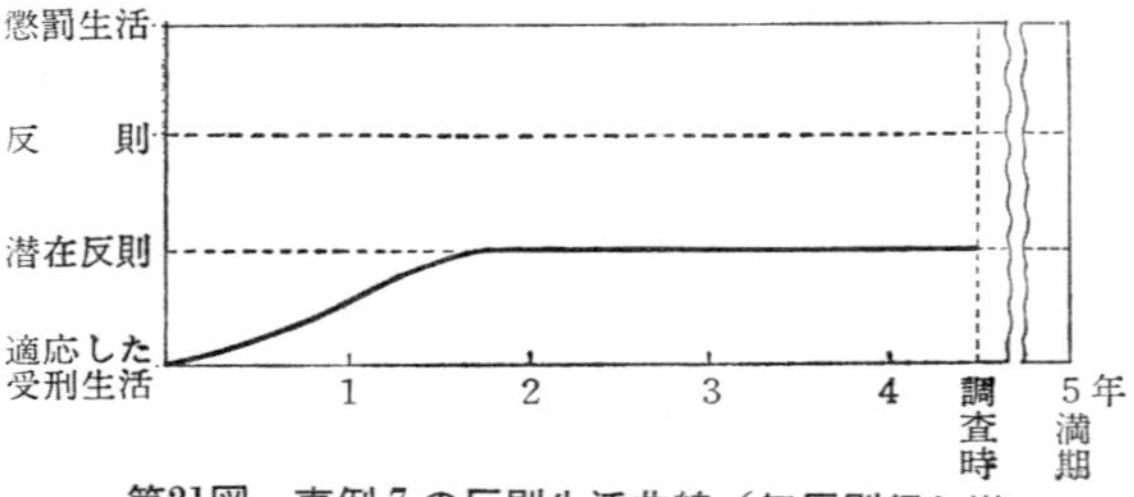

第21図　事例7の反則生活曲線（無反則但し潜在反則傾向）——第Ⅲ型

事例7（無反則者）一九二八年五月生、調査時三四歳。

犯罪：五犯四入——強盗傷人・窃盗、進行型—早発—異種—持続型（第20図）

反則：無、ただし潜在反則状態（第21図）

生育歴：山梨県にて製麺業の家に四人同胞の長男として出生。両親および同胞に遺伝負因はみとめられない。経済的にも比較的恵まれて育ったが、一〇歳のときに母が死亡してから家庭的に不遇となった。すなわち、この後すぐに父が家出したために小学校四年で中退し、料理店へコック見習奉公に出た。一二歳のころから不良交友、家庭窃盗などの問題行動が始まった。その後もプレス工員見習をしたり、職を転々としていたが、一四歳の時開拓団の一員として満州へ渡った。一九四六年（一八歳）に復員したが、ぶらぶらしているうちに不良交友を始めた。このように一〇歳のころ家庭は崩壊し、貧困となり一二歳より問題行動を始め、以後職を転々とし不良交友をするなど早くから不安定な社会生活を送っていた。

犯罪歴：一九四七年五月（一九歳）の窃盗が初犯で、以後一九五七年（二九歳）までの一〇年間に窃盗、横領、強盗未遂、加重逃走などで三回、八年余にわたり持続的に入所している。前刑出所後ロクロ工員をしていたが間もなく失職し、放浪中金に困って本犯を行なった。本犯は一九五八年五月（三〇歳）に共犯二名とともに旅館へ侵入し物色中、家人に発見されて居直ったところが騒がれたので、共犯者がナイフで切りつけたので強盗傷人罪に問われたのである。この他にもデパートで共犯とともに万引を数件行ない、あわせて懲役五年の刑を科された。
反則歴：入所以来四年六ヵ月を経たが、反則は一回も行なっていない。しかし卑屈で看守の顔色をうかがうようなところがみられ、要領よく立廻りながら作業意欲はひくい。すなわち、無反則者ではあるが潜在的な反則傾向がうかがわれる。
精神医学的現在症：身体は小柄である以外特別の所見なく、食思・睡眠ともに良好で、神経症的訴えもない。表情はしまりがなく、にやにやして芯がない。調査には協力的で質問には愛想よく答えるが、口の中に唾をためてだらだらとしゃべる。態度もだらしがなく媚びるような卑屈なところがある。いかにもぐうたらな感じで、強盗を行なったということが信じられないくらいである。本人も「人に騒がれると先に立って逃げてしまう」というように気は弱い。田中－B式知能検査によるIQ＝一〇一である。診断は精神病質、意志薄弱性性格異常者である。

本例は一〇歳までは比較的恵まれた生活を送ったが、母の死亡・父の家出という事件により急激に環境が悪化するとともに、意志薄弱性傾向が著明に現われ、職業は長つづきせず、不良交友など不安定な生活を送っている中に金銭に窮し窃盗常習犯となり、さらに共犯に引込まれて犯罪も凶悪化した慣習犯である。しかし自由を制限され、厳重な規則に縛られている拘禁施設内では、かえって反則をおかさないで要領よく適応しているようである。本人も拘禁生活に対しては何ら不平も不満もないと言い、一級者として生活している。過去三回の懲役刑は、いずれも無反則で仮釈放されている。本例は刑務所内では無反則者として表面的には模範囚であるが、潜在的反則傾向を示し、社会においては自ら律して独立することができない意志薄弱性精神病質者の典型である。
第Ⅲ型の累犯受刑者はごく普通にみられる型で、彼ら相互の間でインフォーマルな連帯を持ちながら、刑務所側のフォーマルな規律にも従って適応生活をおくるものである。刑務所側にとってはきわめて扱いよい受刑者ではあるが、その反社会的重要性は大きい。第Ⅱ型の累犯者とともに独自の社会的対策を樹立すればかなり良好な社会復帰をもたらすと期待しうるであろう。

第Ⅳ型の累犯者は、犯罪生活曲線の上で犯罪性は低く、所内でも無反則の模範囚できわめてよい適応状態にあるものである。

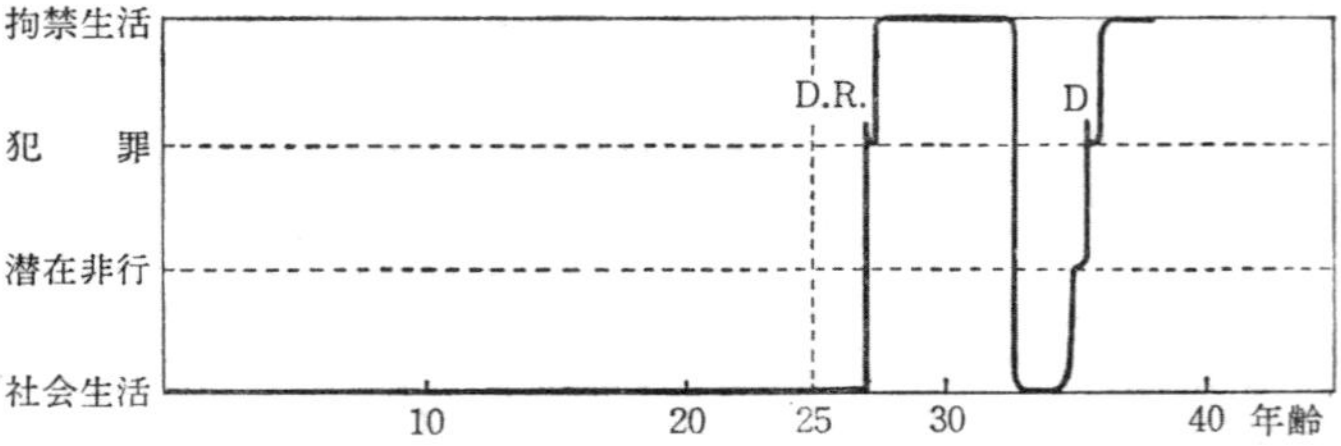

第22図　事例8の犯罪生活曲線（遅発–弛張–同種）――第Ⅳ型

事例8（無反則者）一九二三年八月生、調査時三八歳。（第22図）

犯罪：二犯二入――窃盗、突発–遅発–同種–弛張。

反則：なし。

生育歴：東京都T郡の農家にて同胞二人の次男として出生したが、二ヵ月目に母は死亡した。継母が迎えられたが本人との折合いはよく格別の問題はなかった。就学態度もよく高等小学校二年を卒業し、暫く家で農業の手伝いをし、後に工員として二年間勤務した。二〇歳より一年間応召した後に終戦を迎えて復員し、一年間農業の手伝いをした。二三歳のときに農業を止めて田畑を売り製パン業を始め、最初は事業も順調に行ったが、二五歳のとき父が病気になり間もなく死亡した。このため事業もうまくいかなくなり金に困って犯罪に陥ったもので、それまでに酒、ヒロポン、麻薬に耽ったりすることもなかった。結婚もしており子供もある。

犯罪歴：一九五〇年三月（二七歳）のときの窃盗、強盗が初犯であるが、いずれも共犯があり本人は従犯として犯罪を行ない懲役九年を言渡された。一九五六年二月（三三歳）に前刑を仮釈放で出所後、保護会で人夫として働き、後川崎に出て古物商をはじめたが商売はうまくいかず、金銭に窮して一九五六年四月より九月にかけて八回にわたり窃盗を行ない、懲役二年を科され一九五九年四月に本刑務所へ入所した。

反則歴：入所以来六年三ヵ月を経たが反則は一回も行なっていない。

精神医学的現在症：やややせた中年者。表情はやや鈍く、豊かではないが温かみがあり、人当りは良く、調査には真面目に応対しきちんと答える。受動的であるが素直である。本人のいうところによれば、「ひっこみ思案で友人もあまり多くな

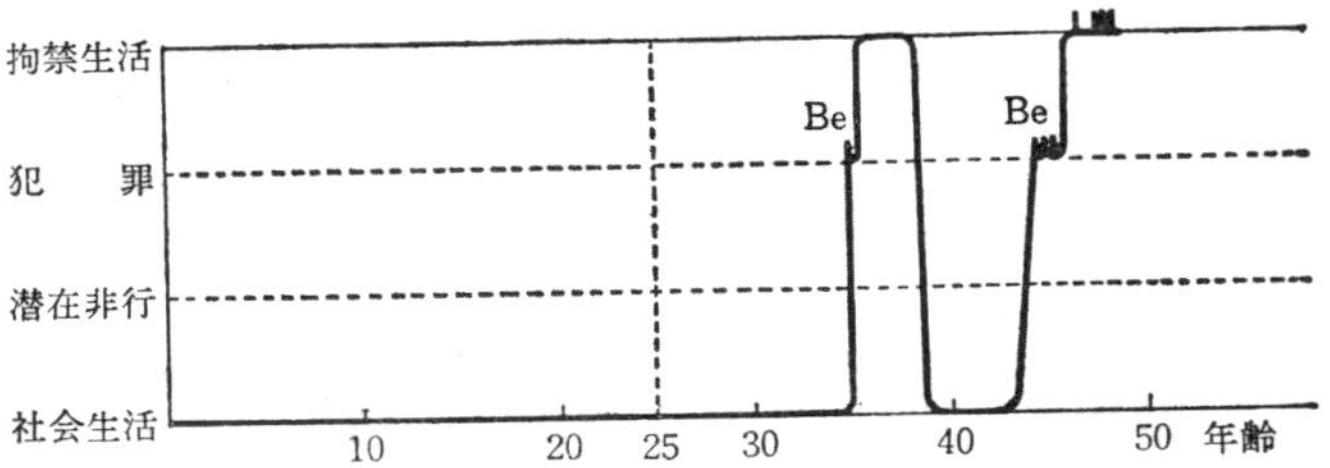

第23図　事例9の犯罪生活曲線（遅発−間歇−単一）——第Ｖ型

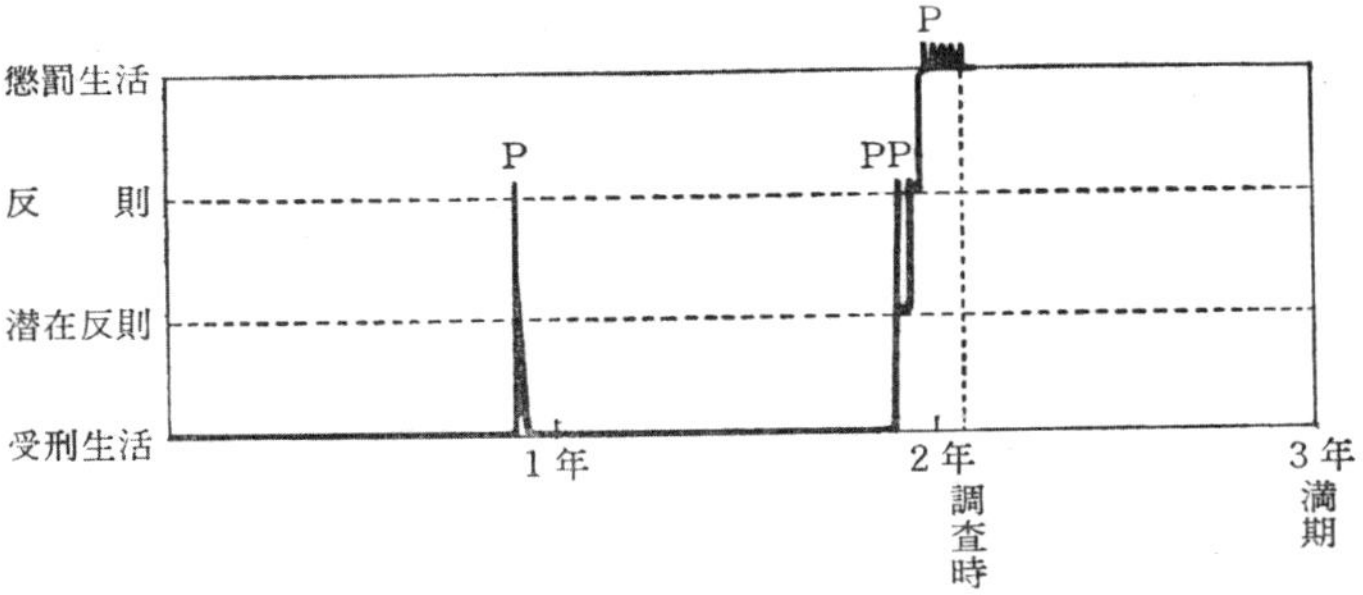

第24図　事例9の反則生活曲線（遅発−間歇，持続−1種）——第Ｖ型

い。気分がいらいらすることもなく他人とけんかしたこともない」という。所内では一級者として雑役夫をやっている。このように非常に温順で真面目、話も活発、動作もきびきびしていて、全体としてやや意志薄弱傾向はあるが、正常と診断された。知能も正常である。

本例は二六歳まで格別の問題もなく学校生活、社会生活をおくり、結婚もし子供ももうけたのであるが、父の死亡・事業の不振という環境の悪化により金銭に窮し、村の友人とともに犯罪をおかすようになったもので、犯罪は環境の影響によるところが大きいと思われる。

第Ⅳ型はいわゆる機会犯であって、社会的環境の欠陥に問題がある。刑務所内においては模範的な受刑者であって、第Ⅲ型のようにインフォーマルな受刑者同志の馴れ合いによる連けいを形成せず、その受刑生活には表面のみではない真剣さがうかがわれる。社会復帰後の予後については、周囲の人々の相当な配慮があれば成功するのではないかと思われる。

第V型の累犯者は、犯罪生活曲線と反則生活曲線が一致しないもので、本論文におけるわれわれの仮説に反する型である。（これは累犯者としては異型であって、興味のあることはその大部分が精神病の病的過程をもっていることである。）

一例として犯罪生活曲線ではそれほど悪質な犯罪性を示さないのに、所内では奇妙な経過をもつ反則性を示したものをあげる。

事例9（反則者）一九一五年八月生、調査時四七歳。

犯罪：二犯二入——詐欺、突発型-遅発-単一-間歇。（第23図）

反則：四回——対人反則、突発型-遅発-一種-持続。（第24図）

生育歴：長野県の中流の農家に生れた。父は温和で家庭は円満であり、特別問題となることもなかった。高等小学校を卒業後農業の手伝いをしていたが、交友も普通で非行は全然なかった。二〇歳ごろ女遊びをしたことがあるが間もなく応召、二一歳のとき父母を相ついで胃癌で失った。復員後二五歳で結婚し、群馬県T市で製糸業を営んでいた。今次大戦で再び応召したが、三〇歳よりT市で食品、畳表製造業を営んでいた。

犯罪歴：三八歳のとき静岡県へ移転、食品店を始めてすぐに、茶・製菓の取引において不渡手形で合計一、八〇〇万円の詐欺を行ない、三年余の懲役刑を科された。前刑出所後東京都新宿区で食料品株式会社を経営していたが倒産し、四三歳のとき取締役二名と共謀して商品を騙取し、それを担保にして借金するという手口で八件の連続詐欺を働いたものである。

反則歴：一九六〇年一〇月に入所後すぐに血液ワッセルマン反応陽性なることを見出され、サルバルサン治療をうけたことがある。入所後一一ヵ月間は無反則であったが一九六一年九月に就業拒否、その後再び一年間無反則をつづけたが一九六二年九月に作業賞与金制限外使用の反則を皮切りに、一〇月就業拒否、一一月職員暴行などの反則を頻発した。職員暴行後保安房で全裸となり、多弁多動にて電話をかける真似をしたり、蒲団・衣類を破るなどの異常行動を示し、食事は全然とらなくなった。

精神医学的現在症：田中–B式でIQ＝六九、表情は乏しく無欲状であるが、感情的接触はよく全体として上機嫌で屈託がない。言動は誇大的滅裂的であると同時に保続的で、痴呆の存在を疑わせた。周囲の動きには敏感でよく注意しており、調査には反抗的ではあるが医師が叱責すると素直に応ずる。診察の結果、瞳孔の縮小、対光反射消失、つまずきことばをみとめ、膝蓋腱反射消失などの症状があり、精神症状とともに「進行麻痺」と診断された。

本例は三五歳までとくに問題なく社会生活をすごし、犯罪は遅発–間歇–単一（詐欺）で犯罪性は低く、所内でも長い間無反則にすごしたにかかわらず、突如対人反則を頻発したものである。しかしその反則に異常性がみとめられ、精神科医の診察により進行麻痺であることが診断され、反則も本疾患の発病と関連があることが判明した。このように犯罪性が高くないのに、所内で反則が頻発するというように、その社会と所内での行動に矛盾がある場合には精神医学的にも異常のあることが多く、注意しなければならないことである。

第V型の異常型の受刑者は現今の一般刑務所においても、時々遭遇する。問題は精神病と犯罪ということになり、彼らの処遇に対しては精神医学的治療が必要である。

以上述べた各類型を一括して表に示すと第22表のごとくになる。これらの類型は全く犯罪生活曲線および反則生活曲線の分析を通じて選びだされた典型例であるが、期せずして人格特徴の上でもそれぞれ類型化された特徴を示している。吉益(228)は犯罪生活曲線を説明するために犯罪張力(tension criminelle)の概念を使い、個々の犯罪について犯罪張力はその犯罪の実現されるまで増大し、実現の瞬間に頂点に達し、その後は減少するといっている。この場合、張力の概念においては「強さ」と「持続」が二つの欠くべからざる要素であることに注目している。われわれの累犯類型を説明するのにもこの犯罪張力の概念に従って、「反共同体的張力」とでもいうべき

第22表　累犯類型

		第Ⅰ型（事例5）	第Ⅱ型（事例6）	第Ⅲ型（事例7）	第Ⅳ型（事例8）	第Ⅴ型（事例9）
犯罪	初発形式	進行型	突発型	進行型	突発型	突発型
	初発年齢	早　発	遅　発	早　発	遅　発	遅　発
	犯罪方向	多　種	多　種	異　種	同　種	単　一
	犯罪経過型	持　続	間　歇	持　続	弛　張	間　歇
反則	初発形式	進行型	突発型	潜在反則	模範囚	突発型
	初発時期	早　発	遅　発			遅　発
	反則方向	3　種	2　種			1　種
	反則経過型	持　続	間　歇			持　続
犯罪と反則についての素質(A)と環境(M)両要因の評価		A	A＞M	A＝M	M	P（精神異常）
人格特徴		情性欠如性爆発性	発揚性顕揚性	意志薄弱性	正常（意志薄弱傾向）	精神病

心的エネルギーの概念を用いると事実を最も忠実に表現すると思われる。けだし、一定の方向への心的張力の発現は、P・ジャネもいうように、その人間の人格と密接に結びついている環界への適応能力を示すものだろうからである。

第Ⅰ型の累犯者は、きわめて早期から潜在的非行への傾向を示し、刑法犯としての犯罪は早発かつ持続し、犯罪方向も多岐にわたっている。この傾向はそのまま刑務所内に持ちこまれ、入所と同時に潜在的反則傾向を示し、拘禁の初期に反則を早発し、多方向の反則を拘禁期間中持続的に行なう。この型の累犯者は反共同体的張力がきわめて高く、おそらくいかなる環境におかれてもその張力の発現は免れがたいのではないかと思われる。

中田(141)は多種方向累犯者を研究し、その精神病質類型に複合型が多く、とくに意志欠如、発揚、情性欠如、爆発、顕揚のうちの二ないし四つの型の組合せが多いことを述べている。坪井は暴力累犯者において、意志薄弱、爆発、情性欠如がもっとも多く、ついで発揚、顕揚が多く、複合型では、意志薄弱-爆発-情性欠如および意志薄弱-情性欠如が多いと述べている。吉益の不良凶悪囚では意志薄弱、爆発、狂信などが多く見出されている。

これらの文献は本論文中にすでに引用したように、われわれの反則者に近い諸特性を持っているのであるが、その人格特徴はここにあげたように実に区々である。K・シュナイダーの類型は個々の犯罪者の診断には実に有用であるが、全体的な傾向を出そうとすると理論的な一貫性を欠く故に困惑することが多い。ここでは、われわれの第Ⅰ型が情性欠如、爆発性などのいわば犯罪張力の高い性格傾向をもつというのがもっとも妥当的な言い方であろう。

これに反して第Ⅱ型は、比較的に遅発傾向を持ち、その犯罪持続形式も弛張・間歇にかたむく。この傾向はなお刑務所内にてもそのまま持込まれ、所内反則も散発的で大きなものは少ない。第Ⅱ型の累犯者は、現在までに現われた研究のうち菅又の詐欺累犯にもっとも近く、とくに彼のいう欺瞞者または盗犯型に近いと思われる。中田の多種方向累犯者のうちでは、財産犯傾向の第Ⅱ型にほぼ相当するのではないかと推測される。要するに彼らの反共同体的張力はそう強いものではなく、精神病質人格の上では、発揚、顕揚などの比較的適応のよい類型が含まれるであろう。

第Ⅲ型の累犯者は、社会における反共同体的傾向が拘禁環境においては抑圧されているもので、拘禁環境のもつ特殊性が彼らの人格にとってきわめて適応しやすいものであることを示している。

新井(7)は「持久性要素の欠陥を主徴とし異常に環境の影響をうけやすい特性を純粋に有する精神病質を意志薄弱の純型とする」と述べ、この純型が軍隊生活にきわめてよい適応を示すとのべている。われわれの第Ⅲ型は、いろいろの点で新井の純型に近いものを持っており、第Ⅱ型とは異なって、この人格特徴がより環境に左右されやすいことは確かである。反共同体的張力は、環境の差によってその発現の仕方が異なり、軍隊・刑務所などの比較的規律の厳格な場においては、その張力の抑圧が可能である。

第Ⅳ型の累犯者は、社会においても反社会的傾向はそう強くはなく、刑務所においてはきわめて良好な適応を示すものである。反共同体的張力は第Ⅱ型よりも弱く、しかも第Ⅲ型と同じく環境によってその発現の仕方が異なり、人格特性は意志薄弱の純型により近いと思われる。

第Ⅴ型は異型であって、このような累犯者は精神医学の領域内で問題としなければならない。本論文でもしばしば引用した市場、阿部、蔵原らの分裂病性犯罪の研究や、逸見(73)のてんかん性犯罪者の研究などにつづいて、今後この方面での研究が待たれるところである。

要約

拘禁環境はきわめて単純化された条件下で人間行動を観察しうる一種の「準・実験場面」である。われわれは拘禁環境の一つとして刑務所をえらび、人間行動の指標として所内における所内反則に着目し、あたかも社会における犯罪現象に対して犯罪学が存在するように、所内反則に対して「反則学（infractiologie）」と仮称しうるような立場から考察を行なおうとするものである。

われわれの興味は、社会における犯罪と、拘禁環境における反則という二つの異なった行動がいかなる関係を持つかということと、そのおのおのの場合に人格および環境が、どのような役割を果し、どのように作用しあっているかということにある。これらの考察を通じて、犯罪者および受刑者の人格を明らかにしていくことと、拘禁環境の意義を解明していくことが本論文の目的である。

対象として拘禁環境において極端に相異なった行動を示す二群の累犯受刑者をえらんだ。一つは府中刑務所において無選択的に抽出した一〇〇例の所内反則者であり、もう一つは同所内においてもっとも良好な適応を示す四五例全数の「模範囚」である。模範囚は所内における全くの無反則者である。

両群の受刑者でえられた結果は次のとおりである。

1) 反則者には精神病質が八一％存在し、情性欠如、爆発型が多いことが特徴であった。精神病は一八％と多く見出され、反則に重大な意義があることが知られた。精神薄弱は二五％にみられた。これに反して、無反則者には意志薄弱型の精神病質者が多いことが特徴で、一部には正常者もみられた。

2) 反則者には脳疾患の既往歴と覚醒剤使用歴を有する者が多く、器質的脳疾患が彼らの人格形成因の一つの要因として大きく作用していることがうかがえた。無反則者にはこれらの疾患の既往歴は少なかった。

3) 反則者の出身家庭は、貧困家庭が多く、すでに小学校時代から、不良交友、けんか、家出などの問題行動をおこし、就学態度もきわめて不良であった。彼らは、労働条件のわるい不安定な職につき、不良集団加入や浮浪生活を経て次第に転落して行く。またかれらには未婚者が多い。

4) 犯罪生活曲線の分析の結果、反則者には早発‐多種異種方向‐持続型が多く、無反則者には、早発‐単一同種方向‐持続型が多い。この場合、同じく早発犯といっても、反則者には、潜在的非行傾向が次第に刑法犯に成長していく「進行型」のものが顕著であるのに、無反則者では、「突発型」の刑法犯が一般的にみられることが注目される。また、反則者には暴力犯傾向のある累犯者が多く、無反則者は財産犯傾向のものが多い。

5) 反則者は二年未満の短期受刑者が多く、無反則者には比較的長期刑のものが多い。無反則者では拘禁中の家族との関係も一般に密接である。

6) 犯罪生活曲線の分析法を、所内反則にも応用して、「反則生活曲線」の分析を行なった。すなわち、反則初発時期、反則の方向、反則間隔を問題にした。この結果、反則者は二群に分たれ、早発‐多種方向‐持続型と、早発‐一種方向‐持続型とが見出された。なお、反則持続の傾向が顕著なものには対人反則頻発者が多くみられた。

7) 反則者について、犯罪生活曲線と反則生活曲線の分析結果の相互の関連をみると次のような平行現象が発見された。⑴　早発犯罪者は、早発反則者および頻発反則者と関係が深い。⑵　多種方向犯罪者は、多種方向反則者および頻発反則者とかなりの親和性がある。⑶　犯罪内容と反則内容との間にはかなりの親和性がある。またこれら三点において犯罪形式と反則形式の間に極端な差のある異型の受刑者には精神病者が多いことも発見された。

8）　以上の諸分析を通じて、拘禁環境はすぐれた「準・実験場面」であることが実証された。われわれは、従来強調されてきた拘禁環境の「特殊性」を現実としてみとめるとともに、それが被拘禁者の人格および行動を観察しうる、有力な場面であることを強調したい。

9）　従来の犯罪生活曲線に、われわれの「反則学」的視野を導入し、次の三点の要請を満足しうる新たな記述法を考察した。⑴　4）において見出された初発犯罪形式の差、すなわち進行型のものと突発型のものとが種々の意味で差を示すこと、を曲線に表現すること。⑵　適応した社会生活、潜在非行、犯罪、拘禁生活の四つの状態を区別して表現すること。⑶　拘禁環境における行動の表現として「反則生活曲線」を創案すること。

10）　犯罪および反則の分析を基礎として、累犯者を五型にわけ、それぞれ事例をあげて詳細に記述した。第Ⅰ型は社会および拘禁環境において反共同体的傾向のもっとも大きいもの。第Ⅱ型は社会および拘禁環境における反共同体的傾向が小さいもの。第Ⅲ型は社会において反共同体的傾向を示しながら、拘禁環境においては比較的良好な適応を示すもの。第Ⅳ型は社会における反共同体的傾向が少ないとともに、拘禁環境においても良い適応を示すもの。第Ⅴ型は社会と拘禁環境における行動相互の間に、極端に相異のある異常型である。これらの各型の累犯者の人格を表現するのに、「反共同体張力」の概念が妥当であることを示した。

（石川義博・菅又淳共著「精神神経学雑誌」第六五巻第一一号、一九六三）

二　長期受刑者の犯罪学的・反則学的研究

——長期拘禁における人間行動——

まえがき

矯正施設内における受刑者の研究として、われわれは、死刑確定者と無期受刑者（本書Ⅰの三参照）、累犯受刑者（本書Ⅱの一参照）などを対象として研究を行なってきた。本研究は、これら拘禁状況における人間行動の研究の一環として、長期受刑者をとりあげたものである。

これら一連の研究の目的は、特定の受刑者群が拘禁状況においてどのように行動するか、彼らの社会における行動と拘禁状況における行動とのあいだにはどのような関連がみられるかの二点にある。もちろん、この場合、われわれは、社会における犯罪と矯正施設内における反則という二つの反共同体的行動を解明するというきわめて実際的な問題を足掛りにしたのであって、けっして理論的な興味にのみもとづいて研究を行なったのではない。とくに、矯正施設内における反則行為は、矯正職員にとって日常遭遇する切実な現象であり、その実態を把握し背景にある諸要因に照明をあて、所内反則者の処遇や予測について考えることは実用的な要望でもある。われわれの考案した反則の予測法(101)もそのような要望に答えようとしたものであった。

さて、われわれの前論文「累犯受刑者の研究」（以下「短期受刑者」と略称する）において得られた結論は大略次のようなものであった。(1)所内反則者と無反則者（模範囚）とを比較すると、両群は精神医学的診断・既往歴・犯罪歴・犯罪生活曲線などの諸点が極端に相異なる二群であったこと。(2)ある受刑者の所内反則と社会における犯罪との間には、生活曲線の分析で非常に類似した傾向が見出せたこと。(3)上記(1)(2)の結論から推して、拘禁状況は、きわめて単純化された条件下で人間行動を観察しうる一種の「準・実験場面」と規定しうること。

ところで前論文において、われわれが「準・実験場面」とよんだ拘禁状況は、ある累犯刑務所における短期受刑者(刑期七年以下)について妥当することであって、長期受刑者(刑期八年以上)の場合には、ややその意義を変えるのではないかという異論が当然でてくる。狭義の科学的実験が成立するためには、「一定の仮説を立ててその仮説を検定するような、一連の操作を行ないうることと、その操作が再現性(同一操作のくりかえし)をもちうること」という二つの条件が必要であろう。ところが、短期受刑者においてある程度の再現性を持ちえた拘禁状況は、長期受刑者においては意義が異なってくるのではないかという理論的な危惧がでてくる。本論文において、長期拘禁の人間行動におよぼす作用と意義を取扱おうとしたのはそのような事情によるのである。

なお、「反則学(infractiologie)」という言葉について一言すれば、これは社会における犯罪を対象とする犯罪学に対して、拘禁環境における所内反則を対象とする学問を便宜的にそう呼んだまでで、別に他意はない。これは、従来の犯罪学的研究が主として遡行的(retrograde)に対象を考察しようとしたり、一定の対象について長期の成行き調査(follow up study)を行なったりする方法に対して、第三の現在的(actual)な観察法——すなわち現在刑務所内にいる犯罪者の所内行動を中心にして観察をすすめる方法——を提出するものである。これを行動科学(behavioral science)の視点からいえば、動物の自然環境の行動観察に対して実験室でのそれがあるように、人間の社会環境の行動を準実験空間における行動観察を通じてとらえていこうという試みの一つが反則学であるといえよう。

調査資料と研究方法

対象は八年以上の長期受刑者を収容する千葉刑務所における頻発反則者（未決拘禁を含めて現在までに七回以上の所内反則をおかした者）四九名と、同刑務所における無反則者（未決拘禁を含め現在までに八年以上無反則な者）四九名である。対象者の選択は各々調査時における全数であって、両群を同数にするため調査された無反則者から若干名を無選択的におとす操作をおこなった。以下両群の受刑者を反則者および無反則者と略称する。

反則者の調査は一九六二年に行なわれ、無反則者の調査は一九五六年と一九六五年の二回にわたって行なわれた。対象者全員については個別面接を行ない、前科身分帳、分類票および所内経過記録などを参照し、各個人ごとに詳細な記述をえることを心掛けた。

反則者および無反則者ともに調査時には二〇代、三〇代の者が過半数を占め、年齢的な差はみられない（第1表）。また、本犯時の罪名別分布でも強盗殺人・強盗致死・殺人などの暴力犯がほとんど両群に有意の差はない（第2表）。すなわち、年齢・罪名別などのごく表面的な指標では両群の質的な差を云々することはできず、もっと立入った分析が必要となる。

第1表　調査時年齢

調査時年齢	反則者	無反則者
20 ～ 24歳	0	5
25 ～ 29歳	11	10
30 ～ 39歳	30	19
40 ～ 49歳	6	6
50 歳 以 上	2	9
計	49	49

第2表　本犯罪名分布

罪　名	反則者	無反則者
強盗殺人	21	27
強盗致死	11	4
殺　人	8	7
尊属殺人	0	1
強姦殺人	0	1
強　盗	4	1
強盗致傷	1	0
強盗強姦	0	3
強　姦	2	5
強姦放火	1	0
詐　欺	1	0
計	49	49

一　社会環境における行動と犯罪

まず、遡行的にみた人格環境

・犯罪などの犯罪学的分析を行なってみる。

1　成育環境と社会生活

本人が二〇歳未満で親の双方または一方と死別もしくは生別したものを欠損家庭とすると反則者の三四名、無反則者の二五名がそれに属する。すなわち、反則者にやや多い。また、生育家庭の経済状態を上・中・下の三群にわけて考察すると、反則者は、各々一：二三：二五名、無反則者は二：二六：二一名で、下の経済状態にあったものが反則者にやや多い。両親の養育法・家庭の雰囲気・葛藤状況などを総合して問題家庭とそうでないものを分けてみると、反則者の二三名、無反則者の二〇名が、何らかの意味で問題家庭に属する。

以上、欠損家庭、貧困家庭、問題家庭などの分析では、無反則者に比べ反則者のほうにそれらの不遇な家庭がやや多い程度であるが、両群の間に統計学的有意差は見出せなかった。

学歴をみると、反則者、無反則者の各々について小学校中退は九：九、小学校卒は一七：二八、中学校中退は二二：八、中学校卒は一：四である。両群ともに高校以上の学歴をもつものがなく、大体において同程度の学歴といえる。しかし、反則者には三一名の学校中退者があり、これは無反則者の一七名よりもかなり多い（$X^2=3.92,\ 0.05>Pr.>0.02$）*。

社会生活状態を示す一つの指標として文身を比較してみる。反則者の二二名、無反則者の四名に文身があり、圧倒的に前者に多い（$X^2=16.12, Pr<0.001$）。また、本犯時、独身者は、反則者に二九名、無反則者に一五名で前者に多い（$X^2=3.61, 0.1>Pr>0.05$）。本犯時の職業（第3表）は、反則者に定職をもつものが二八名しかいないのに、無反則者には四〇名もおり、その大部分が何らかの職についていたことを示す（$X^2=6.917, 0.01>Pr>0.001$）。

以上を要約すると、反則者と無反則者の出身家庭はともに約半数が欠損・貧困・問題家庭であるが両群に顕著

第3表　本犯時職業

		反則者	無反則者
自然業（農）		19	11
加工業	工　員	1	9
	職　人	3	5
商　業（店　員）		1	8
社会業（事務員）		4	7
半失業	不良集団	4	0
	放 浪 中	9	3
	人　夫	8	3
	無　職	0	3
計		49	49

な差はない。学歴もほぼ同じである。しかし、反則者では、小学校・中学校時代から怠学・中退などの非社会的行動がはじまり、その後も定職につかないもの、結婚しないものが多く、その半数に文身がみられたことから推測されるように特殊な社会層（たとえばヤクザ組織）に入っていくものが多いのである。これに反して、無反則者では、その時々の社会的習慣に忠実な傾向がみられ、学校へ行けば一応卒業し、社会に出てからは定職につき、機会あれば配偶者をえて安定した生活をおくろうという傾向がみられる。この二つの行動傾向を強いて概念化すれば、反則者は非社会的行動傾向、無反則者は社会適応的行動傾向をもっているといえよう。この二つの傾向は、次の犯罪の分析を通じてさらに明確にとらえられてくる。

2　犯罪学的分析

触法行為にまでいたらぬ程度の反および非社会的行動、たとえば怠学・盗癖・家出・不良交友・浪費などの発現する年齢を、われわれは「ぐれだし年齢」と呼んでいる。ぐれだし年齢は反則者と無反則者において各々、一一歳以下六：九、一二〜一七歳二二：三、一八歳以上二一：三七であり、反則者には一八歳未満の若さで発現するものが二八名、無反則者では一八歳以上で発現するものが三七名と多い（$X^2=10.81,\ 0.01>Pr>0.001$）。

触法行為の発現年齢を「犯罪初発年齢」とすると、シュツンプフル—吉益の規定（二五歳未満を早発犯、二五歳以上を遅発犯）により、早発犯は反則者に四三名、無反則者に三〇名で、両者の間に有意差がある（$X^2=$

＊　以下のX^2検定は、反則者と無反則者の間で、検定しようとするカテゴリーの差を、自由度1で算定したものである。

9.08, 0.01>Pr>0.001)。

ぐれだし年齢と犯罪初発年齢との関係を詳細に検討すると、ぐれだしてから最初の犯罪にいたるまでの移りゆき（これをわれわれは「犯罪初発形式」とよんでいる）が明らかになる。犯罪初発形式は、ぐれだしから徐々に非行化していく進行型と、ぐれだしと初発犯罪とがほとんど同時で同質の突発型とに分れる。反則者の過半数（三九名、七九・六%）は進行型に属し、無反則者の過半数（三五名、七一・四%）は突発型に属し、両者の間には有意差がある（$X^2=25.68$, $Pr>0.001$）。

以上の諸分析で明らかにされたところを要約すると、反則者では一八歳未満の早期からぐれだし、二五歳未満までの間に進行型の経過をとって早発犯罪者になるものが多いが、無反則者では、ぐれだし年齢がもっとおそく、しかも多く正常に適応した社会生活をおくっていたものが突発的に遅発犯罪者になるのである。この結果を概念化したのが第1図である。早期ぐれだし・進行型・早発犯と突発型・遅発犯とが、二種の異なった犯罪者群を代表することは、すでにE・フライ(53)が注目しているところであるが、われわれは前論文「短期受刑者」においてと同様、所内反則を指標とすることによってこの二種の犯罪者を弁別しうることを証明したと考えるものである。

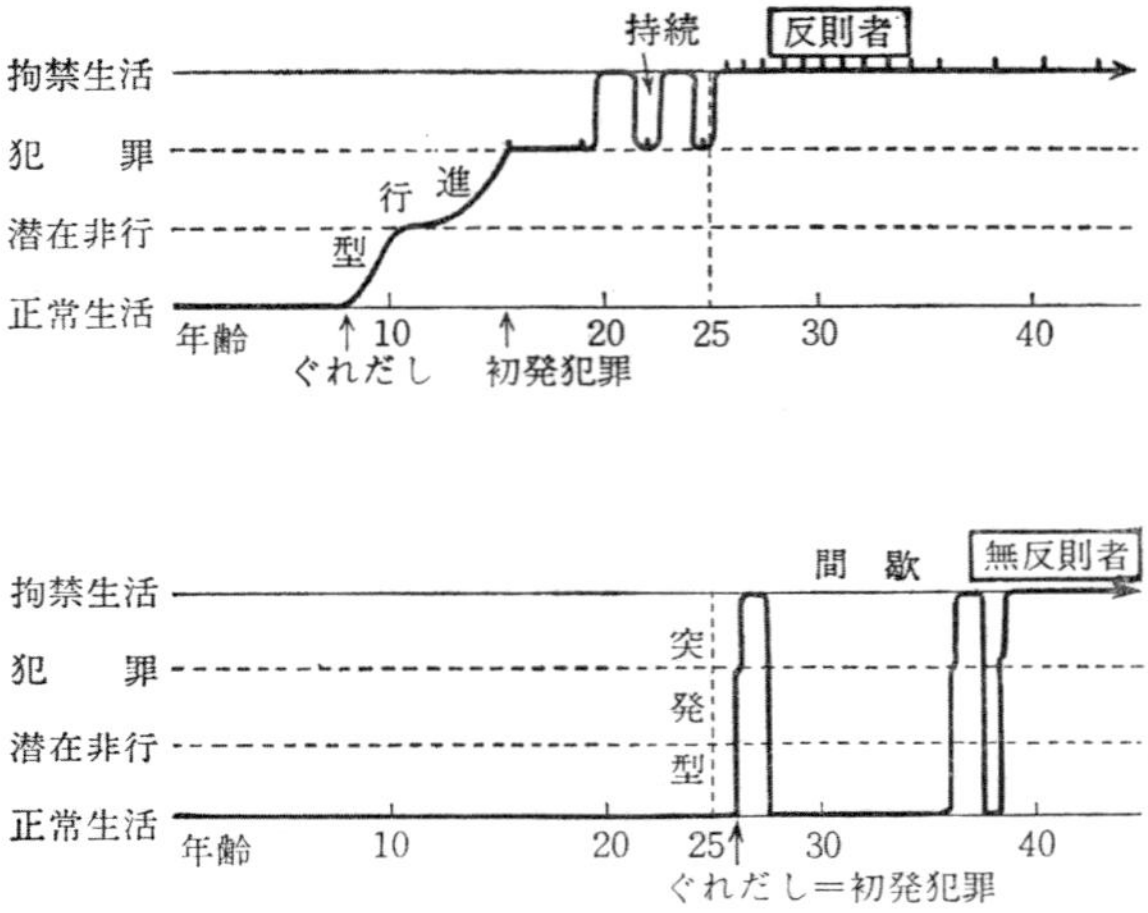

第1図　反則者と無反則者の典型的な犯罪曲線

さて、前科歴（少年院歴を含める）をみると、反則者には累犯者が多く（三六名、七三・五％）、無反則者には初犯者が多く（二六名、五三・一％）、両群の間に有意差がある（$X^2=7.39$, $0.01>Pr>0.001$）。

両群の累犯者のみについて、吉益の犯罪生活曲線のカテゴリーによって分析を行なってみよう。

犯罪方向（第4表）をみると、反則者では異種・多種方向の累犯者が多い（三一名、八一・一％）。無反則者でも同じ傾向がみられるが反則者に比べて少ない（一八名、七八・三％）。犯罪方向の組合せ（第5表）を調べる

第4表　累犯分析

犯罪方向	反則者	(%)	無反則者	(%)
単　　一	2	(5.6)	3	(13.0)
同　　種	3	(8.3)	2	(8.7)
異　　種	23	(63.9)	16	(69.6)
多　　種	8	(22.2)	2	(8.7)
計	36	(100.0)	23	(100.0)

犯罪経過型	反則者	(%)	無反則者	(%)
持　　続	31	(86.1)	13	(56.5)
弛　　張	0	(0)	3	(13.0)
間　　歇	2	(5.6)	3	(13.0)
複　　合	3	(8.3)	4	(17.5)
計	36	(100.0)	23	(100.0)

第5表　犯罪方向の組合せ

	反則者	(%)	無反則者	(%)
財産	6	(16.6)	1	(4.3)
暴力	1	(2.8)	1	(4.3)
風俗	0	(0)	2	(8.7)
財産＋破壊	1	(2.8)	0	(0)
財産＋暴力	18	(50.0)	14	(61.0)
財産＋風俗	2	(5.5)	2	(8.7)
財産＋暴力＋風俗	1	(2.8)	2	(8.7)
財産＋暴力＋破壊	1	(2.8)	0	(0)
財産＋暴力＋逃走	5	(13.9)	1	(4.3)
財産＋暴力＋風俗＋破壊	1	(2.8)	0	(0)
計	36	(100.0)	23	(100.0)

と、両群ともに、財産犯・暴力犯の組合せが過半数を占める。全体として暴力犯を含むものが多く（反則者で二七名、七五％、無反則者で一八名、七八％）、本犯の罪名分布（第2表）でも明らかなように暴力的重罪犯が多い事実は、長期受刑者一般にみられる特性と考えられる。この点は中田らの長期受刑者の研究(143)や小木の無期受刑者の研究（本書Iの三）とも一致する傾向であって、「短期受刑者」のときのように、反則者＝暴力犯、無反則者＝財産犯と画然と弁別しえない事情がここにある。

犯罪経過型（第4表）は純粋な型のみとりあげ、不純なものはすべて複合型とした。反則者には純粋持続型が三一名（八六・一％）にみられ、無反則者の一三名（五六・五％）よりもかなり多い（X^2〔Yates〕＝11.61, Pr＜0.001）。いいかえると、反則者には出所後二年半以内に再犯をくりかえす持続型累犯者が、無反則者にはそれ以上の間隔をもつ弛張型や間歇型の累犯者が多いということである。

ここで注意すべきことは、同じ持続型の累犯者といっても、反則者の場合は、釈放後ほとんど正業につかず放浪したり不良集団に加入したりしてすぐ再犯をおかす傾向があるのに、無反則者の場合は、ともかく一応安定した職業についてから再犯をおかしていることである。この事実を犯罪生活曲線で表現すれば、第1図のように、反則者では曲線が拘禁生活の線から犯罪（せいぜい潜在非行）の線までしか下降しないのに、無反則者では正常な社会生活の線まで下降するというふうになる。この差異は、犯罪初発形式とともに、両群の犯罪生活曲線の顕著な差である。この点について若干考察してみよう。

われわれは、吉益(228)とともに犯罪生活曲線を反共同体張力の表現と考えている。曲線の表現における、拘禁生活、犯罪、潜在非行（ぐれ行動）、正常な生活は、それぞれこの張力のレベルを表現していると仮定しているのである。反則者と無反則者の生活曲線上の差は、前者の反共同体張力が早期から徐々に進行型に発現し、ひとたび犯罪のレベルに達するとなかなか適応した社会生活のレベルまで復帰しないのに対して、無反則者ではこの張力が弱く状況や機会によって突発的に犯罪のレベルに達するがすぐまた元の正常な社会生活のレベルにまで復帰しうると考えられる。したがって犯罪生活曲線が上下する場合の傾斜がゆるやかなことは、反共同体張力が強いことを示し、従来の言葉でいえば「より素質的」反社会行動の表現であり、傾斜の急なことは張力の弱さ、つまり「より環境因的」反社会行動の表現であるということになる。この点は、われわれが「短期受刑者」においても確めたところであるが、長期受刑者においても追試的な証明がえられたと考えるものである。

二　拘禁状況における行動と反則

まず、長期拘禁を形造っている形式的な諸条件についてのべ、つぎに所内反則の現状を分析し、さいごに犯罪と反則との関係についてのべよう。

1　拘禁条件

前述したように、反則者には累犯者が多く、無反則者には初犯者が多い。これを少年院を含む拘禁施設への入

第6表　拘禁施設への入所歴

入所回数	反則者	無反則者
1	16	34
2	11	7
3	10	4
4	5	0
5	3	1
6	2	1
7	1	1
8	1	1
計	49	49

第7表　刑　期

刑　期	反則者	無反則者
8年	10	0
9	2	0
10	2	0
11	1	0
12	4	2
13	2	0
15	3	3
16	0	1
17	2	0
18	3	1
20	2	1
30	1	0
無　期	17	41
計	49	49

第8表　拘禁時期と平均反則頻度指数

	未決期	既決初期	既決中期	既決後期
初犯者	0.600	1.008	1.272	0.672
累犯者	0.816	1.156	1.128	2.122
平　均	0.727	1.120	1.169	1.569

所歴（第6表）からみると前者には二回以上の入所経験を持つものが三三名で多く、後者には一回のものが三四名で多い（$X^2=13.23$ Pr＜0.001）。すなわち、長期受刑者の反則者には施設馴れしたものが圧倒的に多いのであり、この事情は「短期受刑者」の場合と同じである。

刑期（第7表）をみると反則者では八年から三〇年の間に分布しているものが三二名で多いのに、無反則者では無期刑が四一名で大部分を占める（$X^2=25.67$ Pr＜0.001）。刑期の長いものに無反則で適応した所内生活を送る者が多いことも、「短期受刑者」の場合と一致する事実である。この刑期が長いほど反則が少ないという法則は、われわれの反則者の平均反則頻度指数*が一・一九九で、短期受刑者の二・六二七の半分以下である点からも明らかにいえる。これには長い刑期に対する心構えが重要な意味を持っていると考えられる。無反則者に多い無期受刑者は、反則をおかさない理由として、「刑期がながいから、少しでも行状をよくして仮釈をもらいたい」と述べるものが多い。また後述するように長期受刑者に多いプリゾニゼーションの機制も反則抑圧のために大きな力を持っているとも考えられる。

2　所内反則の分析

拘禁の時期と反則との関係をみるため、拘禁の時期を次の四つにわけて各時期の反則頻度指数を算出してみた。(1)未決期：逮捕より判決確定まで、(2)既決初期：判決確定より刑期の三分の一である仮釈放条件期間経過日（無期の場合は一〇年）まで、(3)既決中期：上記経過日より刑期の三分の二終了日まで、(4)既決後期：のこりの刑期終了日まで。各時期における平均反則頻度指数を第8表に示す。この表から、全体として未決期間中の反則頻度が既決期間中よりも低いこと、受刑生活の後期になるに従って反則が頻発してくることが示されている。し

第9表　反則の種類

	長期反則者	(%)	短期反則者 *	(%)	矯正統計による懲罰事犯者**	(%)
対人反則	313	(59.4)	283	(70.8)	13,584	(48.6)
財産反則	140	(26.6)	45	(11.2)	10,143	(36.3)
破壊反則	18	(3.4)	59	(14.8)	1,070	(3.8)
風俗反則	47	(8.9)	10	(2.5)	423	(1.5)
逃走反則	9	(1.7)	3	(0.7)	60	(0.2)
その他	0	(0)	0	(0)	2,675	(9.6)
計	527	(100.0)	400	(100.0)	27,955	(100.0)

* 府中刑務所における頻発反則者100名（1961〜63）
** 第64矯正統計年報昭和37年，282頁。男子のみを計算しなおしたもの

第10表　反則方向

	長期反則者	(%)	短期反則者 *	(%)	高松の常習反則者**	(%)
1種方向	3	(6.1)	51	(51.0)	26	(26.0)
2種方向	19	(38.8)	35	(35.0)	41	(41.0)
3種方向	19	(38.8)	10	(10.0)	25	(25.0)
4種方向	8	(16.3)	4	(4.0)	8	(8.0)
計	49	(100.0)	100	(100.0)	100	(100.0)

* 府中刑務所における頻発反則者100名（1961〜63）
** 高松励の横浜刑務所における常習反則者100名（1965）

かし、初犯者においてはむしろ拘禁後期に反則が減り、ぎゃくに累犯者においては頻発している事実もみられる。未決期間中に反則が少ないことは、われわれの反則者が重罪犯であって裁判の経過に重大な興味を持っていたことからある程度理解しうる。初犯者が拘禁の後期になるにしたがって反則をおかさなくなる傾向は、彼らに無期受刑者が多いこと、したがって「拘禁馴れ」の傾向が生じやすいことから説明できよう。累犯者の場合は限定された自由刑のものが多いことから、「短期受刑者」にもみられた「満期風」**の影響を考えることが妥当と考えられる。

　種々の反則を犯罪生活曲線における吉益の分類を応用して次の五種に分類してみた。(1)対人反則：同囚および職員に対する

* 拘禁期間中の反則総数を在所年数で割ったものを「反則頻度指数」とする。これは一人の受刑者が一年間におこす平均の反則数を示すものである。集団全体の「平均反則頻度指数」をだすには、集団全体の反則数の総計を、集団ののべ在所年数で割ればよい。

** 反則を頻発しても刑期以上の刑は科せられないということで、受刑者が職員に対してとる反抗的態度。釈放まぎわの短期受刑者に多い

暴行と殺傷、抗命、争論、怠役、自傷、通声談話、ひぼう中傷、教唆・せん動など、(2)財産反則：物品の移動にかんするもので、煙草所持、物品不正所持、不正授受、不正製作、喝窃食、賭博など、(3)破壊反則：物品毀棄、不正発火など、(4)風俗反則：鶏姦、わいせつ行為など、(5)逃走反則：独歩、逃走企図、逃走など。この分類によって、われわれの反則者ののべ反則数を弁別してみると第9表のようになる。対人反則がもっとも多く、ついで財産反則、風俗反則、破壊反則、逃走反則の順である。われわれの「短期受刑者」の頻発反則者に比べると対人反則が少なく、財産反則と風俗反則が多い。しかし、全国統計と比べると、風俗反則がやや多いのみで大体において、全国各刑務所の平均と同じ傾向を示している。いいかえると、長期受刑者の反則のほうが刑務所の一般傾向を示すのに対して、「短期受刑者」のほうはかなり特殊な傾向を示し、ことに対人反則が多いことが特徴である。この場合「短期受刑者」のほうが長期受刑者よりも反則頻度が二倍も高い（前述）ことを考えると、短期刑の場合の対人反則の重大さがあらためて認識される。

五種に分類した反則のうち一種のみをおかしたものを一種方向の反則者とし、以下二種、三種とすると、犯罪方向と同じく反則方向の分析が可能になる。第10表に示したように、われわれの反則者では、「短期受刑者」の反則者に比べて三種・四種の多方向反則者が多い（$X^2=27.854$, $Pr<0.001$)。高松(200)の常習反則者（短期受刑者）に比較してもこの事実は認められる。すなわち、多方向の反則者が多いことは、長期の頻発反則者に特有な現象であると思われる。

3　犯罪と反則との関係

犯罪初発年齢と反則初発時期との関係（第11表）をみると、犯罪が二〇歳未満に早発するものには未決中に反則をおかすものが多く、二〇歳以上のものには既決になってから反則をおかすものが多い（未決と既決の間で$X^2=6.99$. $0.01<Pr<0.001$)。すなわち犯罪早発と反則早発との間には平均した関係がみられる。

第11表　犯罪初発年齢と反則初発時期

反則初発時期＼犯罪初発年齢	20歳未満	～25歳未満	25歳以上	計
未決中	14	3	1	18
既決中	11	15	5	31
計	25	18	6	49

第12表　犯罪方向と反則方向

反則方向＼犯罪方向	初犯者	累犯者				計
		単一	同種	異種	多種	
1種	0	0(1)*	2(3)	1(2)	0(0)	3
2種	7	1(1)	0(0)	8(7)	3(3)	19
3種	4	1(0)	0(0)	12(12)	2(2)	19
4種	2	0(0)	1(0)	3(3)	2(2)	8
計	13	2(2)	3(3)	24(24)	7(7)	49

* 括弧内は拘禁初期（未決＋既決前期）のみの反則を対象とした場合

第13表　犯罪経過型と反則頻度

反則頻度指数＼犯罪経過型	初犯者	累犯者			
		持続	弛張	間歇	混合
0 ～ 0.4	0	3(4)*	0	0(0)	0(0)
0.5 ～ 1.4	10	20(10)	0	2(2)	3(2)
1.5 ～ 2.4	2	6(16)	0	0(0)	0(1)
2.5 ～ 3.4	1	1(1)	0	0(0)	0(0)
3.5 ～ 4.4	0	1(0)	0	0(0)	0(0)
計	13	31(31)	0	2(2)	3(3)

* 括弧内は拘禁初期（未決＋既決前期）のみの反則を対象とした場合

犯罪方向と反則方向との関係（第12表）では、犯罪方向で異種・多種方向のものが、反則方向では三種・四種の方向に集中している。しかし、この傾向は統計学的に有意差をもつほどではない。つまり、犯罪方向と反則方向との間にはある程度の平行関係しかみられない。

犯罪経過型と反則経過型との関係（第13表）をみるため、反則頻度指数によって群別を行なってみたが、犯罪経過型の各型とも反則頻度指数〇・五～一・四の間に集中しており、両者の関係は明らかでなかった。

ここで以前われわれが行なった「短期受刑者」においては、初発年齢（時期）、方向、経過型の各カテゴリーにおいて犯罪と反則との間に類似した平行関係がみられたことが思いだされる。われわれは、この平行関係をもとに、短期拘禁状況が人間行動の型を実験的に示すという考え方を提出したのであった。ところが、今分析を行なった長期受刑者においては、初発年齢（時期）のみが平行関係を示すのみで、方向においてはある程度の関連が、経過型においては全く関連が見出せない。これはなぜであろうか。

この理由を考察するために、まず所内反則の初発時期を詳しく調べてみると、未決中に反則を初発したものは一八名で、他の三一名もすべて既決拘禁前期までに反則を初発している。そこで、長期拘禁の場合、拘禁初期に集中しておこる反則の内容・経過が問題になる。この点を調べるために、つぎに未決拘禁と既決初期にのみ限って反則の方向と経過を分析しなおしてみよう。反則方向の分析は第12表の括弧内に示した。犯罪の単一・同種方向のものは反則一種・二種方向に移動し、その結果、犯罪方向と反則方向とが全体的分析の場合よりもより平行関係を示すようになった（X^2〔Yates〕＝4.26, 0.05＞Pr＞0.02）。つぎに、反則経過型の分析を第13表の括弧内に示した。犯罪の持続型のもののうち九例が反則頻度一・五～二・四に移動し、その結果、犯罪の持続型は反則頻度が高く、ぎゃくに犯罪の間歇・混合型は反則頻度が低い傾向が、より顕著になった（ただし統計学的有意差はない）。

以上、「短期受刑者」にみられた犯罪と反則との平行関係は、長期受刑者においては拘禁の初期のみにみられることがわかった。この理由として、長期拘禁特有の受刑者に対する影響や、長期拘禁中の年齢的発育が推測されるが、次に事例をあげて考察してみよう。

事例1　（第2図）三五歳、拘禁初期の反則頻発者

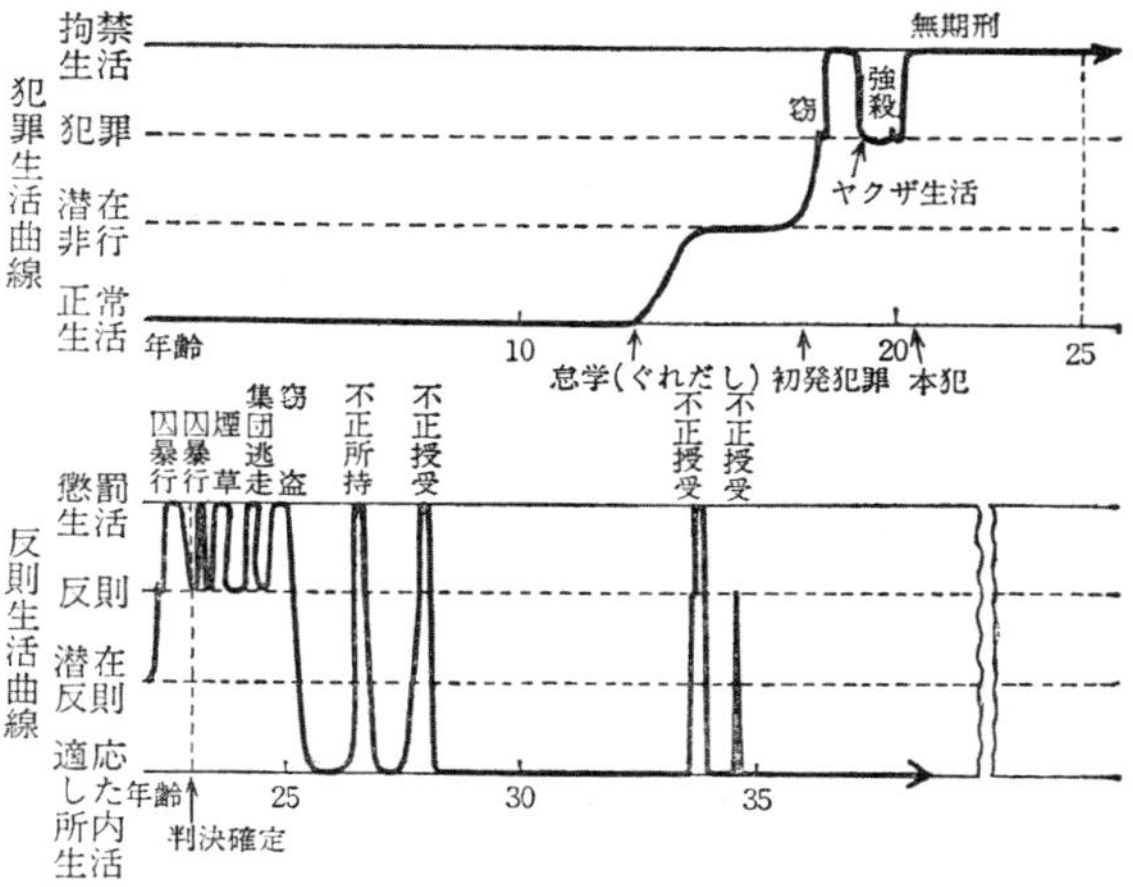

第2図　事例1　拘禁初期の反則頻発者

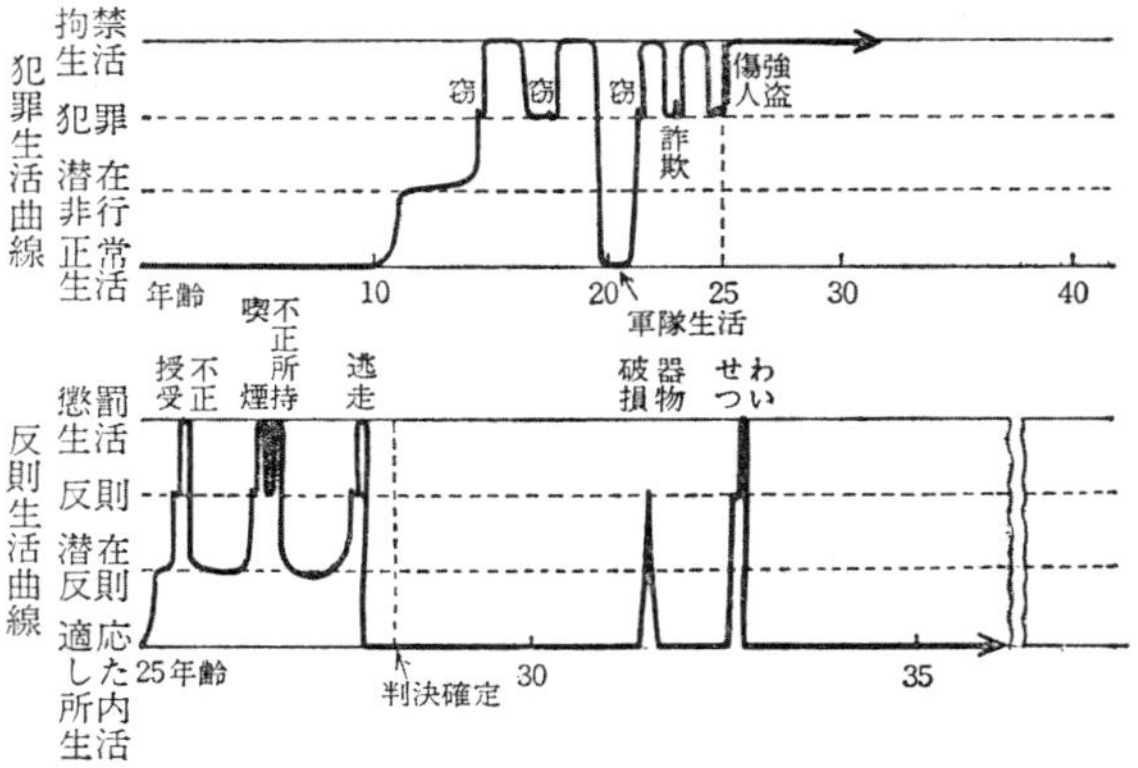

第3図　事例2　反則停止型

一四歳で怠学・遊興の生活がはじまり、一八歳の時窃盗初犯で八月の刑をうけ、出所後ヤクザ社会に入り、二〇歳の時に強盗加重逃走および警官殺人で無期の判決をうけた。犯罪生活曲線の上では、進行・早発・多種方向・持続型の犯罪者である。さて、入所初期には他囚暴行・逃走・窃盗などを持続的におこし、入所後三年間ぐらいの反則生活曲線の上では、進行・早発・多種・持続といった犯罪生活曲線と同じ傾向がみえる。しかし拘禁四年目から次第に反則が少なくなり、反則内容も財産反則的なものに変ってきている。本例では入所初期に犯罪生活曲線と反則生活曲線が一致したが、そのあとは不一致である。理由として心身の年齢的発育と長期拘禁特有の効果が推測される。

事例2　（第3図）三九歳、反則停止型

犯罪生活曲線では進行・早発・異種・持続型の犯罪者で、財産犯的傾向が強い。入所初期の反則も不正授受・喫煙など財産犯的なものである。ところが、入所後八年たつと全く反則がなくなり、以来五年間無反則で現在にいたっている。理由として年齢・長期拘禁の影響、とくに担当看守と本人の人間的なむすびつきが考えられる。

この事例は二例とも、拘禁初期においてのみ、犯罪と反則が一致した傾向をもち、拘禁がながびくに従って反則方向が変化したり、反則間隔が増大または全く反則が停止してしまい、犯罪生活曲線から次第にずれた反則生活曲線を示すようになっている。これをいいかえると拘禁初期においては、社会における行動の諸傾向がそのまま所内にもちこまれるのであるが、拘禁が長期にわたるに従って、年齢的成熟・拘禁そのものの心理的影響などが優位になり、社会とは異なった行動パターンを示してくるということであろう。したがって、短期拘禁におけるような再現性のある準・実験場面は長期拘禁においては構成されないという結論が妥当であると考えられる。

三　精神医学的状態像

以下の分析では反則者と無反則者を比較検討することにする。

第14表　精神医学的診断

	反則者	無反則者
正常	2	20
精神病質傾向	7	21
精神病質	37	7
精神薄弱＋精神病質	1	0
精神薄弱	0	1
精神病	2	0
計	49	49

第15表　精神病質分析

	反則者	(%)	無反則者	(%)
情性欠如	10.8	(24.0)	5.7	(20.4)
発揚	9.2	(20.4)	6.8	(24.3)
意志薄弱	8.7	(19.3)	12.5	(44.6)↑
爆発	5.3	(11.8)↑	0	(0)
自己顕示	5.2	(11.6)↑	2.0	(7.1)
気分易変	1.5	(3.3)↑	0	(0)
分裂病質	2.5	(5.6)↑	0	(0)
てんかん病質	1.8	(4.0)	1.0	(3.6)
計	45.0	(100.0)	28.0	(100.0)

1　精神医学的診断

診断を第14表に示す。精神病質と精神薄弱との合併を含めると、精神病質者は反則者で四五名（九一・八%）に達し、無反則者の二八名（五七・八%）よりはるかに多い（X^2＝60.23, Pr<0.001)。

精神病質および精神病質の傾向と診断されたものについて、その性格傾向をみるため、これをK・シュナイダーの類型とE・クレッチマーの類型を併用して算出したのが第15表である。この場合、両類型を併用することは理論的に矛盾があるが、ここでは他の諸研究との比較の必要上あえて性格傾向の指標として用いてみた。算出法としては、一人が二つの類型にまたがるときは、各々を二分の一とし、三型に分類されるものは三分の一としたものである。両群を比較してもっとも目立つことは、意志薄弱が無反則者に多いことである（X^2＝5.60, 0.02>Pr>0.01)。ぎゃくに、反則者に多いのは、爆発、自己顕示、気分易変、分裂病質などの類型である。情性欠如、発揚の二型には両群に差がない。これらの結果は、反則者が爆発性、自己顕示性、気分易変性（周期的不機嫌性）、分裂病質性（他人嫌い、孤独癖など）など、攻撃的な強力性の（sthenisch な）傾向を代表してい

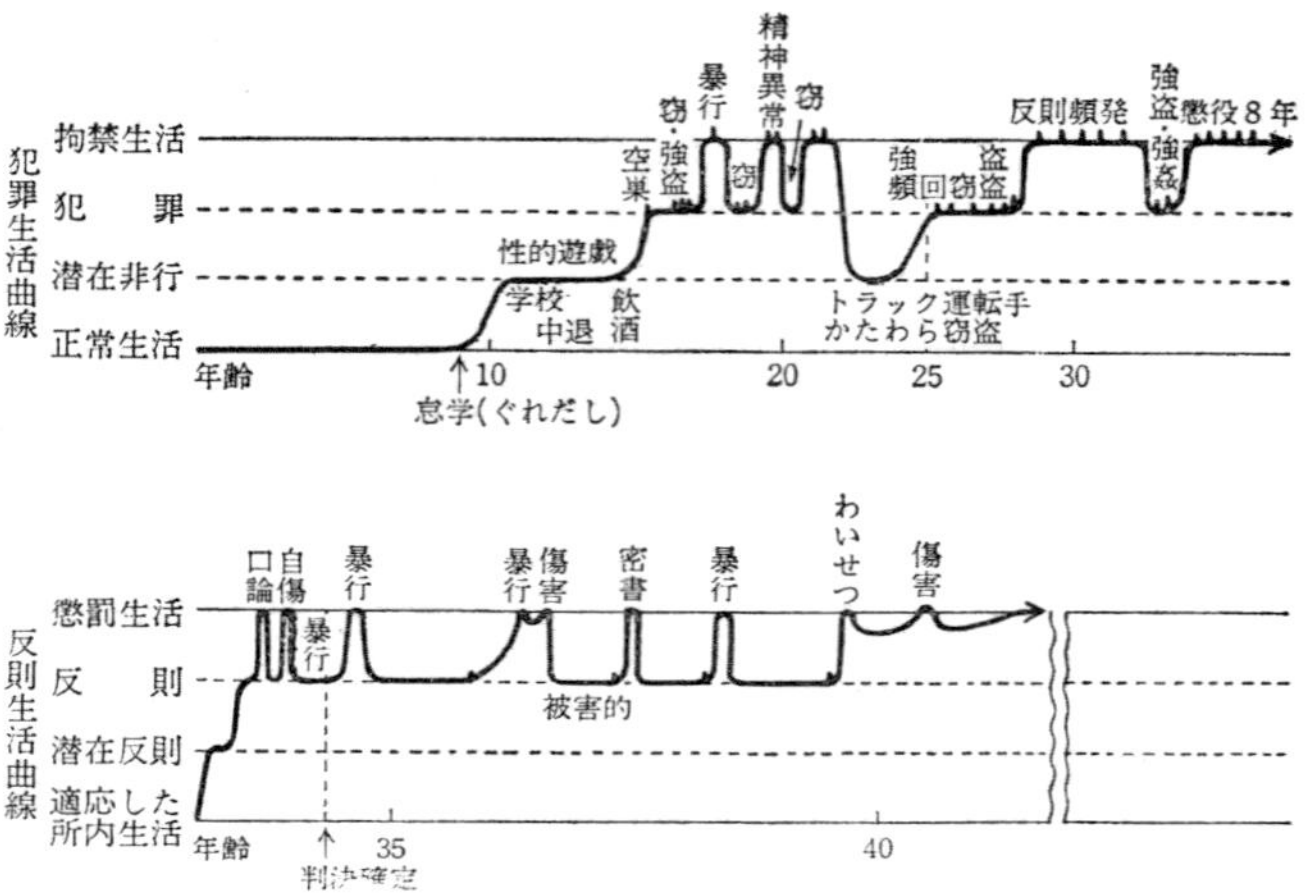

第4図　事例3　精神分裂病

ること、無反則者が意志薄弱性を中心とする環境順応的な無力性の（asthenisch な）傾向を代表していることを示している。因みに、精神病質類型の諸傾向は前論文で取扱った短期受刑者の場合と全く同じ傾向であった。

反則者にみられた精神病の二名は、一名は精神分裂病で他の一名は拘禁反応である。なお、調査時には異常を認めなかったが、過去の拘禁中に頻繁な精神異常を示し、それが本人の自供から巧妙な詐病であったことがわかったという一例があった。これら三名は、いずれも刑事政策と司法精神医学の観点からみて興味のある問題例と思われるので以下事例をあげて記述しておこう。

事例3（第4図）四一歳、精神分裂病

一九二一年、東京生。私生児。小学校四年頃から怠学、高小一年中退、この頃から近所の幼女を捕えて性的遊戯にふける。一五歳より空巣ねらい、一六歳飲酒・娼婦あそび・窃盗・強盗、次第に不良性つのり、頻回の窃盗・強盗でT少年院送致。院内で異常行動目立ち、「不気味な笑をうかべ、連想錯乱、ガラス破損、頻回の暴行発作」にきづかれている。退院後ただちに連続窃盗、一九歳O少年院送致。相変らず異常行動が続き、朝礼時プールにとびこみ専門医により早発痴呆の診断をうけ、釈放された。ただちに連続窃盗を働き、二〇歳から二年

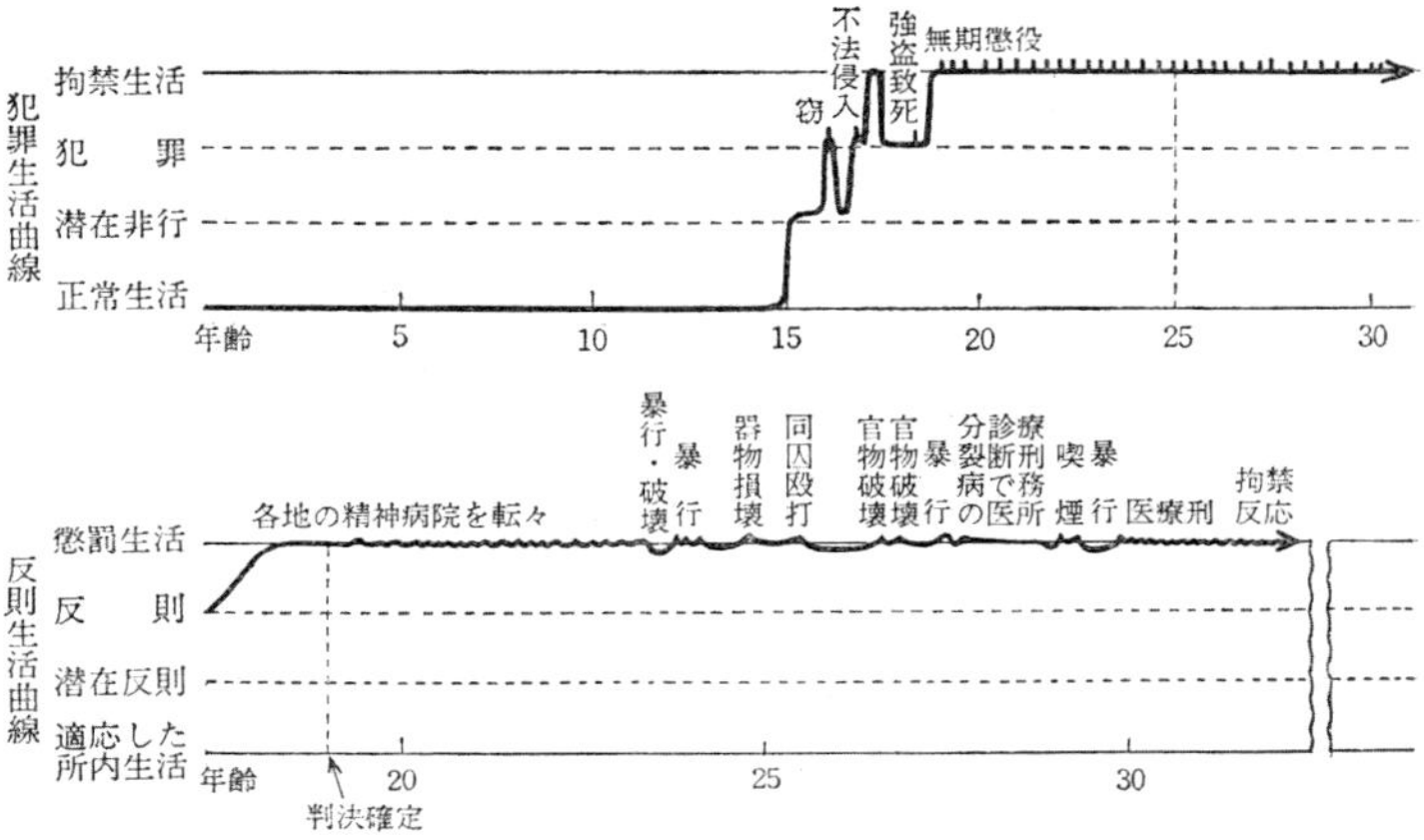

第5図　事例4　拘禁反応

間F刑務所で懲役、所内で異常のため就労不能。出所後、トラックの運転手をするかたわら連続窃盗、一七歳A刑務所、三年半の懲役、この間所内反則多数、同時に異常行動もつのり、逃走して支離滅裂なことを口走ったりした。出所後、浮浪生活、窃盗・強姦・窃盗などを手当り次第に行ない八年の刑(本犯)。入所以来調査時まで一〇回の懲罰。時々被害念慮、独語、衝動的乱暴。調査時、きわめて表面的な人当り、思考路疎、一見愛想がよいが子供っぽく、感情鈍麻顕著。陳旧性の欠陥型分裂病と診断される。

本例では、異常行動の動機が不可解で感情鈍麻が明らかなところが拘禁反応との鑑別点である。所内反則は被害妄想にもとづく攻撃的暴力的なものと理解される。このような分裂病者が一度も精神鑑定をうけず、完全な責任能力者とみなされて刑をうけ、また所内反則に対して懲罰をうけ、刑期がおわれば釈放され、ただちに再犯をくりかえしているところに、刑事政策上重要な問題がみとめられる。

事例4　(第5図)　三一歳、拘禁反応

一九三〇年、沼津生。高小卒後一時鳶職に従事、一五歳ぐれだし、一六歳窃盗により懲役一年、執行猶予三年、一七歳進駐軍基地内不法侵入で強制労働三月に服役、生活乱れ女遊びにふける。強盗致死で無

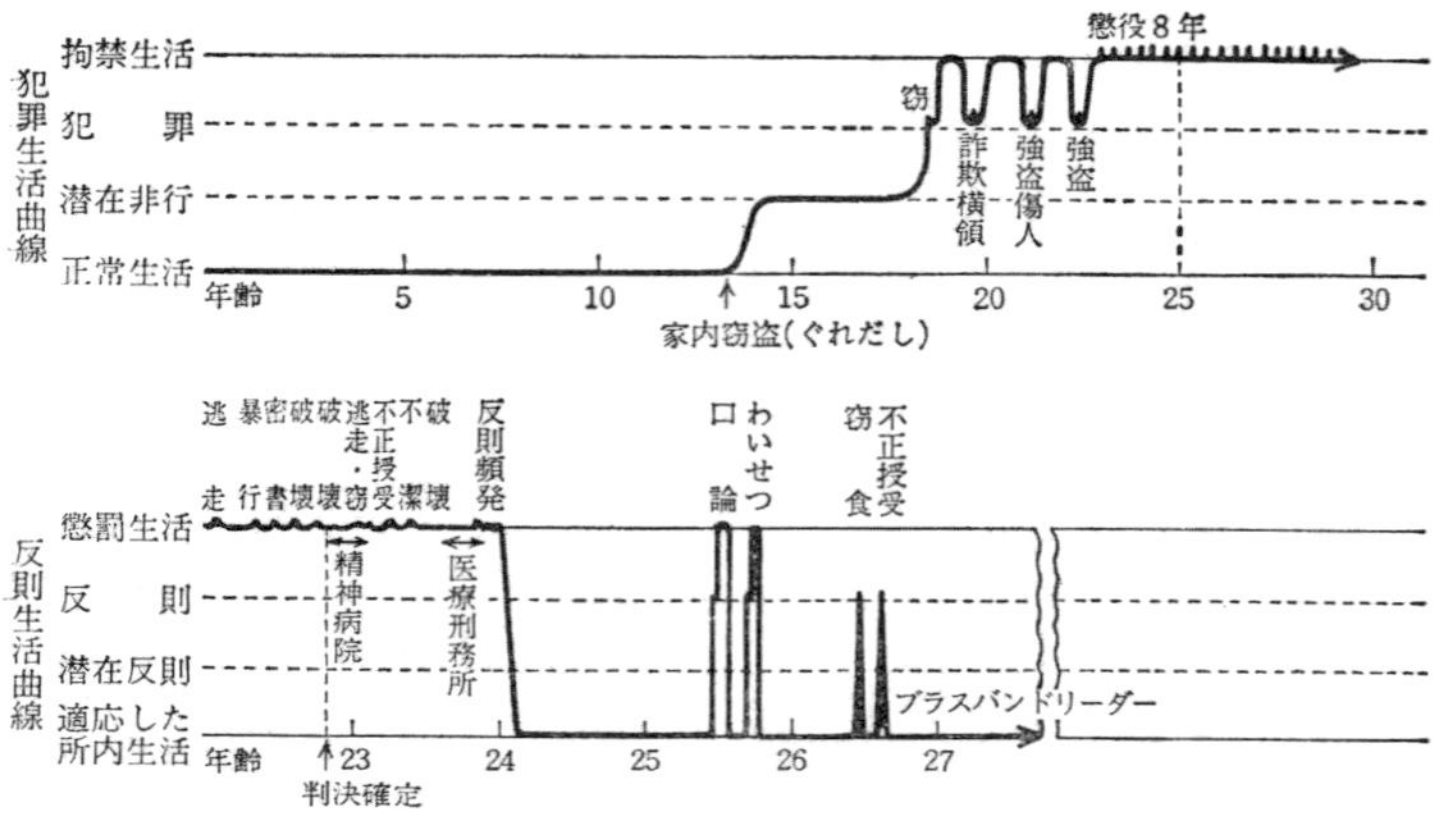

第6図　事例5　詐病

期懲役。拘置所入所後、精神異常となり、衝動的暴行・独語・錯乱で刑務所と各地の精神病院の間を往復する生活が五年間続いた。二三歳、やや精神状態が落着いたので服役させてからは、ほとんど持続的に暴力および破壊反則、その間一回だけ専門医に拘禁反応と診断され懲罰を免除されたことがある。二六歳の時、専門医がてんかん性痴呆状態と診断、翌年別な専門医が精神分裂病と診断、H医療刑送致。二八歳、刑務所にもどったが相変らずの異常行動継続。三〇歳再び医療刑送致、かえってからも反則が多い。本調査時は、調査に拒否的、多弁で体の動きが多く、軽躁的・演劇的態度で拘禁反応と診断された。

本例では、所内異常行動が長年にわたって続き、専門医の診断もてんかん・分裂病・病的性格・拘禁反応と様々である。ここで注目すべきことは、(1)これらの異常状態が無期の判決をうけたあとおこっていること、(2)異常状態の間に正常な状態が短期間ではあるが挿入されていること、(3)異常状態の内容が時によって異なり爆発性興奮、痴呆状態、軽躁状態などをおこしていること、(4)長年にわたる精神異常（発病後一五年）にもかかわらず、人格のくずれや感情鈍麻がみられないこと、などである。これらの諸特徴は本例が内因性の分裂病やてんかんではなく、拘禁反応と診断する根拠となる。なお、本例にみられた、演劇的・詐病的色彩は、次に示す詐病例と比較してみると、詐病と拘禁反応の関係を考察する上に興味がある。

事例5　（第6図）二七歳、詐病

一九三四年静岡の農村に生る。一四歳よりぐれだし、怠学、盗癖のため保護処分。以来定職につかず、窃盗・横領・詐欺・強盗傷人・強盗などを持続的に行ない、少年院・刑務所を転々とした。二三歳、強盗傷人事件で勾留された直後から、所内で放歌高吟・自傷行為・暴行・乱暴などの反則を頻発し、専門医により精神分裂病と診断され精神病院に移された。入院二カ月目に突然逃走し窃盗で再逮捕。しかし拘置所内で異常行動が多く、大便を食べ、寝具を破壊し、法廷では支離滅裂な言動があり、精神鑑定で分裂病と診断され減刑された。刑務所においては全く作業に従事せず頻発反則、不潔行為、時に全くの錯乱状態、分裂病者として医療刑務所におくられたところ、「もう治療は沢山です。今まではわざと精神病の真似をしました」と告白し刑務所に送りかえされた。しばらく、反則行為を頻発していたが、次第に正常になり、工場にも出役できるようになった。調査時には、きわめて愛想がよく多弁、自分の詐病歴を得意げに喋った。

本例は、発揚・情性欠如の精神病質者であるが、心神耗弱による減刑をねらうため意図的な詐病を行ない、目的を達したとみるやそれをやめたものである。事例4の拘禁反応とことなり、詐病を行なった意図がはっきりしており、拘禁のある時期から突然正常な状態にもどった点が特徴である。

なお一般的印象として、反則者には一般に攻撃型または逃避型の反応を示すものが多く、無反則者は、全例が程度の差はあるが刑務所ぼけ（いわゆる prisonization）を示した。刑務所ぼけとは、情動麻痺と退行を主徴とする状態である。囚人たちは拘禁状況の特殊な型にはまりこみ、人間的な自由さを失う。感情の起伏は狭く、職員には従順で、職員に対して子供っぽい依存的な態度をとる。長期拘禁によくみられる刑務所ぼけが、われわれの無反則者（模範囚）の全員にみられたことはきわめて印象的であった。

知能程度を比較すると、反則者と無反則者の各々について、優秀二：五、正常三四：三四、限界知八：九、軽愚四：一、痴愚一：〇である。両群に差はみられず、知能程度が反則の要因とは考えられない。この結果は、「短期受刑者」の反則者で知能低格者が多かった事実と大いに異なる点である。

2 遺伝と既往歴

両親のどちらかに異常者のある直接遺伝負因をみると、負因のあるものは反則者で一二名、無反則者で七名であり、両群に差はない。異常者の内容は大酒家九：五、精神病質者二：二、自殺者一：〇である。

幼児期よりの頭部外傷、高熱疾患、意識消失やけいれんを伴う疾患、脳炎などの既往歴のあるものは反則者で一〇名、無反則者で七名、これまた両群の間に有意差はない。

しかし、覚醒剤使用歴をしらべると、中毒症状のあったもの五：〇、単なる使用者一一：六で、反則者のほうが使用者の率が圧倒的に高い（$X^2=7.53,\ 0.01>Pr>0.01$）。また飲酒歴をみると、中毒者五：〇、常習飲酒者九：六、機会飲酒者二二：三一、不飲者一三：一二で、中毒者と常習飲酒者を合せると反則者に異常飲酒者が多い（$X^2=4.02,\ 0.02>Pr>0.01$）。

覚醒剤使用者と異常飲酒者が反則者に多い理由は、彼らに sthenisch な傾向の精神病質者が多いことから或る程度説明できよう。前述したように、家庭環境の点で反則者と無反則者の間には顕著な差はないのであるから、反則者の早期・進行的に発現する彼らの反社会行動は、性格的なものに原因を推測するより仕方がないと思われる。

四　考　察

1 長期拘禁の特質

長期拘禁の科学的研究は、P・ニッチェとK・ウィルマンスの総説（一九一一）（147）によると一九〇九年のE・リューディンの無期囚の研究が嚆矢とされている。これは四七人の精神異常を示した無期囚の研究で、厳密な意味では無期囚一般の総合的研究とはいえない。しかし、四七人中二二人が何らかの形で心因反応をおこすこと、とくに初老期の囚人に特有な赦免妄想があること、を発見し記載した。最近の文献的な概観についてはA・オーム（150）の単行本が詳しい。オームによると、リューディン以後の主な研究としてリープマン（一九一二）、ルンプ（一九一三）、フィールンスタイン（一九一四）、テッペン（一九一七）のものなどがあげられている。これらの諸研究に一致した見解は、長期拘禁とくに無期拘禁が人間の精神生活に深い影響を与えるということである。この場合長期囚の拘禁に対して示す反応ははっきりとした類型に分けることはできず、個人的色彩を帯びた様々な行動をとることが観察されている。しかし、巨視的にみればいくつかの特質をぬきだしてくることも可能である。たとえばリープマンの研究では、無期囚の示す反応経過を次の三期に分けている。第一期は拘禁初期で、強い興奮または憂うつの時期、第二期は刑務所という環境の破壊的な力に対する闘争を通じて恩赦への希望の時期、第三期は希望を断念することから情意活動が鈍麻し、囚人という自動人形から廃人に陥る時期である。オーム自身は四六例の男子無期囚を観察し、次の三つの反応型を見出した。(1)積極的能動的な和解型――自律性を保ち、困難な現在の拘禁生活と遮断し、過去の思い出に生きる型、(2)強力な否定型――自分の犯行を否認し、自我の核心より逃避した場所で生活する型、(3)受動的否定型――拘禁という事実を相対化し謎めいた生活を送る型。オームは長期拘禁の特質は、長い年月続く外部世界の単調さと同一性（Monotonie und Gliechförmigkeit）に対する囚人の多彩な反応であるとした。この反応の差の現われる原因としては、知能・人格の成熟度・習慣などが考えられている。

長期囚の特質を所内反則を指標として研究したものとして、森岡（129）のものがあげられる。彼は刑期一二年以上服役後九年以上の長期受刑者の反則懲罰数を受刑年ごとに集計してみた。入所初期と釈放前に反則数が上昇している事実がみとめられる。われわれの死刑囚・無期囚の研究でも所内反則が拘禁初期と釈放前に多いことが確められた。この場合、反則と拘禁反応の消長が拘禁心理を知る上に重要な手掛りになること、無期拘禁においては拘禁状況そのものの影響が受刑者の素質的傾向を越える力で現われることが示された。全く同じ素質傾向を持つと判定される死刑囚には、多彩な爆発型・ヒステリー型の拘禁反応が多く所内反則も対人反則を主とした暴力傾向が顕著であるのに無期囚においては、単調で生彩に乏しい刑務所ぼけ型の情意鈍麻反応が多く、非暴力的財産反則が増えてくる。すなわちこの死刑囚と無期囚の行動の差は拘禁状況の影響と考えられるのである。なお、われわれは長期拘禁における囚人の反応型を次の三つに分けた。(1)逃避型——不快な拘禁をのがれて他の精神領域へ逃避しようとするもので、拘禁反応を中心とする。(2)攻撃型——自己主張や要求が多い反則者がその典型例である。(3)順応型——長期囚に特有な刑務所ぼけの型。

さて、本研究における反則者は、われわれのいう攻撃型の典型例であるし、無反則者は順応型を代表している。そこで、この観点から長期拘禁の特質を考察してみよう。

われわれの反則者の攻撃的行動が単に彼らの素質的側面のみの発現だと考えるのは正しくないであろう。なるほど、彼らの社会における諸行動や素質的背景は、無反則者のそれと極端に異なっていて、素質に反則の原因をもとめざるをえないことは確かである。しかし、本文中にも述べたように、長期受刑者の反則は短期受刑者に比べて、頻度は半分以下であり、反則の種類も非暴力的なもの、風俗反則的なものが多く、社会における犯罪と拘禁状況における反則の様態も一致しない。すなわち反則者が「短期受刑者的」であるのは拘禁の初期のみで、拘禁がながびくにしたがって拘禁の影響が反則の質や量を変えていく事実が認められる。この場合長期拘禁は、反則を抑制し非暴力化する方向へと働くのである。この傾向を換言すると環境への順応化を促進する力とでもいいうるであろう。

そこで、もう一方の対極にある無反則者、完全な順応型のものが問題になる。ここにみられるのは、刑務所ぼけ（Zermürbung, prisonization）の状態である。森岡も、長年受刑者に親しんだ刑務官は、目の前にあらわれた受刑者と二言三言話をするや何か長期囚特有の雰囲気を直観的につかみとるとのべている。この状態を的確に記述するのは難しいが、大きく情動麻痺と退行の二つに分けて考えられるであろう。無反則者は長年の間刑務所の単調で画一的な生活の型に完全にはまりこんでいる。一見人当りよく暖かい人間的な感情的接触はあるが、話をしてみると事物への関心はきわめて狭く話題も刑務所の日常些事にのみ限局され、紋切型の応答が多い。いわゆる長期囚らしさが面接を通じて直観的に把握されるのである。さらに、子供っぽい状態への退行がみられ、矯正職員への絶対的従順と依存、自主性の稀薄さなどが認められる。これは長期拘禁が、受刑者を幼児的な状況におくこと、つまり大家族の中の子供のように全員が一様な処遇をうけ、特定の人物の権威に服するよう強制されることから了解できる。無反則者のこの順応は、彼らの素質的側面——とくに意志薄弱傾向——からも或る程度説明できるであろうが、短期受刑者と比較してみて、やはり長期拘禁そのものの影響が大きいことを認めざるをえない。

極端に相反する受刑者である反則者と無反則者の中間には、おそらく、種々の型の受刑者が存在するであろうが、われわれは以前の無期囚の研究で或る程度それを果したと考えるので今回は考察を省略したい。

こうしてみると、本研究でとらえられた長期拘禁の特質は、一方の極において刑務所ぼけに典型的にあらわれる順応型の囚人をつくり、他方の極において頻発反則と少数の拘禁反応を主とする攻撃型の囚人をつくっている。しかも、短期受刑者に比べると、拘禁状況の影響が圧倒的に強い。長期受刑者においては攻撃型の受刑者でさえ、この影響によって反則の頻度や内容の変形を強いられているのである。

2　拘禁状況の行動科学的意義

ここで従来、われわれが提唱してきた、拘禁状況を一種の実験空間として利用する反則学的方法について、主として行動科学の観点から反省し検討を加えてみたい。

行動科学（behavioral science）とは、行動をただ漠然と観察するだけではなく、はっきりとした基準にもとづき行動を整理し表現し解釈する方法論であろう。この場合の根本的な条件は、もちろん研究者によって違うが、平尾と台(76)もいうように、行動の観測結果のすべてがある程度数量化しうることと実験場面での観測結果が生態行動の一般法則を実現したものである保障の二条件ぐらいは必要と思われる。そこで、もしそのような条件を満足させる方法を行動科学といった場合、人間行動の研究において、いかなる困難と限界が生じるかが次の問題となろう。

第一は原理的な困難である。つまり、人間行動のパターンが複雑でとらえにくいということである。K・レヴィン(114)の Hodological space の設定、すなわち、数学で用いられるユークリッド空間のように二点間の関係が点対点の関係ではなく、あるひろがりを持った領域（region）を形成し不可逆的な方向性を持つ生活空間の設定が、人間においては実に困難である。このhodological space の設定は、犯罪学においてはむしろ、研究目的（たとえば犯罪行動の動機・犯罪者の人格・処遇の方法など）によって逆に規定されてくるので、この点が動物を中心とする生態学的研究（ecological study）とちがうところである。これは犯罪学が実用的効用を第一の目的とする科学である以上当然のことであろう。

第二は方法論的な困難である。つまり、実験場面を設定することの難しさである。われわれは、社会のひな型としての拘禁環境に注目し、それを一種の実験空間と考えて受刑者を観察してきた。この場合、拘禁環境は人間の生活空間をきわめて単純化した縮小空間と考えられ、動物の実験的な行動観測器に相当するものであるが、われわれの見出した事実はけっしてそう簡単にいいきれるものではなかった。受刑者といっても性格・既往歴・犯罪歴・刑期などが各々ちがう人々の間に何か共通の指標がもとめられないかというのがわれわれの研究の動機であった。われわれは、受刑者がすべて犯罪者であるという明白な事実に着目して、社会における犯罪行動のひな型として拘禁環境における反則を分析の対象としたのである。こうして、われわれは、犯罪と反則とを比較すること、反則者に対して無反則者を対照群として観察すること、それらの分析に犯罪生活曲線のカテゴリーを利用することによって、社会環境における行動と拘禁環境における行動との間に密接な関連を見出した。ところで、拘禁環境という実験空間は厳密には繰返しがきかない。われわれが以前研究した「短期受刑者」——刑期半月から数年——の場合には、ある程度の繰返しをもちえたが、本論文で取扱ったような刑期八年以上の長期受刑者においては、再三考察したように拘禁状況そのものが歴史的一回性の意義を強くもってきて、もはや実験空間としてではなく独立した環境的意義を帯びてくるのである。前論文「短期受刑者」の研究で、予備的に指摘しておいた、拘禁環境は準実験空間であるということを、われわれはここで再認識するものである。

そこで次のように定式化することができよう。動物においては自然環境における一般生態行動に対して実験室での行動観察が対応するが、人間においては社会環境における一般社会行動に対して準実験場面での行動観察が対応すると。

第三の困難は人間行動の基礎的研究が乏しいことである。したがって、人間行動の何を指標として観察をすすめていくかは、試行錯誤的方法によらねばならないのが現状である。さいわい、われわれの一連の研究では、犯罪と反則、懲役刑と軽屏禁懲罰などの間に指標をもとめえたが、職場と出役工場、家庭と監房内の人間関係などの分析はまだ指標が未知のまま手つかずにおわっている。立つ・坐る・歩く・喋るなど人間の要素的な行動観察に十分意味があると知りつつそれらの研究法がわからないまま放置されている。それらの問題の解明には将来における人間行動の基礎的研究の進歩を待つより仕方がないのが現状である。

けっきょく、われわれの「反則学」は準実験場面を利用する新しい方法ではあるが、上に反省したように、まだまだ不十分な面をもっている。反則学とはひろい意味での行動科学の中へ将来吸収されていくであろう。人間行動の基礎的研究が進み、行動の量化が可能となってくるにつれ、拘禁環境の研究はますます重要になるであろうというのが、われわれの予想である。

要　約

従来われわれが行なってきた、死刑確定者と無期受刑者、累犯短期受刑者など、拘禁状況における人間行動の研究の一環として、長期受刑者のうち所内頻発反則者四九名と無反則者四九名について比較検討を加えた。両群ともに本犯罪名分布と調査時の年齢とにおいて同じ傾向をもっていた。

1　成育環境と社会生活をみると、反則者と無反則者はともに約半数が欠損・貧困・問題家庭であるが両群に差はない。しかし、反則者では、小・中学校時代から怠学・中退などのぐれ行動が始まり、その後も定職につかず、その半数に文身がみられたことから推測されるように、特殊な社会層に出入したものが多い。これに反して、無反則者では、その時々の社会的習慣に忠実で、学校は一応卒業し、配偶者をえて定職につく適応傾向がみられる。

2　犯罪生活曲線による分析では、曲線の上下に反共同社会的張力を仮定し、このレベルの差を表現することに努めた。反則者では一八歳未満の早期からぐれだし、二五歳未満に進行型の経過をとって犯罪を初発する早発犯で、異種・多種方向・持続型の累犯者が多い。これに反して無反則者では、一八歳以後にぐれだし、しかもぐれだしと初発犯罪とが一致する突発型のものが多く、比較的に遅発犯の初犯者が多い。無反則者の累犯者では異種・多種傾向が反則者よりやや少なく間歇または停止型のものが多い。

3　反則者では矯正施設入所回数頻繁なもの・刑期の比較的短かいものが多い。無反則者ではその逆の傾向がみられる。

4　反則者について所内反則を種々の角度から分析してみた。全体として、未決拘禁中の反則頻度が既決拘禁中よりも低いこと、既決拘禁の後期（釈放前）に反則が頻発することが認められた。しかし、平均反則頻度は短期受刑者の半分以下で、これは刑期が長いほど反則が減少するという法則としてまとめられる。反則の種類では対人反則がもっとも多く、ついで財産反則、風俗反則、破壊反則、逃走反則の順である。しかし、短期受刑者に比べて対人反則はむしろ少なく（約二分の一の率）、風俗反則（鶏姦・わいせつ行為など）が多いのが長期受刑者の特徴と認められた。また、短期受刑者に比し、三種・四種方向（多方向）の反則をおかすものが多かった。

5　犯罪と反則との関係を生活曲線の上で分析してみた。全体としてみると、犯罪早発のものは反則も早発する傾向があるが、犯罪方向と反則方向、犯罪経過型と反則経過型との間にはさしたる平行関係がなかった。ところで、大部分の反則者が未決拘禁中または既決拘禁初期（刑期の三分の一まで）に反則を初発している事実に着目して、拘禁初期の反則に限定して分析してみた。すると犯罪方向と反則方向、犯罪経過型と反則経過型との間にかなり一致した平行関係が見出せた。いいかえると、社会における犯罪傾向が反則に反映するのは拘禁の初期のみで、拘禁がながびくに従って長期拘禁独自の反則傾向があらわれてくる。この理由としては長期拘禁の心理的影響・年齢的成熟による反則傾向の変化が考えられ、この点を症例によって考察した。

6　精神医学的にみて、反則者には精神病質者が多く、ことに爆発・自己顕示・気分易変・分裂病質などの諸類型が無反則者に比し多かった。これに対して、無反則者には意志薄弱性を中核とする環境順応傾向の強いものが多かった。反則者に分裂病一名、拘禁反応一名、典型的な詐病を一名見出した。これらはいずれも受刑者の処遇や裁判のあり方などについて反省的な材料を提供する事例であり、やや詳しい紹介を行なった。知能程度は反則者と無反則者の間に差がなく、短期受刑者の場合のように知能低格者が反則者に多かった事実と相異した。直接遺伝負因・重篤な脳疾患などは両群に差がないが、覚醒剤使用者（ことに中毒者）や異常飲酒者（中毒者と常習飲酒者）は反則者に圧倒的に多かった。

以上の結果をもとに、長期拘禁の特質を考察し、それが受刑者の行動に強いゆがみを与えることを論じた。長期拘禁は、一方の極において無反則者のようなプリゾニゼーションの顕著な順応型の受刑者をつくり、他方の極において反則者のような攻撃型の受刑者をつくるが、この攻撃型の受刑者にさえ反則頻度の減少や反則内容の変化を強いるような強い影響力を持っている。

さいごに、われわれの提唱してきた反則学的方法について、新しい行動科学の視点から反省を加え、将来への展望とした。

（「犯罪学雑誌」第三二巻第二号、三号、一九六六）

三　異常性格の概念

ひと口に異常性格といっても、その概念規定を厳密に行なおうとすると、実に様々な考慮がいる。まず、気質・性格・人格などの定義を明確に行なう必要がある。つぎに異常と正常という概念をはっきりさせておかねばならない。また、異常性格・変質・精神病質などの類似した言葉を区別して把握していく操作が要請される。これらの困難で繁雑な作業を回避し、全く実用的な曖昧な定義だけしておけば、現在の時点ではかえって混乱が少ないのかもしれない。たとえば、わが国では精神医学畑では精神病質や問題児という言葉が慣用され、心理学領域では異常性格や精神病質や行動異常児などが使われ、一般社会では変質者という我々からみると死滅した古い言葉がいまだに使用され、それでなんとなく用を果たしているのが現状である。

しかし、わが国の精神医が慣用している例のK・シュナイダーの精神病質の定義にしても、実際の臨床場面では、たしかに便利な面もあるが、同時に曖昧模糊とした面もあり、しばしば鑑別診断に際して困惑することが多い。また、現今、異常児や精神病質者の生物学的研究（ことに脳波学や内分泌学などからの研究）が活発になってくるにつれて、研究対象を明瞭にしておくことがどうしても必要である。早い話が、アメリカやイギリスでいう psychopathic personality の脳波学的研究を、ドイツやわが国の Psychopathie のそれと比較する場合、両者の概念の差をはっきり心得ていないことには、議論は混乱するばかりであろう。

そこで、精神医学や心理学の臨床と研究の立場からいえば、精神病質や異常性格の概念を縦断的に（歴史的に）とらえておくとともに、横断的に（各国との比較において）考察しておくというやや迂遠な仕事も意味があることと思える。

A　異常性格ごとに精神病質概念の歴史的変遷

1　ドイツにおける概念の変遷

K・シュナイダーも指摘しているように、ドイツにおいてはじめて異常性格者を系統的に記載し、分類したのはJ・L・A・コッホ(98)*（一八九一）であろう。彼は精神病様低格（psychopathische Minderwertigkeit）の表現のもとに「生来性のものであれ、後天性のものであれ、その個人生活において影響の大きい精神異常（psychische Regelwidrigkeit）をもつ人間すべて」を総括した。「この人間は、もっとも不良な場合でも精神病（Geisteskrankheit）とみなすことはできず、もっとも軽い例でも正常性（Normalität）や行動能力（Leistungsfähigkeit）を完全に所有しているとはみなされない」。コッホのこの定義は、現在我々が用いている精神病質を志向する精神病者と正常者の中間にある人間を規定した点で画期的なものといえる。しかしここで用いられているpsychopathisch という言葉はそのギリシャ語の語原どおりの意味、すなわち ψυχη (psycho 心) とπαθος (Pathie 病気）の合成語として精神病様という意味に用いられていた。すなわち、Psychopathie には異常性格という概念がまだはっきり入りこんでいなかったのである。この意味の使い方は、後述するTh・ツィーエンやO・ブムケにもみられるし、現在でも、フランスや英米の学者にもみられる。コッホの定義はその外延がきわめてひろく、後天性の低格状態や一過性のものまで含めて考えられている。今日の精神病質の概念にもっとも近いのは、先天性持続性精神病様低格（angeborene andauernde psychopathische Mindeswertigkeit）であろうが、この中には明瞭な強迫症や精神薄弱も含まれている。そのあたりの概念規定がまだ曖昧なのである。

Th・ツィーエン（一九〇五）は、精神病的体質（psychopathische Konstitution）という概念をたてた。一九一一年の彼の教科書(231)よると「精神病的体質というのは慢性精神病状態（chronische psychische Krankheitszustände）を指す。しかし妄想現象や幻覚などの重い精神病的（psychopathisch）な症状に陥らないものである」と。ツィーエンの精神病質体質というのは、いわば精神病の前段階ともなる体質であって、この体質の基礎の上にメランコリー、マニー、パラノイアなどの完全な精神病が発生することもまれではないとされる。この精神病の前段階という考え方はクレペリンやクレッチマーなどにうけつがれていく重要な考え方であろう。ツィーエンの精神病質体質は、遺伝的（変質的）なものとともに、外傷後のもの、中毒性のものなど含めてかなりひろい概念である。

現在慣用されている精神病質人格（psychopathische Persönlichkeit）なる語をはじめて用いたのはクレペリン（一九〇四、第七版）とされている。彼の定義（一九一五、第八版）(105)は非常に具体的で、病因と臨床像との関係に注目しているところに特色がある。精神病質人格はまず遺伝的変質（erbliche Entartung）および胚種毀損

＊コッホの分類は大略つぎのようである。
Die psychopathische Minderwertigkeiten
Ⅰ. Die andauernden psychopathischen Minderwertigkeiten
A. Angeborene (Degeneration)
B. Erworbene
Ⅱ. Die flüchtigen psychopathischen Minderwertigkeiten

(Keimschädigung) によるものがあり、またおそらく胎児期の疾患の関係しているものもある。つまり、一種の発育障害である。さらに、精神病質人格は精神病の前段階のものもあり、躁うつ病、分裂病、てんかんなどの発病前の人格と類似する。これは精神病的素質のごとく軽微なもので、精神病を準備する人格と解される。この中には発作的に精神異常をおこしやすい人格も含められている。また人格の定義から知能を除外したのもクレペリンの功績である。クレペリンの定義における発育障害説と精神病の前段階説は、彼の疾病分類の体系の中で理解されるが、この場合、精神病質を異常人格または病的人格とみなしたことは、ドイツ流の精神病質概念の主流となる見方であろう。この概念の外延と内包をめぐって、彼以後、活発な(我々外国人からみると、少し瑣末にすぎるかと思われるほどの)議論が行なわれることになる。

すでに一九〇九年に『精神病質人格について』という小冊子をものしたK・ビルンバウムは、「精神病質人格とは、体質的に規定され、その人格複合の上にひろがって軽度の病的偏倚 (pathologische Abweichung) を示す個人である」とした。彼は、その後も犯罪者を中心とした多数の症例について研究を続け、その概念をしだいに明確にしていった。彼の概念(24)(26)の特徴は、二次的外因的なものをみとめず、遺伝的・素質的な病的人格に対象を限定しようとしたことにある。すなわち異常な素質(体質的精神病質)をもち、軽度の精神的本質異常(精神病質的性格特徴)を示し、しかも多くは遺伝負因をもち、時々は形態的徴候(身体的変質徴候)をもつものというのである。この素質に力点をおいた規定は、モレルやマニャンの変質者とも通ずるきわめて運命的・生物学的な見方といえよう。なお注意すべきは、ビルンバウムが人格の領域を感情・意志および欲動の領域にかぎり、知能を除外して考えていることで、これはクレペリンと同じである。

以上の概観で、コッホからビルンバウムまでの間に、精神病質人格とは正常と病気の中間状態であり、しかも原因としては遺伝的素質的なものを重視し、しかも知能を除外した人格の異常であるという考え方がほぼかたまったとみられる。これらの入り組んだ概念を整理し、すっきりとした形の定義をうちだしたのはK・シュナイダーである。彼の『精神病質人格』の初版は一九二三年であるが、以下彼の定義と、その反響をたどってみたい。

シュナイダー(171)の定義は、二段に分かれる。

第一段は異常人格の定義である。「異常人格とは、我々の念頭に浮かんではいるがはっきり規定しえない平均範囲の人格からの変異(Variation)であり逸脱(Abweichung)である」。この場合、異常(abnorm)とは病的(krankhaft)という概念とは区別され、前者は後者のもつ身体的(körperlich)な現象とは無関係である。また、異常人格とは価値規範(Wertnorm)とは無関係であるから、その中に聖者・大詩人などの天才も含まれる。

この異常人格の定義の上に、第二段の有名な精神病質人格の定義*が行なわれる。「精神病質人格は、その人格の異常性に悩むか、またはその異常性のために社会が悩むところの異常人格である」。なおシュナイダーはこの定義が、単に実践的な根拠でなされたもので任意的なものであるとし、臨床家の便宜を考慮して行なわれたといっている。こうして彼は、異常と病的とを区別することによって、コッホ以来の異常人格と精神病との区別を継承し、それに新しく異常性に悩むもの(Leidende)と妨害者(Störende)という規定を付け加えたのである。

E・カーン(89)(一九二八)はシュナイダーの概念が臨床医の実際的要望に答える有用な定義であること、また精神病理学的・社会学的な二重の目的論的定義であることを認めた。彼自身は、シュナイダーの定義をいっそう学問的なものにするため、原因論的定義と目的論的定義を総合した原因論的目的論的な定義を提出した。

まず、第一の原因論的定義はつぎのようにいわれる。「我々は、精神病質人格を、その欲動層・気質層・性格層における量的特殊性によって特徴づけられるような人格と解する。この場合、特殊性の量とは相対的なもので

* Psychopathische Persönlichkeiten sind solche abnorme Persönlichkeiten, die an ihrer Abnormität leiden oder unter deren Abnormität die Gesellschaft leidet.

個々の人格の全体量によって異なる」。さて、第二の目的論的定義はつぎのようである。「我々は、精神病質人格を、自分の目的に向かって努力していく個人的活動性が、自分の評価と他人の評価との量的な偏りによって侵害され、誤った価値の実現や誤った目的へ向かっていくような人格であると解する」。カーンの最終的な定義は、前述した二つの定義を総合して行なわれる。「我々は、精神病質人格を、原因論的な面からみると欲動層・気質層・性格層の量的特殊性によって特徴づけられ、自分の目的に向かって努力していく個人的活動の面からみると、自分の評価と他人の評価との量的な偏りによって侵害されているような不調和な(diskordant)人格であると解する」。

カーンのこの定義はたしかに学問的ではあるが、シュナイダーの実際的で簡潔な定義に比べると、抽象的・思弁的で繁雑にすぎる。この傾向は彼の類型論にもみられる欠点であると思われる。

シュナイダーの精神病質人格の規定と類型は、その実用性と透徹した記述の力で、ドイツ精神医学に広くうけ入れられた。その点で、わが国の精神医学者がシュナイダーの影響を大きくうけ、現在でも彼の概念と類型が一般化している事実は意義のあることと思われる。しかし、彼の業績は当のドイツにおいても、全く異論なく敷衍されたわけではない。それどころか、反対者・批判者が数多く存在したし、現在でもなおその傾向がある。他人の業績を無批判に鵜呑みするのではなく、学問というものをその根本的な次元で反省し発展されるために、ドイツにおける批判を概観しておくことは、あながち無意味なことではないと思う。

まず第一に、性格学的な批判がある。L・クラーゲス(95)(一九二八)は、自分の意見は心理学的なもので、医学的なものではないとことわりながらも、シュナイダーの類型に性格学的考慮がない点をきびしく批判した。まず、シュナイダーの方法でいけば、単に一〇型のみならず、同じようにして人格特徴をつかんでいけば二〇でも三〇でも類型が可能である。また、全例がそうだというのではないが、シュナイダーが人格特徴として抜きだしたGeltungsbedürfnis, Minderwertigkeitsgefühl, Selbstunsicherheit, Depressiviät などは種々の類型にまたがった特徴であって、人格の核心を射当てていない。結局、精神病質人格の性格的概念規定の曖昧さがこのような様相を呈するのである。精神病質人格は仮象（Schein）と実象（Sein）の抗争、仮象を信じようとする自己欺瞞傾向、矯正不可能性などから根本的に定義しなおす必要があるという。

P・シュレーダー(177)(178)(179)（一九三三、三四、三五）はシュナイダー流の精神病質人格の概念が非常に拡大されて用いられ、ある場合には誤用されている点に警告を発した。精神病質人格とは、精神病と正常との中間概念として実に広範な対象を含んでいる。まず、日常臨床場面で遭遇する軽い精神障害、たとえば躁うつ病の軽い不機嫌状態や分裂病の非定型例などもすべて含まれるおそれがある。また、身体的・神経学的疾患、たとえば血液病や非定型性偏頭痛なども含まれる。さらに混乱をまねくのは社会学的・法律学的な概念である犯罪者までが含まれている。結局のところ精神病質という漠然とした言葉は使用しないほうがよい。もし使用するならば、はっきりと性格学的に規定された精神病質の中核群に限って用いるべきであると。シュレーダー学派のH・ハインツェ(70)（一九三六）もほぼ同じ意見で、クラーゲス流の厳密な性格学による精神病質人格の規定と類型をうちたてる必要を説いている。なお、この当時の、シュナイダー学説をめぐる論争の概要はH・ロッティッヒ(115)の論文に詳しく述べられていて参考になる。

クラーゲス、シュレーダー、ハインツェらの批判と主張は、つまるところ、精神病質人格を狭く限定していき、その中核的精神病質者というものを性格学的にぬきだしてこようとする努力に結びついてくるであろう。現在でもA・M・ベッカーやW・ハラーマンのようにそのような主張をする人々がいる。ベッカー(17)は*、人格を性格学的にみると、(1)個人の対象との関係や関係行動、(2)合目的的な現実適応の観点からみた自己統御、(3)道

* 中核精神病質（Kernpsychopathie）、衝動精神病質（Impulspsychopathie）、行動化精神病質（agierende Psychopathie）の三つである。

徳的拘束力のある内的規範による統御の三主徴からみられるとし、三つの精神病質類型をたてた。このうち中核精神病質というのは人間相互間の関係を保つことが不可能で、合目的的な現実適応ができず、自己統御に欠け、全く道徳的規範の抑制をうけないものである。ハラーマン(67)はベッカーの類型を高く評価し、精神病質とは素質的なもので、人間の本質が世界に向かって開かれてあることの障害がその中核的な徴候であるとし、けっきょくフランスのdéséquilibréやロンブロゾーの生来性犯罪者に近いものをその中核群として想定すべきだとしている。

シュナイダー批判の第二は、その人格の概念を価値と無関係(wertfrei)とした点に対して向けられている。代表的なものは、刑法学者E・メッツガーのそれであろう。彼は、「犯罪生物学と刑法改正月報」にのったシュナイダーの論文(170)に対して言及し、異常人格の定義の中にすでに価値判断が含まれているのであるから、精神病質人格を異常人格の下位概念におく必要はないと主張した。また、シュナイダーの異常(abnorm)と病的(krankhaft)の区別は、医学的なものであるが、精神病質(psychopathisch)には元来病的という意味が含まれているのであるし、裁判上の実際からいっても区別するのは適当でないという。この意見は彼の著書(124)にもみられるきわめて法律家らしい意見で、精神病質人格をドイツ刑法第五一条第二項の限定責任能力と結びつけて考えようとする意図がみられる。これについてはK・ベリンガー(19)が精神医の立場から再反論し、さらにメッツガーの再々反論がある。メッツガーの意見は、要するに、精神病質人格の概念をできるだけ狭くとり、はじめから価値判断をいれた規定をとろうとするのである。これは、同じく刑法畑出身の犯罪学者E・ゼーリッヒ(181)にもみられる裁判上の実際を考慮した意見である。

シュナイダー批判の第三は、第二次世界大戦後アメリカとスイスの精神分析の影響のもとに行なわれた。つまり、従来の素質・遺伝などを重視した見方に対して、幼年期からの環境の影響が、人格の発達をゆがめたとみるもので、精神病質を神経症と同様の体験反応的発達障害と規定するものである。たとえば、H・ビンダー*(一九六〇）は、精神病質を、精神病質的持続状態（psychopathischer Dauerzustand）、精神病質的反応（psychopathische Reaktion）、精神病質的発達（psychopathische Entwicklung）の三つに分けている。第一の持続状態が従来の素質的精神病質で、第二の反応は精神外傷的な体験への短時間の反応であり、第三の発達が神経症的およびパラノイア反応である。

このように、シュナイダーの精神病質人格は、まず性格学的な観点から限定され、犯罪学的・法律学的価値判断によって反社会性を主とする方向へ重点をおかれ、さらに精神分析学や力動精神医学の立場からは異常体験反応や神経症に解消されようとしている。これらの批判に対して、シュナイダー自身（173）はつぎのように答えている。「にもかかわらずいわゆる精神病質と体験反応との区別は何人も確証をもって行ないえない。家族的出現・教育と精神療法の成果・精神分析解釈などはこの問題を解決しえない。素質と環境とは一つの作用循環（Wirkungskreis）である」。シュナイダーはこういいながらも、精神病質という言葉は Neurasthenie や Hysteri という言葉と同じく死滅する言葉になりつつあるとみている。彼の*「精神病質という言葉は死んだ。しかし精神病質者なる人間は生きている」という言葉は、彼の二律背反的な悩みを端的に表現しているとみられる。

しかし、他方では、シュナイダーを積極的に支持する人々もあとを絶たない。すでにH・W・グルーレ（65）はF・マウツのシュナイダー批判（118）**に答えて、「精神病質とは、疾患でも精神病でもなく規範からの生来性の偏りであり、一つの変異（Variation, Aberration）である。つまり全く価値判断とは無関係な概念であって、この点でシュナイダーは正しい」といっている。そうして、反社会人と精神病質者を同列に論ずる傾向に強く反対

* "Der Psychopath" ist tot, aber——es lebt der Psychopath.
** 彼の批判の要点は、シュナイダーが生体感情と欲動生活を人格から分離した点とその精神病質概念が価値判断とは無関係な異常人格の基礎の上に規定されている点とである。

している*。K・ヤスパース(87)もその精神病質人の概念については、シュナイダーを踏襲している。H・レフェレンツ(111)(一九五五)は、シュナイダーの学説に対する異論や誤解にもかかわらず、その学説には価値があると弁護している。クレッチマー学説では異常と正常との境界が不分明であるし、ゼーリッヒやメッツガーの社会学的類型は、反社会性を強調することによって、政治的な類型に陥る危険がある。結局、精神病質という人格、すなわちその異常な心情が素質に基づいているような人格が存在するというのが出発点である。これは、一方では内因精神病の異型に、他方では体験反応に解消されるやもしれない。しかし精神病質という名称は消えさろうとも、精神病質という事実は残り、その大きな犯罪学的意義は継続していくであろうと。N・ペトリロヴィッチ(155)はそもそも規範(Norm)の概念が、文化圏や時代によって制約されているのであるから異常人格の概念が全く価値判断を除外しえないとしてシュナイダーを批判しながらも、シュナイダーが人格の定義から知的機能と肉体的なもの(leibnahe)を除外した点を評価している。なおペトリロヴィッチ自身は、行動理論に基づく人格の定義をこころみ、経過や現象の背後にある構造(Struktur)をとらえることが重要であるといい、この立場から異常人格を研究すべきだとしている。

現在ドイツの概念を踏襲する国としては、わが国をはじめ、イタリア(163)、ソ連(59)などの国々がある。これらの国においては、大体シュナイダーの概念によって精神病質を規定しており、素質的なものを重視する傾向がある。

2　英米における概念の変遷

W・マイヤー-グロス(119)もなげいているように、イギリスとアメリカでは精神病質の概念が不明瞭である。人によってまちまちな定義が行なわれているし、ドイツにおけるほど多数の学者が基礎的な研究に精をだしたという歴史もない。しかし、そうはいっても、大体の共通した傾向はあるようで、プリチャード(36)の moral insanity に端を発した、反社会的傾向をもつものを精神病質とよぶ傾向がある。

J・C・プリチャード（一八三五）の moral insanity（背徳狂）とは「精神の道徳面と活動的要素が非常に堕落（pervert）しているか頽廃（depravate）しているものをいう。自己統御（self-government）の力が失われているか大幅に減弱しており、自分に提起された問題を話題にしたり判断したりする能力はあるにしても、日常生活において上品さや礼儀正しさをもって行動することが不可能な人物である」。

イギリスの精神病質概念についてはE・W・アンダーソンの総説(5)に詳しいので、以下その要点を紹介してみよう。彼によると、イギリスには、H・ジャクソンとH・ヘッドをのぞいては独自の精神病理学者がいず、フロイトの影響で dynamic psychiatry の考えが発展したのは、ようやく第一次大戦後である。そんなありさまであったから、精神病質の概念もプリチャード流の反社会性または非社会性を中心とする見方が、深い研究も反省も行なわれないまま、習慣的に用いられていた。一九一三年の精神欠陥法（Mental Deficiency Act）は、道徳低格者（moral imbecile）をつぎのように規定していた。「道徳低格者とは、人生の早期から、強い非道徳的および犯罪性質を兼ねそなえ、恒常的な精神欠陥（mental defect）を示す人間であり、彼に対する刑罰の効果が少ししかないか、あるいは全くない人間である」。この場合、mental defect という言葉が、精神薄弱を意味するのか、人格の欠陥を意味するのかは、曖昧なままに残され、法の適用上、問題を残すことになった。たとえば、イギリスにおける有力な定義であったチェニーの定義は、「精神病質は、おもに情動の未成熟または子供っぽさによって特徴づけられ、判断の欠陥によって目立ち、経験によって学習効果のないもの」と知能と人格の欠陥を強調するとともに、「衝動的で情動不安定で、犯罪者になりやすいもの」と、道徳的な面を重くみていた。一九二七年の改正精神欠陥法では、道徳欠陥者（moral defective）をつぎのように規定した。「道徳欠陥者と

＊グルーレの精神病質には精神薄弱が含められていることがある。たとえば、Gruhle, H.W.：Psychopathie und Psychose, Handwörterbuch der Kriminologie, Ⅱ：446, Walter de Gruyter, Berlin–Leipzig, 1936.

は、強い非道徳および犯罪的性質を兼ねそなえた精神欠陥（mental defectiveness）の存在するもので、他の人人を防衛するため監督と取締りが必要なものである」。相変らず mental defectiveness の概念は不分明で、法の適用にもしばしば混乱を生じた。一九三九年D・ヘンダーソンの"Psychopathic States"という単行本が刊行され、イギリスの精神病質の研究は大きく前進したが、ヘンダーソンの概念はイギリスの公的な定義と近く新味はなかった。一九四四年カランとマリンソンが、ヨーロッパとアメリカの文献を集大成し、精神病質研究の必要性を説いたが、一般にはあまり注目されなかった。ヘンダーソンの弟子であるマクスウェル・ジョーンズは、産業神経症団体（Industrial Neurosis Unit）をつくり、活発な社会活動をはじめた。彼は psychopathic state を定義せず行動障害（conduct disorder）を中心に考察を行なったところに新しさがある。一九五七年、Royal Commission のリポートがだされ、従来混乱していた語義を明確にすべきことが提案された。同レポートによると、mental disorder を psychopathic state の意味に用い、mental deficiency を精神薄弱の意味に用いるべきだという。しかし、同レポートにおいても精神病質の定義はなお曖昧で病気（illness）と偏倚（deviation）や発達（development）との区別はまだ十分に検討されていない。しかも psychopathy という言葉は、昔ながらの moral insanity, moral imbecility, moral defect の意味に使用されているのである。一九五九年の精神衛生法（Mental Health Act）は、精神病質者をつぎのように規定している。「精神病質障害（psychopathic disorder）は、精神の恒常的な障害または知能障害以外の点での無能力（disorder or disability）を意味し、その異常性によって他の患者に対し、攻撃的または重大な無責任な行動をし、医療に反抗する人間である」。

以上、イギリスの精神病質概念の変遷をアンダーソンの総説をもとにたどってみたが、結局のところ、反社会性と治療不能性というきわめて実際的基準によって定義されていることと、人格の異常から知能の欠陥を除外する操作が行なわれたのはごく最近のことである点が、特徴である。同じヨーロッパでありながら、ドイツの研究や概念が全くというほどとり入れられていないのは、私たち日本人からみると驚異にさえ思える。ちなみに、シュナイダーの精神病質人格を翻訳したアンダーソンは新しいドイツ流の概念を流入させようといろいろと努力したが、その努力はまだ実を結ばないとなげいているほどである。

イギリスの最近の代表的な定義としてD・ヘンダーソン[72]のものをあげておく。「精神病質状態（psychopathic states）の名のもとに、つぎのような人々を一括する。少年期から青年初期にかけて、その情動反応と行動がいつも異常ではあるが、ある期間をのぞいては、はっきりとした精神病とみなされるような異常程度に達しない人々である。彼らは、ふつうの知能テストでは知的欠陥を示さず、したがって精神薄弱とは診断されない。彼らは刑務所での取扱いをうけつけず、一般に精神的不安定が顕著で精神病院の治療に適さない」。

アメリカにおける精神病質概念はアドルフ・マイヤー[36]（一九〇五）の体質的精神病質低格者（constitutional psychopathic inferior）という概念に萌芽があるといわれている。この場合、マイヤーは体質的という言葉を生来的という意味に用いず、人生の早期に獲得され、人格の中に深くしみこんだ特性という意味を指すものとした。彼はまた、behavior disorder を psychoneurotic reaction から分離する考え方をもった。すなわち、一方では幼時の環境因を重視する psychodynamic な見方が、他方では神経症や精神病を除外するという diagnosis per exclusionem の見方がここにあるわけである。アメリカにおいて、除外による診断がいかにさかんに行なわれているかは、たとえばE・H・サザーランドら（一九六〇）の引用したP・W・プヌーの積極的な精神病質否定の言葉にもよみとれる。「精神病質人格は、単に除外の過程で到達された便宜的診断にすぎず、精神医学にとって無用な概念である。それは特殊な行動単位に相応しない。つまり屑籠（scrap-basket）であって、分類不能なpersonality disorder や問題をよせ集めたものなのである」と。

アメリカにはアメリカ精神医学協会（APA）の公的な疾病分類があり、それによってこの国の一般的な見方を知ることができる。一九五二年に発表された最初の分類 DSM-1（the Diagnostic and Statistical Manuel の略である）では、社会病質人格障害（sociopathic personality disturbance）のなかに反社会反応（antisocial reaction）の項があり、これがほぼわれわれの精神病質に相当するものであった。「反社会反応をおこす人々は、慢性に反社会性をもつ個人で、たえずトラブルをおこし、経験や刑罰によって改善されず、個人や他のグループの人間や法律に対して不実をはたらく。かれらは、しばしば無情で快楽的（callous and hedonistic）で、著明な情動面の未成熟さを示し、責任感や判断力は欠如しているが自分の行動に対する自覚はもち、自己の行動が理にかない正当化されたもののように思いこんでいる」。すなわち、antisocial reaction とはプリチャードの moral insanity にきわめてちかい概念である。ところで、DSM-1 では、sociopathic personality disturbance の中に、性的逸脱、アルコール中毒、薬物嗜癖が含まれていて、われわれを面くらわせたものであったが、この点は一九六八年七月一日より実施された DSM-2 によってすっきりしたものにあらためられた。

DSM-2 には、まずsociopathic personality disturbance という言葉が消え、大項目として personality disordersがたてられ、その中に antisocial personality という項が立てられた。性的逸脱、アルコール中毒、薬物嗜癖の三つは人格異常からはずされ別項をたてることになった。すなわち、reaction という概念に代って personality という概念がとりいれられ、しかもその概念の外延をひろげたもので、全体として我々には親しいドイツ系の精神病質概念に近づいたということができる。

参考のために APA の公的分類（一九六八年の DSM-2）を示しておく。

Personality Disorders	
Paranoic	Asthenic
Cyclothymic	Antisocial

Schizoid	Passive-aggressive
Explosive1)	Inadequate
Obsessive compulsive	Other specified types
Hysterical2)	

註, 1) DSM-1 の Passive-aggressive personality に該当

2) DSM-1 の Emotionally unstable personality に該当

H・クレックリー（一九四九[34]、一九五五[35]、一九五九[36]）のいう psychopathic personality とは、反社会的人格の中から神経症、精神病、精神薄弱をぬいたものを指している。ことに神経症と精神病質を対比させる行き方は、アメリカの一般的な考え方らしく、たとえば G・N・トムソン[205]（一九五三）は、「精神病質人格は正常人格からの偏倚（deviation）であり」「この偏倚の方向は精神神経症人格の対極にある」といっている。W・マッコードら（一九五六）も、反社会的、攻撃的衝動的で罪の意識の稀薄な、他人とのきずなを保つことの困難な人を精神病質者とみなしている。

3 フランスにおける概念

ピネル（一八〇九）の《manie》*、すなわち興奮・短気・怒りっぽさの状態をともなう精神病のなかに、《manie-sans délire》または《manie raisonnante》の記述があった。これは、知的障害の全くない manie で、その反社会的傾向や反道徳性のみが目立つものである。

エスキロール（一八一八）の《monomanie》**の中には、本能的モノマニー（monomanie instinctive）という分類があり、これは理性をこえた衝動行為にはしるもので、たとえば、殺人モノマニー（monomanie ho-

* ピネルは、周知のように、精神病を、manie, mélancolie, démence, idiotie の四つに分けた。
** エスキロールは、mélancolie を hypémanie と monomanie に二分した。

micide）などが含まれる。

ピネルとエスキロールは、反社会性と衝動性を主とする一群の人々の現象に注目したのであるが、つぎのモレルとマニャンは、遺伝的原因に注目した。

モレル（一八五七）の変質（dégénéréscence）とは、人類の正常型からの病的偏倚（déviation maladive）であり、遺伝的に伝達され、種の滅亡へ向かって徐々に進展していくものであった。この変質という概念は、のちに（一八六〇）彼の遺伝的精神病（folies héréditaires）に吸収されていくが、その中には人格異常も精神病もいっしょに考えられていた。

マニャン（一八九五）は、再びエスキロールのモノマニーの概念に注目し、モレルの変質を批判的に発展させた。彼はすぐれた変質者（dégénérés supérieurs）という概念を提出した。この種の人々は意志、知能、感受性の不均衡（déséquilibré de la volonté, de l'intelligence, de la sensibilité）をもつのが特徴である。彼らは、正常の知能を持っているのにかかわらず、奇妙で、孤独で、エキセントリックな人々であり、習慣と法律に反する行動を行なう。

変質という概念が遺伝的原因を重視したのに対して、デュプレの提出した体質的不均衡者（déséquilibré constitutionnel）は、遺伝のほかに、早期に獲得された脳変化、つまり環境因をもとめたところに特色がある。結局のところ体質なる概念が病因論的な見方に対してかなり漠然とした態度をとったところから、現代でもフランスで慣用されている déséquilibré は、臨床的状態に、注目した言葉となるのである。

フランスにおいては一部の学者をのぞき、ドイツやイギリスにおけるように psychopathie という言葉が異常性格者を指すものとして一般化されていない。それは、いまだに精神病という意味に使われているのである。これにかわる言葉としての déséquilibré は、昔の遺伝的変質者から、熱情妄想病（délire passionnel）、神経症、中毒精神病などの広範な患者を含めている概念である。いいかえると、原因にはおかまいなく、「すべての精神病的侵襲に無関係に存在する恒常的な状態であり、自分の本当の利益に合致し、しかも社会生活の要求に適応した調和のある生き方をすることができない状態」（ポローの定義）である。déséquilibré を強いて訳せば、精神病質状態にある者とか異常性格を示す者とかいうことになろう。

déséquilibré について、反社会性や反道徳性を強調する場合には pervers（倒錯者では正しい訳ではない。単に性的倒錯者のみならず、社会に害を与える人はすべて含まれる概念であるから）という言葉が使われる。

要するに、フランス精神医学の伝統と同じく、精神病質の概念もまたきわめてフランス的で、ドイツの理論的規定やイギリス・アメリカの実用的規定に対して、第三の記述的規定を主張しているところは興味深い。

4　わが国における概念の変遷

以上概括したように、異常性格の概念は、各国によって多少概念のずれや相異がある。この事実は、異常性格という中間的概念を規定するのに、その国の文化・歴史・国民性などを背景とする判断基準が介入してくることを示してはいないだろうか。わが国においては、明治・大正時代にドイツの Entartung, Degeneration の訳語である変質という概念がとりいれられて以来、主としてその時のドイツの学会の主流的考え方に大きく影響をうけながら現在にいたっているのが現状である。現在精神医学畑でひろく用いられている精神病質はドイツの Psychopathie の翻訳で、一九三八年、神経精神病学用語統一委員であった林道倫の『覚書』(69)にはじめてみえる言葉である。林は、一九三七年の統一用語試案(68)で Psychopathie を変質としたのはわるい、Degeneration は Psychopathie の一部であるとして、精神病質という言葉を提案した。それまで、変質・変質人格・病的人格などまちまちな言葉でいわれていたものが、その後は、少なくとも精神医学者の間では、精神病質という言葉に統一されることになった。

B　異常性格の概念

以上、各国の概念を歴史的に概観してみたが、この中からひとつの統一的な方向づけを抜きだすことはまず不可能である。それほどに異常性格または精神病質の概念は、その国の精神医学の歴史と密接に関係している。精神医学の体系そのものが世界的な規模で統一されないかぎり異常性格や精神病質だけを単独に定義することは無意味な企てになるであろう。

そこで、以下、わが国で慣用されているドイツ流の精神病質の定義について私なりの意見をのべて結論としておきたい。

ふつうある人を「変り者」という場合に、「正常から少しずつ変っている」という意味と、「気違いほどは変っていない」という意味が含まれているように思う。すなわち、まず第一に異常性格とは、正常と精神病との中間にある概念である。

この場合、性格とは、生来性・生物学的に決定された「気質」や環境や年齢的発達を含めて人の情意面の特性をいいあらわしている言葉である。性格などを含めて、社会にある或る個人の人間全体としての特性をさす場合を人格という。この場合知的側面の特性は人格から一応区別して考える。したがって、人格の判定にはじめから価値判断がすべりこんでいることが多い。

シュナイダーは、異常とは規範（Norm）からの変異（Variation）や逸脱（Abweichung）であり、この場合の規範とは価値規範（Wertnorm）ではなく平均規範（Durchschnitsnorm）をさすから価値を少しも考慮しないという。しかし、私は平均規範も、時代により国により状況によりずれていることはたしかで、全く価値判断をはなれた規範を考えることはできないのではないかと思う。つぎの疑問は、私たちが異常性格の判定を行なった場合に、単に規範からの変異や逸脱のみでなく、その限界をも考慮しているということである。いいかえると精神病との鑑別という志向が暗々裡に診断者の思考にすべりこんでいるのだが、この精神病という概念が価値規範へ比重の傾いた概念であることである。もちろんシュナイダーは精神病を krankhaft なもの、精神病質を abnorm なものとして区別するのであるが、たとえば内因性うつ病の診断ひとつをとりあげてみても、彼のいう krankhaft で、körperlich なものとそうでないものとの限界は不明確だといわざるをえない。最後の疑問は、私たちの診断行為の中でおこってくる。つまり、異常性の診断を行なう場合に、対象者をある類型にあてはめようという操作がどうしても行なわれることは、私たちの臨床経験からいえるのであるが、この場合の異常性格類型はひとつの価値規範を志向しているということである。

以上の所論を要約すると、正常と精神病の概念にはもともと価値規範と平均規範が入っているから、両者の中間概念である異常人格には純粋に価値とはなれた平均規範だけでなく価値規範が入り込んでいる、とくに診断の場合にそうである、ということである。いいかえると、異常性格の定義には明確に整理限定できない曖昧さが原理的につきまとうということである。

そこで、つぎのような幅のある定義が有用であると考えられる。**異常性格とは、正常の性格からの変異・逸脱であるが、その変異・逸脱の程度は精神病までにいたらないものである。広義の異常性格は、精神病の病前性格や異常体験反応の基礎にある性格を含むが、狭義にはこれらの持続的な異常性格状態をさす**（図2）。

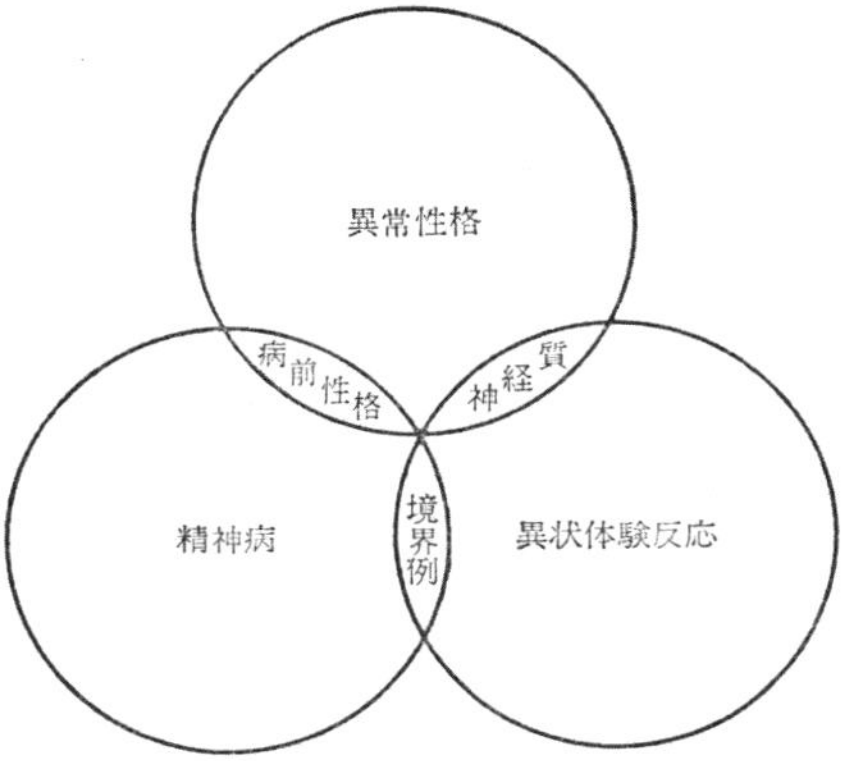

図 2

さて、異常性格の定義そのものに価規規範が入っている以上、シュナイダーがいうように、異常人格の下位概念として精神病質を規定する必要はあまりないように思える。ただ、司法精神医学の実際を考えて、つぎのようにいっておくことは意味がある。**異常性格と精神病質はほとんど同義であるが、異常性格のうち、その異常性がとくに社会を悩ますものを精神病質といってもよい。**自らがその人格の異常性を悩みとするものを精神病質の規定からぬいたのは、そのような人物が精神病質者の中にいないということではなく、社会を悩ますという点を強調したまでのことである。この考え方は、シュナイダーの類型が現在わが国でとくに司法精神医学領域で盛んにもちいられている事実と、アメリカ・イギリスなどの趨勢を考慮した便宜的・実際的な立場から考えられたものである。

異常性格および精神病質の原因については、現在までの知見でなんらかの結論を云々することは不可能に思える。素質因や環境因のどちらか重視することも、また両者の相互作用を重視することもできよう。わが国の心理学者がやるように、素質因的なものを精神病質、環境因的なものを社会病質と区別しても、実際にあるのは異常性格者または精神病質者という人間であって原因とは別に私たちが出会い観察しうる人間である。したがって、現在の研究成果からカーンのしたような（また多くの変質論者や、逆に精神分析学者がしたような）病因論的定義を下すことはできないと考えられる。現在、私たちとしては、異常性格または精神病質を《状態像》としてとらえておくほうが、より学問的に思えるのである。この点ではフランス流の déséquilibré の規定が、より妥当であると考えるものである。

（『異常性格』医学書院、一九六六）

四　拘禁状況の精神病理

――とくに異常体験反応を中心として――

まえがき

私たちの日常生活は家庭、職場、街頭、旅などの、時間的にも空間的にもかなりまとまった状況の中ですごされる。これら一連の状況に共通していえることはそれらが一般的日常的であって、たとえ状況が異常な制約をともなっていても、私たちの行動にはある程度の選択や自由が許されているということだ。しかし一度この日常性がとりさられ自由が束縛されるとどうなるであろうか。戦場や拘禁などの特殊な状況におかれた人間の考察においては少なくとも日常性からはみだした特殊性が要求されるのではなかろうか。その特殊性は状況をつくっている環境の側にあるかそれとも人間の側にあるのであろうか。

これらの設問に答えるためには対象となる問題を整理してみなくてはならない。まず私たちはある固定した環境に一定の素質をもって生活しているのではなく、環境や素質という便宜的な言葉では表現不可能な、いわばもっと「有機的」な生活を行なっている。あらゆる環境の記述はその環境に住む人間を除外しては無意味であって、刑務所という環境は受刑者と看守とで環境としての相貌を異にしている。といっても環境の中の人間のみの視点を強調し、その「主観的体験」のみを云々すれば事たりるというわけでもない。極端にいえば環境というものなどはなくて、あるのは状況だけであるということになり、これがもっとも事実に即した言い方であろうが、あまり厳密にこの言い方にこだわると学問的記述は不可能になる。これから拘禁とその異常反応というテーマを追求していく場合、これらの方法論的困難さをまず念頭においておきたい。

狭義の拘禁とは通常犯罪被疑者の勾留、犯罪者の自由刑（懲役・禁錮、拘留）など刑法によって規定された状況をさすが、広義には、前にのべたように、日常性を逸脱した自由の制限すべてを含むであろう。

拘禁状況の一般的特徴は何よりも自由の制限である。囚人は一定あるいは不定の期間その生活のすべてが厳格な規律によって統制されており、一挙手一投足は監視され、個人的恣意はほとんど許されない。飲酒、喫煙、性的行為はかたく禁じられている。自由の制限は刑期や日課としての時間的なものと居房と作業場の中だけという空間的なものに及ぶ。つぎに集団化と無名化という個人性の没却がみられる。強制された集団生活によって個人の私的生活は根底から侵蝕され、受刑者という名のもとに均一化された存在意義しかみとめられない。「おそらく他の何よりもまさる大きな苦しみ……それは強制的に共同生活をさせられることである」（ドストエフスキイ『死の家の記録』）。自由の制限と無名化は単調な形式的な生活のくりかえしをもたらす。同じ場所、同じ顔ぶれ、同じ仕事が日々を彩る。「来る日も来る日も寸分ちがいのない日々」（同）がつづく。この生活の中で拘禁状況に特有な人間関係が形成される。一方では権威を代表する職員とその監督下にある囚人との公式的《フォーマル》な関係——監視する者と監視される者という——があり、他方では無名化された囚人同志の特異な連帯感と反発心をもった非公式《インフォー》的《マル》な関係がある。このような特殊状況においては、環境への順応《アダプテイシヨン》や適応《アジヤストメント》も特殊な観点から考察されねばならない。言いかえると私たちの一般的状況における正常とか異常とかいう判定規準が、拘禁状況においてはずれてくるのである。この点はいわゆる拘禁性精神病という特異な疾病の有無をめぐって議論のあるところであるのでその項で詳述したい。

けれども拘禁という状況が特殊であるからといって私たちの日常世界と全くかけはなれたものばかりがそこに

見出されるわけではない。むしろ拘禁は私たちの日常世界のもつ意味を拡大してみせてくれる。自由の制限は職場における拘束の問題に通じるであろうし、集団化や無名化は現代の大都市や大企業での集団的画一状態の問題につながる。公式―非公式の人間関係のもつれは、ゲゼルシャフトやゲマインシャフトの問題として社会学の常識になっている。もちろん問題をここまで飛躍させることは慎重でなくてはならないが、拘禁という一見古くさいような現象の研究の中に意外と非常に現代的な問題がかくされていることは、この研究を行ないながら私たちも驚かされることが多いのである。

以下の記述において用いられる言葉について一言したい。現在、わが国では「監獄」にかわって「刑務所」が用いられ、「囚人」にかわって「受刑者」が用いられる。それは監獄や囚人のもつ陰惨なひびきを考慮してのことであろうが、拘禁状況一般を記述する場合、受刑者では語義が限定されすぎて、未決勾留や強制収容所などにおかれた人々を表現できない。ここでは古いようだが「囚人」というすぐれた言葉を用い、拘禁する側の人を「拘禁者」とよびたい。

また一般的方法についていえば、人間の精神にかんするかぎりもっとも異常なものは正常なものを拡大して示すという公準にしたがいたい。また歴史というものは現代の光に照らしてのみ意味があるという立場もはっきりさせておきたい。したがって、まず一般拘禁状況における異常体験反応を中心にしてのべ、さらに特殊拘禁状況として強制収容所抑留者を中心にしてのべ、それらの材料を基礎に拘禁状況における順応反応をのべ、さいごに考察を行なうことにする。また歴史的文献について随所で触れたが、それは現在および将来の研究方向を展望しようとするためのもので決して網羅的な意図のもとになされたものではないことを附言しておきたい。

一　一般拘禁状況における精神異常

一般拘禁状況とここでよぶのは、主として刑務所、拘置所等の刑事犯の拘禁状況をさす。この状況がもっとも身近かにみられるもので、その臨床的知見がもっとも詳細に記載されているし、あらゆる拘禁状況研究の出発点ともなると考えられる。

まず、拘禁状況における精神異常、いわゆる拘禁性精神病の研究の歴史をふりかえってみよう。

研究の歴史

拘禁状況における人間の行動や心理が、学問の対象として注目されだしたのは約百年前頃からである。とくに精神医学畑からの刑務所囚人の精神障害の研究がはじまりであった。一八五四年に出たデルブリュックの仕事がこの方面での最初のものとされている。かれはとくに熱情犯が拘禁一年目に固定観念や妄想に陥り、犯行の否認や美化を行なう傾向がつよいことを発見した。これに反して慣習犯では熱情犯に比べてこの種の精神異常が少ないことものべた。この際デルブリュックは拘禁環境にみられる犯罪者精神病（Verbrecherwahnsinn）は一般社会にみられる精神病とは全く別の一つの疾患であると考えた。

ついでグーチュ（一八六二）は十二年間にわたる重罪犯刑務所の医師としての経験から報告をおこなった。彼は拘禁精神病の原因は犯行、判決、刑執行という「一般的なもの」と拘禁外の種々の「個人的なもの」との二つであるとした。拘禁は囚人の精神と身体とに深い影響を及ぼす、とくに独居拘禁はこの影響がつよいという。

デルブリュックとグーチュの先駆的研究に少し間をおいて八〇年代になると重要な研究が輩出した。

ゾンマー（一八八四）は重罪犯刑務所の囚人をしらべ、その七〇％が被刺激性、痴呆、奇異な状態などの精神障害に陥っていて、この原因として拘禁の影響があることを見出した。とくに長期囚では刑の長さ、孤独、過酷な労働、強制的沈黙、単調な仕事、厳格な規律が拘禁の耐えがたさを増大している。また慣習犯にくらべると熱情犯と機会犯は拘禁に対する耐性が弱く、容易に精神異常を呈する。これは熱情犯が拘禁状況を非常につらいものと考える熱情的性格を持っているのに、慣習犯は何事についても無関心であるためである。またデルブリュックとグーチュが発見したように拘禁の初期一～二年には発病率が高い。しかし、ゾンマーはデルブリュックの犯罪者精神病やグーチュの独居拘禁精神病が、拘禁の影響をみとめながらも、すでに拘禁前から発病したものが多く、しかも犯罪と拘禁精神病とが関係があるとみなしていた点を批判し、拘禁精神病は拘禁環境に特有なエピソードであって、拘禁がなければ現われないものだとした。ここにはじめて拘禁反応の概念の萌芽がみられる。

つづいてクネヒト（一八八一）の拘禁精神病、キルン（一八八一）の軽罪犯、ネッケ（一八九三）の女子囚、ライヒ（一八七一）の未決囚の研究は、それぞれの対象について知見をひろめた。モエリ（一八八八）は特有な虚言症状に注目した。これはのちにS・ガンゼル（一八九八）やJ・レッケ（一九〇一）によって詳細に記述され、ガンゼル症状群の名を与えられることになる。レッケ自身も拘禁性の昏迷状態を記載した（一九〇一）。これらについては後にその項で再述する。

以上が創始期の諸研究で、そのほとんどがドイツにおける業績であることが注目される。この時期はまだ疾患分類についての確固とした学説もなく、個々の症例の記載や拘禁特有の精神障害について幾多のすぐれた発見を行ないながらも、なお診断やその発生機制についての考察には誤謬が多かった。デルブリュックのみた慢性疾患やグーチュのみた急性疾患にはおそらく精神分裂病がかなり含まれていたことと思われる。

そこでつぎの第二期はクレペリンの早発痴呆の概念が出た以後に来ることになる。

これ以後の拘禁精神病の研究は、主にドイツ語圏を中心として、実に活発で枚挙にいとまがないくらいである。そこで、個々の問題についての研究は、その項で触れることとし、拘禁精神病一般について大きな見通しをあたえたいくつかの業績にだけ触れることにしたい。

第一期の創始時代には拘禁精神病の特異な現象がもっぱら注目され、記載された。ところが第二期にいたると、その心的発生機制や分裂病を中心とするいわゆる真正精神病との関係が注目されだす。問題はほぼ次の四つに整理されるように思われる。第一は、拘禁環境に特有と思われる精神障害を、主として心因反応の概念の中で論議すること。第二は、一般社会環境の中でみられる精神障害が、拘禁環境のなかでどのように変容されていくかといういわゆる拘禁着色（Haftfärbung）の問題で、これは主として精神分裂病を中心に研究される。第三は心因反応や真性精神病の研究を通じて「拘禁反応」の機制を論じていこうとするもので、詐病と心因反応との関連、とくに意図的なものがどのように「自動化」されていくかという問題が中心となる。第四は、拘禁環境として一括されていたものに実は種々の異なった環境が含まれていることから環境別に問題をみていこうとする傾向が生まれる。例えば未決囚と既決囚、独居囚と雑居囚、短期囚と長期囚、無期囚と死刑囚などの特異性が注目されてくる。これらの諸研究はやがて第二次世界大戦後の強制収容所や戦争捕虜の研究などにひきつがれ、次の第三期の人間学的諸研究へと発展していくわけである。

さて、この時期の最初の仕事はリューディン（一九〇一）の拘禁精神病の臨床型の研究であろう。かれは、固有の疾患単位としての拘禁精神病は存在せず、拘禁はあらゆる精神障害を特有な作用で変容する（modifizieren）だけだと主張した。この意見はメンケメラー（一九〇五）、ホンブルガー、ビルンバウム、ボンヘッファーとうけつがれていく、いわゆる拘禁着色（Haftfärbung）の概念を最初にうちだしたものである。

拘禁性精神病の中で心因と内因の二つの疾患をはっきり区別しようという試みはE・ジーフェルト（一九〇七）によってはじめて明確に行なわれた。かれは変質性拘禁精神病と真性精神病を区別した。変質性拘禁精神病（degenerative Haftpsychose）は慣習犯の三十歳代に多くみられ、素質と外界の作用とが結びついておこる。この中には、スティグマータを伴うヒステリー、単純なヒステリー、空想虚言症、好訴妄想、詐病傾向をもつ精神病状態、長期拘禁による感情鈍麻状態などが含まれる。真性精神病には、拘禁環境によって特有の状態はみられず単に拘禁着色が問題となるだけである。この意見にはK・ウィルマンス（一九〇七）も賛成で、前者を拘禁反応とよび、後者を一般社会の精神病と同列に取扱うべしとした。

一度、拘禁反応の概念が生まれると、心因反応としてその特異性が種々の角度から追求されることとなった。まず心因性のヒステリー状態については、ガンゼル、レッケの古典的研究にひきつづき、数多くの症例が報告され、ウェルニッケの仮性痴呆やストロイサーの児戯症との近縁関係も明らかにされた。とくにその中核症状である「的はずれ応答」（Vorbeireden）がヒステリー性のもうろう状態であることはほぼ定説となった。中田（一九六三）は最近この問題についてすぐれた考察を行なっている。

反応性妄想についても拘禁反応の研究が重要な役割を果した。ボンヘッファー（一九〇七）は拘禁性の急性パラノイアに注目し、それが固有の変質性格の基礎の上におこり、拘禁中短期間つづく関係妄想であることを明かにした。リューディン（一九〇九）は無期囚を研究し、有名な初老期被害妄想を記載した。ビルンバウム（一九〇八）は、この問題を透徹した臨床眼で研究し、かれのいう妄想様構想（wahnhafte Einbildung）の概念を確立し、心因と妄想形成の種々の形態とその機制を考察した。W・フェルスターリンク（一九二三）や最近のK・コレ（一九四九）の拘禁妄想の研究はこれら豊富な先覚者の業績を引継いではじめて可能となったと思われる。

真性精神病の問題についてはほとんどあらゆる研究者が言及している。この場合、拘禁という環境要因が精神病の中核的症状をくずすことがないことには多くの人々の見解が一致している。しかし拘禁が何らかの意味で精神病の契機となったり、その傾向を助長したりすること、また適切な治療のおくれから疾病の慢性化を来たしやすいことも確かであろう。ことに発病初期には拘禁着色がつよく、妄想の内容も特有な人間関係にもとづく被害妄想、赦免妄想が多くみられる。真性精神病の頻度についても種々の報告があるが繁雑になるので省略する。

拘禁反応の発生機制については詐病との関連性が問題とされた。ジーフェルトが、それまで単純に詐病として取扱われてきたものの中に多くの心因性精神病の存在に気づき、それを変質性拘禁精神病として一括記載したことは前述した。ビルンバウムは拘禁性精神障害においては詐病はきわめて稀であり、むしろはじめ詐病傾向を持つものが病的なものへと脱線し心因性詐病精神病（psychogene Simulationspsychose）をつくるとした。ボンヘッファーやグルーレ（一九三四）もほぼ同意見である。これに対して、ウィルマンス（一九二七）は、拘禁性精神病においては詐病がきわめて多いとし、拘禁反応という診断そのものに疑問をいだいた。かれによれば拘禁反応とよばれるものの大部分は刑罰に対する防衛とか願望または目的によるものであるという。疾病か詐病かという これらの論争についてE・ブラウン（一九二八）やM・ライヒャルト（一九三三）らは、疾病か詐病かという区別に拘泥すべきではなく、両者はより包括的概念である目的反応として統一さるべきであるとした。これにはクレッチマーの力動的なヒステリー論が背景に利用されていることがうかがわれる。

特殊な拘禁環境の問題は、まずリューディン（一九〇八）の無期囚の研究によって口火をきられた。かれは無期囚の約半数が何らかの形で心因反応をおこしていることに注目した。彼はその中に六例の初老期赦免妄想者を発見したが、これはテッペン（一九一二）によっても認められた。その後、リープマン（一九一二）、フィールンスタイン（一九一四）や最近のA・オーム（一九五九）にいたるまで無期囚の問題は詳細に研究されている。わが国では森岡（一九五四）と小木（一九五九）の研究がみられる。要するに無期囚における長期拘禁の影響が、単に心理的影響のみならず、深く人格の核心を襲う強いものであることが諸研究の一致した意見である。

死刑囚についても、刑執行前の異常な興奮を考察したオッペ（一九一三）の仕事以後、オーム（一九五六）、G・ナス（一九五三）、小木（一九五九）と数は少ないが、死という人間の根源的状況を前にした拘禁反応の記載が行なわれている。

未決拘禁、既決拘禁の拘禁性精神病についてもそれぞれ研究が行なわれている。わが国では中田(一九五三)の未決拘禁反応の研究がある。ことに興味のあるのは政治犯の研究であろう。これはとくにわが国において、吉益(一九三五)、中・左座(一九三六)、野村(一九三七)によって当時の政治犯について行なわれた。

拘禁性精神病の研究は、大きくみれば、基礎となる精神医学や心理学の発達に平行してすすめられていたことは明らかである。同時に拘禁性精神病の解明が関係領域の発達をうながした功績もたしかに大きい。第二次大戦中後の強制収容所および戦争捕虜収容所についての厖大な研究は、この二重の意味で興味がある問題である。戦時の捕虜収容所の研究は第一次大戦後もボンヘッファーなどによっておこなわれたが、この特殊な拘禁状況が掘り下げて追求されたのは何といっても第二次大戦後である。ことにナチの強制収容所はその状況の苛酷さと囚人の大集団とによって歴史に類をみない特殊な現象となった。同じ拘禁状況といっても、従来の刑務所や拘置所におけるそれとあまりにもかけはなれていて、これを拘禁という同一視点で論ずるのは躊躇せざるをえないほどである。強制収容所の研究は、戦中すでに散発的にあらわれ、戦後、一九四七年から九年にかけて多数発表された。それは主として、収容所生存者の収容中および解放直後の精神状態をとりあつかったものである。これらの諸文献はE・A・コーエン(一九五三)の強制収容所における人間行動の研究としてまとめあげられた。ところが、その後一九五七年頃から生存者の慢性の異常状態が問題にされだし、六三年にいたる間に多数の研究が輩出した。この慢性の精神異常を心理的原因によるとみるか、あるいは収容中の脳の器質的変化とみるかで、ドイツ・アメリカを中心に活発な議論が行なわれ、現在までのところまだ最終的結論はだされていない。強制収容所の研究で注目すべきは、それを在来の一般心理学、社会学、精神医学の常識でわりきってしまうには、あまりにも例外や説明不可能な点が多いということである。この意味で、W・フォン・バイヤー(一九五七)、E・シュトラウス(一九六一)、V・E・フランクル(一九四六・一九六一)らの人間学的立場からの考察は興味がある。それは環境がいかに苛酷であろうとも、環境をうけとる人間が状況をつくるのであり、外側からみれば、自由のかけらもないような人間であっても、なお自由を持つことができるという実存の問題をよびおこすからである。この人間学的立場は、従来の拘禁環境の研究にとってほとんど注目されていなかったもので、おそらく将来の研究はこの面から再建設されていくように思われる。

拘禁性精神異常の分類

拘禁性精神病には実にさまざまのものがみられることは前述したとおりである。しかもその病型は人によって時代によって変遷がみられる。少なくともクレペリンの早発痴呆の概念が出て、心因疾患と真性精神病を区別しようという動きが出た以後においても、さまざまな分類や類型化がおこなわれている。しかしここでは、現在わが国の刑務所や拘置所でみられる拘禁性精神異常を中心にして記述していき、適宜症例をあげながら考察していくこととしたい。私は次のように分類整理してみた。

拘禁性精神異常の分類

分類		被告	受刑者
一 拘禁性体験反応（拘禁反応）		（六六）	（六）
1 神経症（拘禁神経症）		二一	一
2 精神身体疾患		二	〇
3 原始反応	爆発反応	六	一
	レッケの昏迷	四	〇
4 反応性朦朧状態	ガンゼル症状群	二	〇
	ヒステリー	六	〇
5 反応性気分変調	うつ状態	五	〇
	死刑囚の躁状態	二	〇
	不機嫌状態	四	二

		被告	受刑者
6 反応性妄想	攻撃的妄想（好訴妄想）	二	一
	被害的妄想（敏感関係妄想）	一	〇
	逃避的妄想（ビルンバウムの妄想様構想）	二	一
7 詐　病		九	〇
二　精神病		（六九）	（一〇）
1 精神分裂病		三〇	三
2 躁うつ病		一	〇
3 てんかん		一四	二
4 進行麻痺		八	三
5 脳器質疾患		六	〇
6 中毒性精神病		九	二
7 退行期精神病		一	〇

この分類は便宜的なものでことに体験反応の間では状態像の移行や重複がしばしばみられ、全体としてまとまった名称をつけることは困難である。したがってここでは「状態」に重きをおいて記述していくことにする。

拘禁性精神異常の出現頻度の参考のために下段に示した数字は、私が東京拘置所において一九五五年一一月から五七年五月の一年半の間に観察し得た人数である。上の数字が被告で下のが受刑者である。当時、私が拘置所医務部における唯一人の精神医であったから、この数字はある施設における大体の傾向を示すに十分であろうと思われる。これを他の著者らの結果と比較するのは、材料、診断基準、時代などによる差が入ってきてあまり意味がない。同じ拘置所で中田が一九四八年から五〇年の二年間の統計を出しているので比較するとほぼ同じ傾向がみられた。ただ分類基準が異なるし、中田の例では神経症様状態や詐病が抜いてあるので一概に論ずることはできない。私の一五一例のうち被告が一三五名、受刑者が一六名である。同期間に同拘置所に入所した被告延数は一五、四八八人、受刑者延数は一一、五八九人であるから拘禁性精神異常は各々〇・八七%および〇・一六%の頻度でみられることになる。つまり決して多いものではない。ただ、未決被告に多く既決受刑者に少ないことは明らかに言え、従来の諸家の報告と一致している。また、真性精神病以外の体験反応については一般に初犯者に多く、累犯者に少ないことも私の統計で示され、一般の意見と一致する。特殊な拘禁状況では精神異常の型の相異とともに頻度も異なってくる。私たちが別に調査した死刑を宣告された被告では五〇%、死刑確定者では三六%、無期囚では四一%の高率に精神異常がみられ、その大部分が体験反応型の異常を呈した。これらの事実から、人間というものは状況の差によって精神異常になる可能性があること、ことに困難な状況――未決、初犯、重刑――においてはその傾向が増大することが明らかである。この場合私たちの行なった調査でも真性精神病の頻度は状況によってさして変化をこうむらないので、影響をうけるのは当然のことながら体験反応型の異常ということになる。

1　拘禁神経症

拘禁神経症は最も頻繁にみられる。少なくとも軽い神経症様訴えをもつ者は非常に多い。頭重感、頭痛、眼痛、めまい、胸部圧迫感、心悸昂進、食欲不振、胃痛、胸痛、背骨痛、下肢痛、腰痛など体のある部分に限局した異和感や痛みから、漠然とした疲労感、倦怠感まで種々である。気分相もいろいろで、抑うつ気分、不安、焦燥、軽い不機嫌、気分易変、被刺激性などあり、不眠、多夢を訴えるものが多い。要するに心気傾向、好訴傾向、攻撃傾向をもった神経症様訴えが多いので、一般社会における典型的な不安神経症や強迫神経症は稀である。ことに強迫神経症は少なく、私の二二例中にも一例見出したのみでそれも典型例ではなかった。神経症様状態においては詐病との区別がきわめてむつかしい。拘禁環境における生活が困難であればあるほど逃避や防衛としての詐病が増大することはウィルマンスなども指摘するところで診断には慎重さを必要とする。一般に未決囚では、裁判の進行、処遇の緩和、一般社会からの隔離などの心的要因が複雑に作用するのでこの種の状態が出現しやすいし、受刑者でも累犯者では刑務所ずれの心理からなるべく安易な医療場面へ逃避しようとするためこの訴えが多いと考えられる。長期囚や無期囚では無気力、無関心、感情鈍麻などのプリゾニゼーション（後述）の基礎の上に神経症様の症状が出現することが多い。囚人の性格ももちろん考慮せねばならない。単に精神病質人格の表現としての神経症様状態もありこれは拘禁性のものとは区別すべきであろう。しかしビルンバウムもいうように、拘禁が精神病質人格の諸特徴を拡大して示すことがあり、とくに心気念慮、不機嫌、好訴、爆発などはもともとあった人格傾向が強められたにすぎないことがよくある。

2　精神身体疾患

単に神経症様訴えのみならず、あきらかに身体の異常を伴うものもある。鼻出血、盗汗、手指振せんから、胃潰瘍など精神身体疾患と目されるものまである。私自身も長い間神経症として治療してきて、ある時胃のレントゲン透視を行なって明らかな潰瘍像を認めえたものを数例経験した。この場合いずれも頭重感、不眠、不安等の他の神経症様状態が合併しており、胃潰瘍も精神症状の改善とともに治癒してきたのが注目された。

3　原始反応

体験反応様状態で比較的多くみられるのは、爆発および昏迷などのいわゆる原始反応である。クレッチマーによれば、原始反応とは体験刺激が、発達した全人格の介入なしに、直接に衝動的瞬間行為や心的深部機制となって前景に出てくるものである。これは普通原始人、子供、動物などにみられ、文明人でも各個体に非特異的にあらわれるという。たとえば灯火にひかれて来た蛾が目茶苦茶な運動を乱発するようなのがそれである。

爆発反応　原始反応の一種である爆発反応は刑務所においてはごく一般的にみられる現象で、昔から懲治場爆発（Zuchthausknall）とか、爆発発作（crise de violence）として知られ拘禁環境に多いものであることは確かである。とくに暴力犯、殺人犯に多く、独居囚、未決囚、死刑囚に頻繁にみられる。突発的におこる憤怒の発作から、極度の混乱におちいり典型的な運動乱発状態や痙攣発作までの段階がみられる。囚人は壁や扉を乱打し、房内の器物を破壊し、周囲の人物——看守や同囚——に対して全く無意味な攻撃を行ない、叫び泣き笑う。多く顔面紅潮、呼吸促迫等の身体症状をともなう。発作中に自傷行為がおこることもある。発作は一、二時間ぐらいで鎮静するものが多いが、ときには二、三日ぐらい興奮がつづくこともある。鎮静後に発作中の記憶が曖昧であることから意識障害の存在が推測される。しかし、てんかんの発作と異なり発作中でも周囲への関心が保たれ、ことに老練な看守の出現によって鎮静されることがみられるし、きっかけに些細な動機がみられることがままある。

爆発反応は私の調査によると未決重罪囚や死刑囚に多く無期囚に少なかった。爆発反応をおこすものを、発作のない時に観察すると多少にかかわらず日常の異常気分——不機嫌、上機嫌（多幸症）、うつ気分——が発見され、これらと爆発の関係はかなり密接であることが認められる。いいかえると、爆発反応をおこす前にすでに囚人の精神内部に一種の準備状態ができているのであって、全く突然に発作が発現するものではない。また大部分の事例がこれに加えて、頑固な不眠、疲労感、頭重感などの神経症様の症状をもっていたことも見過せない。普通神経症にみられる易怒焦燥などの感情失禁が拡大された形でこの異常興奮状態をおこすと考えたほうがよいように思われる。

レッケの昏迷　運動乱発の対極にある原始反応は擬死反射である。拘禁環境においてみられる昏迷状態はクレペリンもいうようにあらゆる意味で、動物の擬死反射に類似している。擬死反射とは昆虫、クモ、カニ、ヘビなどにみられる原始反射で危険な状態に追いこまれた際、急に動かなくなったり死んだように横たわって自己を防衛することである。

レッケは一九〇一年に五例の拘禁性昏迷を記載した。一般にレッケの昏迷とよばれるのがこれである。囚人は突然静止し、房内に茫然として佇立したり、倒れたまま動かなくなる。外界の刺激にはほとんど反応せず、緘黙、拒食、大小便失禁の状態となる。しかし軽度なものでは多少房内を動きまわったり、意味のわからぬ言葉を断片的に喋ったり外部より影響もうける。この昏迷状態は精神的、肉体的に疲労した囚人の間に多く、前兆として不愉快な妄想気分や要素幻覚がみられる。昏迷は自然にまたは興奮状態を経て消失する。昏迷自体は外界からの刺激に多少影響され、しばしば精力的な処置によって中断させることも可能である。ヒステリー徴候《スティグマタ》が併存することも多く診断は容易である。囚人の両肢は弛緩しているが歩かせると痙攣《スパスムス》がみられる。腱反射は昂進し、痛覚はむしろ鋭敏である。昏迷の持続時間は一時間から一月にわたりその間に間歇期がはさまる。昏迷の消失後、易怒的・猜疑的気分や子供っぽい衒奇的傾向がおこる。以上がレッケによって古典的に記載された拘禁性昏迷である。この場合も昏迷中の記憶が曖昧であることが多く意識状態の変化が当然予想される。

昏迷状態は爆発反応にくらべるとわりあいに稀である。私のみた例は高度のものはレッケの記載に近いが、彼もいっているように外界の刺激にはむしろ反応しやすく、容易に詐病的色彩のつよい反応性朦朧状態に移行するものが多かった。吉益は一例の長期受刑者で診察を待っている間に突然倒れ、針で刺しても全く無動で、放置しておいたところ一日で正常な状態にもどった例を報告している。昏迷状態において実際的に施設側の手をやかすものに拒食がある。もちろん真に詐病のためにする拒食や、朦朧状態におけるかなり演劇的な拒食もあるが、原始反応としての例外状態における拒食も割合よくみられる。囚人は全く不動の状態で寝たきりとなり、あらゆる飲食物に対して無関心となる。私は拘置所において、次のような頑固な拒食者を見た。彼は一年半にわたって頑固な昏迷状態をつづけ、その間食事はゾンデによって供給された。ついに身体が痩せほそり、生命に危険なほどの栄養状態になったため、精神病院へ送られた。ところが数日後に昏迷がとけ、ついで数ヵ月後に元気一杯となって病院から逃走してしまった。

短絡反応　情動的衝動が全人格を回避して直接行為に移されるような反応を短絡反応という。短絡反応は爆発反応のような原始的運動暴発の形をとらずもっと複雑な行為として現われるので、拘禁環境という自由の制限された場においては比較的稀である。文献には囚人の自殺行為や企図が短絡反応の形でおこされることが記載されている。私自身は次のような例を見たことがある。これは家庭内葛藤の結果実子を扼殺して投身自殺をはかり殺人で起訴された女囚が、拘禁中犯罪行為時の健忘によって極度に不安に陥った一例である。この例においては短絡行為時の記憶欠損が、麻酔分析によって完全に回復した事実が印象的であった。

4　反応性朦朧状態

爆発反応、昏迷、短絡反応などの場合は、少なくとも意図的、目的的な色彩が現象の前景にはみられない。ところが、次に記載する反応性朦朧状態においては何らかの意味で意図的な傾向が前景に出てくる。原始反応は次第に目的のためにする欺瞞——詐病——へと移向していくもので、朦朧状態はその中間的状態と解される。ここでは拘禁状況に特有なものとされているガンゼル症状群と古典的なヒステリー発作を含む反応性朦朧状態についてのべよう。

ガンゼル症状群　的はずれ応答（Vorbeireden）、ガンゼル症状群（Gansersches Syndrom）、偽痴呆（Pseudodemenz）、道化症状群（Faxensyndrom）などの名で知られている症状群は拘禁環境に特有なものとされている。これはモエリによって最初に記載された（一八八八）。

ガンゼルは未決囚において四例の同様な患者を記載し（一八九八）、のちに一〇例の患者について「ガンゼル症状群」の記述をまとめた（一九〇四）。彼によると症状群の特徴は次のようである。「患者は簡単な質問にも正確に応答しえない。もっとも患者は質問の内容はかなり正確につかんでいると思われるのにわざと間違った答をするかにみえる。この場合、すべての症例にみられるのは馬鹿げた応答であり、答は一応質問の目指す方向にはある。意識障害または意識の曇り（昏恍）がみられ、ときには幻覚性錯乱もみられる。夢幻的状態、不安で当惑した表情、失見当識がみられる。しかし多く短時間で正常な意識状態にかえる。身体症状として、ぼんやりした表情と力のない態度が観察される。必発するのは皮膚知覚の異常、とくに痛覚の減弱である。知覚減弱は島状にみられることも弥慢性にみられることもある。」ガンゼルやレッケは以上の症状群をヒステリー性朦朧状態と規定した。ドイツではその後沢山の症例報告が行なわれ、一九二二年レッケの注目すべき総括的論文までその機制について種々の意見がのべられた。わが国では、沼田（一九二七）の記載をはじめとして中・左座、野村、吉益、中田、小木などの症例報告がある。アメリカでは最近S・ゴルディンやH・ウェーナーらの記載がある。

つぎにガンゼル症状群の中核をしめる的はずれ応答について中田の論文から症例を引用してみる。

名前は？……オ、ク、イ、チ（一語一語分解してしゃべり、発音はやや不明瞭である）
年は？……二、十（ジュウ）、七（これも分解していう）
生年月日は？……ワ、カ、アン、ニ（わからないという意味らしい）
妻の名は？……ウ、メ、コ
ごはん食べたか？……イ、イ、マ、クッタ
いつ食べたか？……パー、アン、クッタ
右手を出してごらん……（ながく考えている様子をして左手をだす）
左手は……（左手をだす）
右足は……（正）
左足は……（正）
右眼は……（わからないという）

左眼は……（同右）
一＋二……三（指を使って計算する）
（次に絵に書いてある事物の名をいわせる）
犬……ワンワン
ローソク……アカリ
マッチ……マッチ
馬……ウマ
ネズミ……チュウチュウ（以下略）

中田はこの症例から次の四つの特徴を見出している。1　応答では必ず一語、一語に分解する。読むとき、書くときにも同様な分解の傾向がある。2　書くとき、とくに文字を書くときに、書き順がまちがっている。3　事物の名称を述べるときには、主として幼児的な表現を用いる。4　類似的なものを同一化する傾向がある。そのために誤った言いかた、書きかた、行動をする。

この的はずれ応答の成立機制については、いろいろな解釈が行なわれている。ある者は意識混濁による知覚の障害を、ある者は対象物を抽象的に同一化する特徴をもつ思考障害を云々した。レッケは、これらに対して意志を重視し、知りたくないという感情のため正しい答が抑圧されると考えた。中田はこの見解を発展させて「知りたい」という意志と「知りたくない」という意志の対立の結果、特有な的はずれ応答ができるとした。彼は麻酔分析によってこの症状が消失する事実から、層理論的に「知りたくない」の方が「知りたい」よりもより高次のものと推測した。これは注目すべき見解で、そうだとすれば、拘禁反応の成立機制を理解しようとする際に、ガンゼル症状群が一つの模型的な構造を呈示していることになる。そうして、もっとも原始的な反応から詐病にいたる拘禁反応の種々相に層的構造を仮定することによって一層現象の理解が深まることの一つの例証となるわけである。

拘禁性ヒステリー　典型的なヒステリー症、すなわち教科書に記載されているような徴候《スティグマータ》を持ち痙攣発作や失立、失歩などを伴う状態は、拘禁精神病研究の初期には多数記載された。今世紀に入ってからもジーフェルト、ボンヘッファー、ビルンバウムなどはその存在を重視している。しかし私の印象ではその後段々と文献も少なくなり、少なくとも典型例は数の上でも減少してきているように思える。中田の観察した未決囚の心因反応中にも少なく、私も死刑囚で一例経験したのみである。これに反して比較的多いのは反応性朦朧状態であって、とくにガンゼル症状群の背景となったり、これらの症状群と無関係に出現したりする。しかし朦朧状態がそれだけで持続することは稀で、急性興奮状態、神経症様状態、不機嫌状態などが前駆症として現われたり、回復後も頭痛、めまいなどの神経症様のうったえが続いたり、次第に詐病的色彩が濃くなったりするのが大部分である。注目すべきことは反応性朦朧状態の後に、後述するような拘禁性妄想が出現することが多いことで、妄想成立の土壌的役目を朦朧状態が荷っていると思われるふしがあることである。

反応性朦朧状態において特有なことは、一方では詐病的態度がうかがわれ、他方では意志と無関係な例外状態がうかがわれ、この両傾向の混合が病像を多彩なものにすることである。前者は日頃の囚人の生活態度や状況の分析から納得できることが多いし、後者は発作時の不合理な行為——自殺企図、自傷、糞便を食べる等——と発作中の記憶の欠如から推察される。これが、朦朧状態を前述した原始反応と後述する詐病との中間状態と考える理由である。

5　反応性気分変調

反応性うつ状態　反応性気分変調の一方の極は反応性抑うつ状態である。囚人は意気銷沈した態度で、寡黙となり、日課の運動にも出たがらず、面会を避ける。不眠、不安、焦躁感、食欲不振等の訴えがつづく。精神運動性の制止が主景を占める。これは初犯囚、未決囚、死刑囚、長期囚などに多くみられる。未決囚では特に裁判の経過によって状態の推移が顕著であり、拘禁の初期と、予期した判決より重い刑が宣告された時によくみられる。

反応性躁状態　もう一方の極の躁状態が反応性に出現するか否かは議論のあるところで、シュナイダーなどはこの存在を否定しているが、私たちは死刑囚においてその典型的なものにしばしば遭遇した。反応性躁状態はおそらく死刑囚のみに特有なものであって、私たちはまだ他の囚人の間には見出したことがない。病者は騒々しく、多弁で、歌い、笑い、冗談をとばし、全く抑制を欠いて興奮し続ける。看守に対しては一見従順であるが、時にはかなり思いきった反則を行なう。多幸的気分と精神運動性の興奮が前景を占めるが、原始反応のように無目的な行動に走ることはない。死刑囚の反応性躁状態において特徴的なことは、非常に外界の刺激に影響されやすく、容易にうつ状態に変化しうることである。この変化が急激に来る場合は躁状態とうつ状態があたかも同時におこったような印象をうける事がある。この混合状態においては彼らは多弁多動でありながら、苦悶、悲哀の表情を示したり、笑いながら泣く。この奇妙な混合状態は内因性躁うつ病の混合状態に類似しているが、もっと動きが多く、再び躁またはうつ状態へおちこんで行く点が相異している。

私たちは死刑囚の反応性躁状態の典型的なものを数例観察したが、よくみると死刑囚には一般に一種の多幸的気分が支配的であって、うつ状態よりもむしろ優勢な傾向であるともいえる。次にこの典型例を紹介しよう。

症例1　一九二七年生。累犯死刑囚。反応性躁状態。

長野県の農家に生まれた。本人が一九歳時、母が死亡。継母との折合が悪く、生活苦のため闇屋などをやっているうち飲酒癖がはじまり、家出、無軌道な生活、二一歳時、窃盗初犯、以下窃盗、傷害をつづけ、二七歳時強盗致死罪のため逮捕。

第一審（五四・一一・八）、控訴審（五五・五・九）、上告審（五五・一二・二六）ともに死刑で判決が確定した。

死刑囚として特別房に独居していたが五五年五月、第二審で控訴棄却の判決をうけた頃から腰痛、肩痛、心悸昂進、頭痛などの神経症様の訴えが多くなり、同年八月からは気分の変調が目立ち、落着きを欠き、多弁でよく笑い、やや尊大で誇大的な言動をするようになった。一見上機嫌で看守の誰彼をよびとめては冗談をとばし、笑いころげるが些細なきっかけから興奮し、反抗的になる。そうして発作的に暴言を吐き、時には看守に殴りかかったりするが、すぐ後悔して泣きだしたりした。しかし、思考はきわめて早く動き、周囲の状勢にも敏感に反応した。和歌を多作し、死刑執行を真近にして全く恐怖心を示さず死が唯一の救いであると大言した。しかし、誰かがそれに対して真剣な共感の念を示さないと怒りをあらわにし、暴行や破壊行為を働いた。この一見易怒性躁病《ゲライツテ・マニー》様の状態は本人のほぼ中核的な気分であったが、翌五六年二月頃からこれらの間に、うつ状態がはさまり、気分の易変性が目立つようになった。すなわち、今、愉快そうに笑っているかと思うと次の瞬間にはふと黙りこんで涙をうかべて泣きだす。今度は泣きながら、大声で愉快げに歌いだすという風で、気分が瞬間瞬間にかわりながら混合状態を示すようになった。

本例ははじめ、躁病様興奮状態がはじまり、次第に、易怒性躁病状態へ移行し、ついで躁うつ両病相の混合状態へと変っていったのであるが、注目すべきは基底にある躁病様の気分が、少なくとも内因性躁病時のように不可解なものでなく、かなり了解可能な事である。囚人に対する頻回にわたる診察時の記録から、彼自身の表現を左にぬいてみよう。

まず独特な時間感覚がある。「死刑の執行が間近いと思うと、毎日毎日がとても貴重なのです。一日、一日と短い人生がすぎていくのが早すぎるように思えます。それにしても社会にいるとき、なぜ時間をもっと大事にしてかからなかったのかと、くやまれてなりません。もういくらも時間が残ってない。だからいそがねばならない。いつ仙台（絞首台がある）へ移送されるかと毎朝はらはらしてるんです。すぎ去った年月は早かった。一年が一日よりも短いくらいだ。それでいて、今という時は何か不思議です。今こうやって先生と話していても、私は死人の世界にいるのです。だからすべてが現実的でなく夢のように過ぎてしまいます」。この時間感覚の特徴は何よりも時間が極度に圧縮されていて残った人生に対する態度が躁病的反応以外の何ものでもありえないことを示してはいないだろうか。とくに傍点をつけたところが的確にその気持を表現していて、よく了解しうるのである。普通「絞首台ユーモア（Galgenhumor）」の名で知られている死刑囚の捨鉢なユーモア、単なる瞬間的な見栄のためというより、死刑囚一般の躁的気分から了解されねばならないだろう。

さらに、身近な死刑執行に対する軽薄な態度もみられ、拘禁中カトリックの洗礼をうけながら、神父の悪口をいい、「俺みたいな悪い奴は死ねば地獄にいく、天国にいきたいとは思わない」といって笑う。「神父さんのいうように天国へ俺がいったら、被害者に会うだろう。俺のことだから照れくさくって、どうもすみませんなどとはいえない。そこで地獄へ舞いもどりだ」などといいながら、その誇大的多弁多動も、刑務所づきの神父の教誨の時間には全くおさまり「鉄格子をみても、十字になっているのが神の十字架を認識させられ、深く考えさせられます」と神妙に首をたれてみせる。すなわち軽佻な躁状態や多幸的気分は、状況によって容易に抑制可能なのであって、この点が真の躁病と異なるところである。

不機嫌状態　反応性不機嫌状態がしばしば爆発反応や昏迷状態の前兆として認められることは前にのべた。これはまた拘禁神経症の一症状としてもよくみられる。単独にみられる場合はシュナイダーのいう気分易変性精神病質者を考え、拘禁はもともとあった不機嫌発作を誇張したとみた方がよい。反応性不機嫌状態にある者に非常に多いのは自傷行為である。よくあるのはガラス窓を破壊し、切片でもって自分の前腕や下肢を傷つけ、出血させることである。囚人は出血によって「血が頭にのぼった」のを流しだすことができると信じこんでいることがある。不機嫌状態から他の囚人と喧嘩したり、看守と衝突したりしやすい。刑務所においては工場出役の最中に、極度の不機嫌を自ら抑制しえずに、独居拘禁や転職を願い出て、「出役拒否」の名のもとに懲罰にかけられることがよくある。これなど、動機をよく見極めることによって、真の不機嫌状態と詐病や怠業とを区別することは可能であろう。

6　反応性妄想

拘禁性妄想の分類については種々のものが知られている。ジーフェルト（一九〇七）は好訴型のものと幻覚妄想型のものを区別した。両者はともに変質性格の基礎の上に発見されるもので、彼のいう真性精神病とは区別されるという。ビルンバウム（一九三一）は妄想様構想（後述）、妄想形成（paranoische Bildung）、好訴妄想複合（querulatorisch-paranoische Komplex）の三つに分類した。妄想形成とは当局に対する被害妄想が、一方的情動態度、とくに不信傾向の上に発現するもので、好訴妄想複合とは、自意識が強く敏感で独善的な特殊病的性格をもったものが法的迫害妄想をもつものをいう。W・フェルスターリンク（一九二三）は拘禁性妄想を総合的に研究したが、これを三種に弁別している。第一は真性精神病の妄想で、妄想性性格にもとづくいわゆるパラノイアである。この場合、拘禁が心因的作用をし、ことに長期拘禁に多い。第二は心因性妄想で、短期拘禁、例えば未決拘禁において心因的に人格に応じた症状として発現する。基礎となる疾病は躁またはうつ病期、てんかん、いわゆる変質性ヒステリーなどがあり、妄想はその上部構造としての色彩をもつ。よくみられるのは分裂病質性格の上にみられる迫害妄想で、長期にわたる情動の持続をもち、症候的には妄想型分裂病と区別は困難である。拘禁が終了してからも持続するものは潜伏性分裂病の反応性病勢増悪《シューブ》と考えられる。第三は容易に感情移入しうる心因性防衛反応であり、人格によって逃避型と闘争型とに分かれ、両者の混合もある。逃避型はいわゆるヒステリー反応で、抑圧健忘・道化症から回避的な妄想体系に及び、未決拘禁に多くみられその成立には社会における犯罪環境が大きな役割を果す。闘争型は軽い関係念慮をともなった無罪の訴えから、強固な、次第にひろがっていく迫害妄想をもつ真の好訴者までである。闘争型は主として長期拘禁の結果である。逃避型と闘争型の二型の妄想はともに感情移入が可能であり、病者の妄想欲求を確かめうる。この表面的な妄想反応の下には、一般の反応型が横たわっており、一方では逃避型から詐病へつながり、他方ではパラノイア人格発達へとつらなる。

フェルスターリンクの仕事によって拘禁妄想の全体的見通しには一応終止符をうたれたかの感がある。問題点として残されたのは分裂病妄想との関係である。彼は拘禁状況においては分裂病質反応が妄想型分裂病よりもはるかに多いとし、ただ拘禁の末期に出た妄想疾患は分裂病の疑いが濃厚であると推測した。この場合、性的幻覚を持つ者は予後がわるく分裂病であるという古くからいわれている意見に彼も賛成している。しかしこの鑑別診断が難しいことは確かでフェルスターリンクが妄想性反応と診断したものについてK・コレ（一九四九）は二六年後にその事後歴《カタムネーゼ》を調べ、三二例中一三名が明らかな分裂病になったといっている。けっきょくこの問題の解決には長い間の辛抱づよい経過の観察が必要ということになるだろう。

ジーフェルト、ビルンバウム、フェルスターリンクらの仕事を通じて拘禁性心因性妄想は現象として分類され、また多方面から記載されてきたが、これらをもう少し理論的に整理することはできないであろうか。そのためには、心因性妄想を人格反応ととらえたクレッチマーの考察が非常に参考になる。人格反応は反応がおこるのに人格全体が強く意識的に介入するもので、その点で人格と非特異的な原始反応とは区別される。この場合性格と体験とは鍵と錠のようにうまく適合していなければならない。クレッチマーは彼一流の強力―無力の力動的性格論から人格反応を三つに分けた。第一の誇大性発展では強力的性格が主で、その逆の無力的傾向をおおっている。第二の敏感性発展では生活態度の根本的態度が無力性である一方相当の自負や頑固さという強力性も混入している。第三は自閉的願望充足とよばれるもので夢や妄想で自分自身の中に閉じこもって願望の充足をはかるものをさす。クレッチマーの分類の理論的側面はともかくとしても、人格反応の三方向は拘禁反応性妄想の事実によく適合する。ジーフェルトの好訴型、ビルンバウムの好訴妄想複合、フェルスターリンクの闘争型妄想などは誇大性発展の一種と解されるし、ビルンバウムの妄想形成は敏感性発展に含まれる。またビルンバウムの妄想様構想やフェルスターリンクの逃避型妄想は自閉的願望充足として理解される。

クレッチマーの体系はもっと一般的な人格反応全体を含むものであるから、このことは当然といえば当然ではあるが、私の興味のあるのは拘禁という限定された特殊な状況が、一般社会における人間の反応を雛型的な形で示しているということである。また妄想形成という異常な現象が、後にのべるようにその背後にある拘禁心理を極端な形で反映していることも指摘しておきたい。

さて、ここでは反応性妄想の成立機制に立ちいる余裕がないので、病者の中核的態度に重きをおいて、現象として私たちの目にあらわれた拘禁性妄想を、攻撃的妄想、被害的妄想、逃避的妄想の三つに弁別しておく。

攻撃的妄想（好訴妄想）　まず攻撃的妄想であるが、これは、おだやかに無罪の主張をする者から、無罪妄想をもった好訴者までの段階がみとめられる。この背後には軽い関係念慮から被害妄想がみられるのが普通である。病者は、強力で前進的で、時間構造の上から将来へと発展していく妄想的態度が優位である。重罪犯、長期囚にはこの型の妄想が多い。私たちは死刑囚や無期囚に多数見出した。軽度の好訴者は拘禁環境にはきわめて多い。彼らの主張は単に犯罪を合理化して刑を軽減しようとするものから完全な犯行否認までいろいろである。この中には多数の虚言者も含まれていることは確かで、犯罪についての物的証拠が揃っているのに訴えをやめようとしない一見小児的好訴者をみることもしばしばである。次に紹介するのは軽愚の知能をもつ被告で、一貫して無罪を主張しその好訴的態度で拘置所側の職員を困らせた例である。

症例2　一九〇八年生、累犯重罪被告。攻撃的妄想。

群馬県の農家に生まれた。小学校卒業後、子守や農業手伝などとして生活。二四歳時、飲酒時恐喝を行ない十ヵ月の刑をうけたのを皮切りに傷害、窃盗、脅迫、戦時逃走、横領等など前後七回の刑をうけ、本犯は一九五一年の暮に道で行き会った女（二三歳）を強姦し殺害した上、衣類を奪った疑いによるもので強盗強姦致死被告として収容された。

本人は終始犯行を否認しており、第一審で無実の罪であることを主張していたが、五三年六月第一審で死刑の判決をうけるや突然、極度の興奮状態におちいり、看守に対して「私は無実だ」「被害者が盗品だと称しているのは被害者のものだ」と訴えはじめた。警官、裁判官、検事を誹謗し、看守に対しても「お前たちはみんな警察と密通している」と怒鳴りちらした。興奮がひどく、次第にいうことがまとまらなくなり、反応性朦朧の診断のもとに病舎に収容された。興奮は旬日にして消褪し、比較的平静に無罪の主張を行ない、上申書を書くのに没頭した。しかし五四年六月、第二審で控訴棄却となるや再び興奮し、頭痛、腹痛を訴え、警察での拷問を証明せよといって頻繁に医務を訪れ、全身のレントゲン写真をとることを要求した。この要求を拒否すると、威嚇的態度をとり大声でどなりちらした。興奮がおさまっても、諸事要求が多く、転房をせまり、無罪者に対する処遇が不当に悪いと文句をいい、舎房を訪れる誰彼をつかまえては同じ主張をくどくどとくりかえした。ついには看守たちも相手にしなくなったので、本人は種々の心気的訴えをもって医務をおとずれ、すべては警察の拷問であるから入病（病舎に入院すること）の上完全に治療をしてくれと訴えつづけた。

本例では、第一審判決後、突発的朦朧状態にひきつづいて無罪妄想が出現し、それが次第に警察の拷問による虚偽の自白であるという風に系統化されていったのであるが、その主張態度はきわめて子供じみていて、裁判に無関係な者にまで訴えを繰りかえしたり、その訴えがききいれられないと興奮し攻撃的となった。この種の攻撃的態度は、重罪犯には一般に多いものでそれが妄想であるか虚言であるかを判定するのはしばしば困難である。稀に囚人のいうことが真実であることもある。最高裁で無罪が確定した幸浦事件の被告三人は、拘置所で無罪を主張しており当時、被告たちを訪問した私は、その主張の真偽を判定する能力がなく、あるいは拘禁性の無罪妄想かなどと疑ったものである。だから反応性妄想の診断には余程慎重でないととんだ誤りをおかすことになる。

重罪囚には無罪主張が多いことは心得ておかねばならない。三鷹事件の竹内や帝銀事件の平沢など、ちょっと考えても数人の人々が思い浮べられる。竹内や平沢には私自身が何回も会っており、私なりの意見もあるが、これら重罪犯の裁判上の真偽の判定が非常に難かしく、したがってその拘禁がながびくため、拘禁の影響と被告の主張とが混同されてきて、一層真偽の判定が困難になるという悪循環は明らかにみとめられる。慎重な裁判ということは望ましいにしても、裁判の遅滞が非人間的な反応を被告に強いるものだという事実だけは精神医学の立場からここで強調しておきたい。

被害的妄想（敏感関係妄想）　被害的妄想は、攻撃的妄想に比べると少ない。妄想の対象としては担当看守、検事、裁判官などが多い。他の囚人に対する妄想は少ないようである。ことに特徴のあるのは犯罪の共犯者に対する被害妄想でこれは重罪囚によくみられる。一般に未決拘禁には被害的態度がよくみられ、したがってこの種の妄想も多い。吉益は治安維持法時代の共産党被告でこの種の妄想者を見出している。もちろん、前述した攻撃的妄想の副次的要素として被害妄想がみられることは多いが、ここでいうのは囚人の一般的態度としてどちらの傾向が優位であるかによって便宜的にわけるだけである。

次に被害的妄想の一例を記述してみよう。

症例3　一九二九年生。初犯被告、被害的妄想。

実父は本人が胎内にいる時死亡したため、実母に七ヵ月哺育されたのち、某氏夫婦の養子となった。本犯まではさしたる非行もなくすごした。一九五二年養姉との折合がわるく上京、店員、旅館の帳場掛などをしているうち某女と同棲生活に入った。

同年暮、飲酒酩酊の上知人夫婦を鉈で殺害し強盗殺人罪で起訴された。

所内ではほとんど動揺を示さず、一見平静な毎日をおくっていた。しかし特定の担当看守に対してはかなり被害的態度をとり、裁判官へ自分の所内行動を一々密告しているといって嫌っていた。第一審中二つの精神鑑定が行なわれ、一つはてんかん病質者の酩酊中の犯罪とされ、もう一つは全く正常者の犯罪であるとされた。

五六年三月第一審で死刑の判決をうけた。直後帰房しても別に平生と変った行動はみとめられなかったが、次第に被害的態度が明らかになった。夜看守が故意に鍵音をたてたり窓側で大声で叫び本人の安眠を妨害するといった。以前から日記をつけていたが、それをすべて本人だけにわかる暗号文で書き、本人が房を出ている間に看守がぬすみ見するという理由で運動、入浴にも一切出なくなった。はじめ医師の説得によりこれらの被害妄想は多少動揺し、本人も半信半疑となったが、次第に医師をも疑いだし、すべての訪問者を避けるようになった。控訴期限がきれそうになったので弁護士や家族が心配したが、本人は頑として控訴しようとしない。そこで医師が詳しくその理由を問うと、「拘禁中散々看守たちから苦しめられてきた。控訴してこれ以上裁判がながびけば、奴等の思うつぼにはまることになる。それに、もし控訴審で減刑されて将来社会に出るようになれば、ここでうけた迫害の仕返しとして奴等を殺さなければならない。つまり再び殺人犯となって死刑となる。だから、私は死んだほうがいい。はやく死刑を執行してもらいたい」といった。喋り方は理路整然としており、看守の迫害について具体的に記録をみながら種々のべたてた。結局、弁護士が控訴して、第二審を続行した。……

本例は、特定看守に対する被害妄想を中核とするもので、看守以外の人々に対してはきわめて人間的な接触を保っていたのが印象的であった。とくに第一審酩酊時犯罪の鑑定を行なった医師に対してはきわめて親密な感情を持ちつづけ、その後も書信で自分の真情を伝えていた。本人は非常に几帳面、潔癖な粘着性性格を示し、他人に対する好悪の念が極端であり、傷つきやすい反面、自己主張がつよい。妄想のおこり方、経過などはクレッチマーのいう敏感関係妄想に相当すると思われる。犯行の一切を認め、外部への自己主張はつとめてかくす傾向が、前の攻撃型の好訴者と異なる。

逃避的妄想（初老期赦免妄想、妄想様構想）　さて逃避型妄想として昔からよく知られているものにリューディンの初老期赦免妄想と、ビルンバウムの妄想様構想がある。そこでこの二つについて紹介しておく。

リューディン（一九〇九）は、四七人の無期囚を調べ、うち六例に特有な赦免妄想を見出した。これは初老期の囚人でそれまで良好な受刑生活をおくっていたものにみられ、突然恩赦によって釈放されるという妄想確信があらわれ、これに幻覚――不安、恐怖または約束ごとの内容をもった幻聴――が加わる。妄想は子供っぽく素朴な確信で系統化はあまり進まない。妄想を持ちながら無期囚は平静な受刑生活を行ない、妄想に反対しても反抗的態度をとることはない。リューディンはこれを心因性のものと考えたが、初老期の器質的変化も否定はしなかった。ただ、普通の初老期被害妄想のように妄想が攪乱したり連関を欠くことがない点が特異であるとした。リューディンの初老期赦免妄想については異論が多く、ドイツでもテッペン（一九一二）は自分の無期囚の調査で一例もみられなかったとのべている。吉益は過去三五年間にこの種の妄想をみた経験がないところから、これは昔の希望のない行刑の産物であろうとみている。私たちも五一名の無期囚を調査し、五名の無罪妄想者を見出したが、年齢が三二歳から三八歳の間で比較的若く、とくに恩赦への希望を示すものは発見されなかった。これは我が国の現今の無期刑が一応終身刑とされながらも、「服役者において改悛の状があるときは一〇年を経過した後仮出獄ができる」という緩和の道がある点からも納得できる。

ビルンバウムの妄想様構想（Birnbaumsche wahnhate Einbildung）は彼によって一九〇八年に詳細に記載されたものである。そのはじまりはしばしば急激で、なんらの誘因もなくおこり、精神的興奮がみられることがある。また心気的訴え、好訴傾向、不機嫌、拒食、自殺企図、錯乱状態等の不定の前駆症を示すことがある。初期にはしばしば昏迷、ガンゼル症状群、事態誤認を伴う朦朧状態がある。要するに、発現時の重要な特徴として、妄想形成物の突発的出現と、比較的頻繁な意識障害があげられている。妄想様構想の内容としては、被害（被毒）妄想、誇大妄想（血統、発明等の内容）が多い。そして内容の易変性、被影響性、表面性、不十分で動揺的な現実感、作話の過剰などが特徴的である。経過は、漸進的な進行を示し系統妄想に発展することは稀である。往々新しい妄想産出もみられず、もしそういうことがあったとしても断続的で前後の脈絡がないことが多い。経過相も種々で、一過性型、再燃型、弛張型、間歇型などがある。しかも経過は外的状況に影響されやすい。持続期間としては、発作性のものから、数週ないし数ヵ月続く単純なもの、稀には年余——数十年——一生涯も続くものもある。遷延例においても著明なことは、種々の経過時期における著しい動揺と不規則性である。ビルンバウムは妄想様構想の基礎に精神病質素質や先天性判断薄弱を考え、それが良好な転帰をとるところから分裂病性妄想と区別されるとした。この種の妄想形成が拘禁施設内で見出されることは確かであるが、ビルンバウムの観察したベルリンの慣習犯でのように多数みられるかどうかは疑問である。吉益は、わが国において散発的にみられるのみで、それには発明妄想が多いといっている。中田は未決囚において一例もこれを見出さなかった。私たちは死刑囚や未決囚において数例を経験した。

症例4　一九一五年生。初犯死刑囚。女。

兵庫県の農家に生まれた。二三歳時尼ヶ崎の工員と結婚したが、夫が不真面目で病弱なため仕事に長続きしないため、貧困、不和。一九四八年暮にはすべての衣類を売り払い、全く借財のみの赤貧生活となった。一九四九年六月一〇日深夜近所の老婆を鎌で殺害、衣類、現金を強取し、犯跡を隠蔽するためにその家に放火した。強盗殺人放火罪で起訴され、第一審で死刑を言いわたされ、控訴および上告審でも棄却の判決で一九五一年七月に死刑確定囚となった。

確定後も精神はしっかりとしており、仏教の信仰に入り、俳句をよみ、写経に熱中した。死刑執行の時着る着物を準備したりして、死の覚悟も十分できていた。ところが五三年一二月頃から突然電球を破壊したり、お茶の会、映画等の娯楽にも出なくなった。本人の精神変調が伝えられてから世人の関心をよび、助命嘆願運動がおこり、ジャーナリズム関係の者がしきりと面会に来た。はじめ本人は面接を拒否していたが、だんだんと会うようになり、本人も助命の希望を持ちはじめたようであった。五四年二月頃某寺法主の帰敬式（剃髪）をうけ、信仰も一段と深まったかにみえた。しかし、三月頃から奇妙な言動がはじまり、房内で正座し独語しながら、さかんに上告趣意書や嘆願書を書きはじめた。宛先は最高裁、高検から「米下院外交分科極東委員長ジャット博士、オッペンハイマー博士」、さらには架空の人物にあててあった。そこには「電気の悪作用で身体が波の上にでもいるようにふわふわする。悪い職員がいて電気を利用して働きかける」「電気の声が自分に命令する」等の「電気」という異常体感と幻覚とそれに対する作為体験が表白されていた。また「子宮掻爬後の精神異常であるから死刑は酷である」旨の再審請求もみられた。文章の脈絡はつくが、内容は空想的、非論理的であり、その核心は赦免への希望と被害妄想であることがうかがわれる。看守に対しても拒否的、反抗的であり、所内規律にも従わず、昼間からフトンをのべて横になったりした。看守に対してくるときは顔が紅潮し、目が吊りあがったようになり看守もたじたじするほどのすごみのある様子であったという。しかし、房内の整頓や身のまわりの世話は一応きちんとしており、鏡を眺めながら「電気のためにこんな厭らしい顔にされた」という。平静な時は概して丁寧な態度であるが、少し上品ぶったところがあり、「自分は三百や五百の金で困るような家の人間じゃない」とか「ほかの囚人とは格がちがう」という。時に多弁となり、看守をつかまえて滔々と喋りまくるかと思うと、ふと押し黙ってしまう。「化学悪用」という紙を房の壁に貼っており、次第に宗教関係の訪問者や書物を嫌うようになった。状態は一進一退で、私たちが五七年五月に訪問した時もなお続いていた。

本例では赦免妄想と被害妄想が中核にあり、「電気」という奇妙な体験が主になっている。ほぼビルンバウムの妄想様構想に内容形式経過が一致する病像である。この場合、妄想内容が奇妙で空想的であるとともに、経過によってかなり移行がみられること、対人接触の面で「うてばひびくような」反応がみられること、また病者の妄想態度が死刑囚という状況からかなり了解可能な点が分裂病妄想との鑑別を可能にするであろう。

拘禁反応と幻覚　ここで症例4にみられた「電気」という幻覚体験について考えてみよう。反応性に幻覚が出現するか否かについては異論もあるだろうが、昔から拘禁環境においては精神分裂病ではないとされる幻覚妄想状態が記載されている。そのうち有名なのはリューディンの急性幻覚性被害妄想である。これは頭痛、不眠、敏感さ、食欲不振などの前駆症ではじまり、恐怖不安状態におちいり、この急性症状の消失とともに幻覚にもとづく被害妄想が出現する。早発痴呆と異なって当りはよく保たれ、人格の崩壊もなく、数カ月から一年ぐらいで消失する。リューディンは独房の特有な心理と、刑期の四分の三をすぎた囚人の恩赦への希望を重視した。ビルンバウムの妄想性想像にも幻聴の発現がみられることがあるし、一般に反応性朦朧状態では幻覚体験が存在することが知られているから、幻覚があるからといって分裂病だときめつけるのは速断であろう。少なくとも拘禁状況においては一過性の幻覚体験がみられることは、認めねばならないと思われる。この場合幻覚の質が問題で、フェルスターリンクは拘禁反応にみられる幻想的幻覚は見せかけの幻覚（Scheinhalluzination）であって、その出現の仕方の不確実さ、被暗示性などは、白昼夢や夢についての思い出と同じ種類のものだといっている。私は反応性朦朧状態が消褪したあとに病者が幻覚体験を語るのを時々観察した。いずれも病像全体の目的性、意図性と無関係の内容ではなく、虚言と区別するのが困難であった。少なくともリューディンの記載したように一次的に幻覚があらわれ、それに基づいた妄想が発現するような症例は一例も見出さなかった。しかし、症例4のように長期にわたって幻覚妄想状態がみられることもあり、その特異な病像で私たちを驚かすのである。

7　詐　病

拘禁状況においては純粋な詐病が多くみられることがウィルマンスをはじめ多数の観察者によって認められている。とくに慣習犯においては昔から詐病によって困難な状況を回避しようという習慣があることが知られている。また大都市周辺の犯罪者群には直接間接に精神病院の患者の状態を模倣しうる可能性があることも強調されてきた。また頻回累犯者が拘禁施設内で同囚の精神異常を目撃する可能性があることも確かである。しかしここで詐病か疾病かという問題はさておき、拘禁反応全体に詐病的色彩が濃厚であるという事実と、純粋な詐病が比較的多いという事実を認めておきたい。次にのべる症例はT刑務所で発見したもので、長年の間医師によって真正の精神病と診断され、精神鑑定によって心神耗弱として減刑をうけたのち、今までの自己の精神異常が詐病であったことを告白した。詐病の心理を知るうえに興味がある例と思われるので紹介しておく。

症例5　一九三四年生。累犯長期囚。男。

農村に生まれたが一四歳よりぐれだし、怠学、盗癖のため保護処分をうけた。以来定職につかず、窃盗、横領、詐欺、強盗、傷害等をくりかえし少年院、刑務所を転々とした。一九五五年強盗致傷事件で起訴されたところ拘置所内で放歌高吟、自傷行為を行ない、次第に支離滅裂な状態となり、専門医により精神分裂病と診断され精神病院におくられた。入院後も異常行動がつづいたが、ある日突然逃走。逃走中に連続窃盗を働き再逮捕。房内で大小便をたれながし、大便を食べ、寝具を破壊し、法廷では全く辻褄の合わない陳述を行なったため精神鑑定が行なわれ精神分裂病と診断されて減刑され八年の刑をうけた。刑務所におくられても全く作業に従事せず、看守に反抗し、支離滅裂なことを口ばしり、器物を破損し、全くの錯乱状態となった。分裂病として医療刑務所におくられたところ「もう治療は沢山だ。今まではわざと精神病の真似をしていた。普通の刑務所におくってくれ」といって不意に異常行動をやめた。元の刑務所におくられその後は正常な受刑生活をおくった。所内ではブラスバンドのリーダーとして陽気で多弁、他囚の人望もあり、本人はK刑務所に移送され自動車工の技術をおぼえたいといっている。

本例は犯罪生活曲線の分析から早発・持続・異種方向累犯者で、発揚・情性欠如混合型の精神病質と診断されるが、興味のあるのは目的によって自由に詐病を行ないうる能力を持っていることである。本人は詐病の技術的方法について蘊蓄を傾け、「看守をだますのはわけはない。黒パンを水でこねて板の上に並べ、傍に水をまいておく。視察の時を見測ってしゃがんで黒パンを食べると、看守は大小便をたれ流してクソを食べていると思いこむ」とか「医者をだますには夜眠らないで大声で叫び、一人言をペラペラやればよい」とうそぶいている。この例でわかるように、詐病を行なうには相当の狡知と、拘禁者側に対する徹底した敵対的思想と目的達成のための忍耐づよい努力が必要である。詐病が巧妙に行なわれれば専門医でも看破が困難となる。

真性精神病と拘禁着色

さいごに、拘禁状況における真性精神病について簡単に触れたい。この場合、その出現頻度は、所により時代により制度によりいろいろであって、それを云々することは無意味である。ただ現在のわが国では精神鑑定が十分に行なわれていないためか拘置所ばかりか一般刑務所にまでかなりの真性精神病者が入りこんでいて、行刑や矯正教育上の障害になっている事実は指摘しておきたい。刑務所側でも専門医、臨床心理学者、設備の不足で十分な治療ができないし、そのための医療刑務所も数が少なくとても手がまわりかねるというのが実情である。

真性精神病のうちことに精神分裂病においては、「拘禁着色（Haftfärbung）」の問題がある。刑務所における分裂病は刑務所特有の色彩を持つもので、これは、監獄分裂病や拘禁分裂病の名で知られている。しかし分裂病の本質は変えることがないというのが一般的にうけいれられた意見である。ビルンバウムは「真性精神病における拘禁の意味は、無影響な外部環境、すなわちアシャッフェンブルクのいう偶然の滞在場所が一過性の障害に対して持つ意義を越えることがない」と定式化している。この一過性の障害が拘禁着色というわけである。例えば、分裂病の初期には拘禁コンプレックスとよばれる不安、焦燥、関係念慮が色どりをそえるし、妄想内容も自由への欲望を示すもの――無罪妄想、赦免妄想――が多いことも知られている。けれどもここでいう分裂病の本質症状と拘禁着色の概念は、よく考えてみると曖昧でよく意味が分らない。分裂病者といえども環境世界の中においてのみその症状を発揮するのであるから、環境ときりはなされた本質というものはどうも頭の中で考えられた概念にすぎないように思える。分裂病の本質や中核症状については従来実に沢山の考察が行なわれているが、その場合環境世界との関係こそが問題を解く鍵ではなかろうか。拘禁という限定された状況において多数の反応性精神異常が研究されてきた現在、それらの研究を基礎にもう一度拘禁着色の問題をふりかえってみることは、分裂病と環境の問題、分裂病の「本質」などの問題について非常に有力な方法であると私たちは考えている。

拘禁反応の構造

以上記述してきた拘禁反応性精神異常を整理するとほぼ二つの傾向が明らかになってくる。一つは攻撃傾向で、これは爆発反応、好訴妄想、無罪妄想にみられる。もう一つは逃避傾向で、神経症様状態、昏迷、ヒステリー性朦朧状態、妄想様構想、詐病などにみられる。これらすべては拘禁という特殊な状況に対する反応と解されるが、単なる受動的な反応でなく、その中に一般に何か、意図的、目的的なものがみられることは個々の症状を・具体的にみていく際にどうしても問題となる。そこで詐病と拘禁反応との関連という歴史的にも様々な論議の的となってきた問題が明るみに出てくる。

ジーフェルト（一九〇七）が、それまで単純に詐病として取り扱われてきたものの中に、多くの心因性精神病の存在することを指摘し、それらを変質性拘禁性精神病として一括記載したことは前にものべた。彼は、最初の詐病産物が変質的基礎の上に発達して、自我意識や意欲からはなれた例外状態（Ausnahmezustand）になると考えた。ジーフェルトのこの見解はビルンバウムをはじめとする多くの人々によって継承され、多少とも詐病的色彩を有する拘禁反応についての指導的見解になった。ビルンバウムによれば、拘禁性精神障害において詐病はきわめて稀であり、また詐病であるという異論のない証明は実際には不可能である。せいぜい「詐病と疑わしい」といえるだけだ。もっとも多いのは詐病傾向から心理的自己影響によって疾病状態へ移行することであるという。こういった見解とほぼ同一の立場をとる学者として、ボンヘッファー、ルンゲ、ストロイスラー、クニッゲ、シュレーダー、グルーレなどがある。

これに対して、詐病を強く前景にうちだしたのはウィルマンス（一九二四）である。彼によれば、ガンゼル症状群、昏迷、妄想様構想の大部分は意識的詐病であるという。彼はビルンバウムらとは反対に、意識的詐病からヒステリー性例外状態に移行することは稀で、詐病の方がむしろ多いとし、またこれらを刑罰に対する防衛精神病とか願望および目的精神病と称した。その見解の根拠はほぼ次のようなものである。拘禁性精神病は第一次大戦中から以後にかけて激増した。その増加は刑務所内の精神病棟や一般医療施設の充実と並行している。一方、行刑は緩和、個別化されて拘禁による苦痛は減少していった。一方このような刑務所の非人間的状況が改善されても、ある精神病質が全般的に増加したり、その反応性が亢進した事実もない。第一次大戦中の戦争神経症中には多くの詐病が報告された。またある種の悪党仲間では古来、狂人やてんかんの真似をして危険から身をまもる習慣がある。ウィルマンスは以上の諸事実と、拘禁性精神異常をおこすのが主として精神医学的知識の通俗化したベルリンを中心とする大都市の慣習犯であるという事実とから、増加した病像は刑罰より逃避しようとする慣習犯特有の意識的、集団的詐病であると考えた。彼はこの点で、拘禁性精神病は時代精神の反映であるともいっている。ウィルマンスは後の論文（一九四〇、「分裂病前駆期における殺人」）においても自説をまげず、監獄医が拘禁精神病という診断をつけすぎると批難している。すなわち、異常に素因づけられた人間の長年月にわたる独居拘禁は無罪妄想、赦免妄想、自殺念慮もつことが多いが、こういった患者を一般の病院にうつすと、急速に症状がとれる。こういった患者は、都会近辺の刑務所で他囚から精神病の知識をえ、精神病院の方が刑務所内より待遇のよいことを知ったものの詐病であるという。

以上、極端に対立する二つの見解に対して、両者を綜合しようとする第三の見解が見出される。E・ブラウン（一九二八）は、疾病か詐病かというのではなくて、どの程度に器質的疾患が、どの程度に反応が、どの程度に詐病が存在しているかというべきだとした。M・ライヒャルト（一九三三）はブラウンの説に賛同し、ヒステリー反応と詐病とはより包括的な概念である目的反応のもとに統一さるべきであるとした。さらにクレッチマーはこれらの意見をその層理論的力動学説の立場から一層見事に綜合した。一方の極には目的のためにする欺瞞（精神的上層機構）がある。他方の極には下層意志的-下層知性（精神的深層機構）の直接発現としての原始反応や朦朧状態がある。ヒステリー反応にはこの二傾向が様々な結合をしておこる。ヒステリーは非特異的で特定の人格すなわち原始的なものによくみられるが、反応を起こすにたる強さの体験があればどんな人格にもあらわれる。これに反して反応の成立に人格全体が強力的に意識的に参与すれば人格反応、すなわち心因性妄想がおこる。クレッチマーのこの意見は確かに拘禁反応にもよくあてはまるすぐれた意見で、これによって過去のあらゆる事実や学説が綜合されたといえる。

ただここで若干の疑問は残る。原始反応は人格に非特異的におこるというが、クレッチマー自身も慎重に附言しているように、それをおこす患者の人格にはやはりある種の傾向がみとめられるし、同じ原始反応でも爆発反応をおこすものと昏迷反応をおこす者との差がおこる理由は人格という契機を仮定しなければよくわからない。また反応を起こすに足りる強さの体験――強い感情を伴った精神的なものの集り――をおこすのはやはり人格ではなかろうか。例えば拘禁環境において、自由が制限されたという状況をつくりだすのは囚人であって環境そのものではない。これは強制収容所という極限状況においても、なお実存的自由――もちろん普通の意味の自由と意味はちがう――を持ちえた人々がいた事実や、一般の拘禁状況においても体験反応をおこすのはごく少数であって大部分は順応した状況をつくりだしたという事実からもいえる。さらに、状況に対する反応が単に力動論だけで説明がつかないことは、強制収容所を出た人々の中に十数年たってもなお慢性症状を持つ人々がいる事実や、長期囚の感情麻痺状態がそれをおこした囚人の人生にとっては繰りかえしのきかない決定的な意味を持ってくる事実からもいえる。心因反応が力動的構造を持ち、その経過が可逆的機能的《フンクチヨネル》であるという従来の定説はもう一度、人間学的立場から根本的に検討される必要がある。極端にいえば、一度、異常体験反応を経験した人間は、もはや反応をおこす前と全く同じ人間には戻れないのであって、彼は「異常反応をおこした人間」としてしか存在しえないのである。

そこで、拘禁性体験反応の構造論を結論的にのべる前に、私たちは巨大な人間拘禁の実験であった、ナチの強制収容所でみられた事実を通過してみねばならない。

二　特殊拘禁状況における反応

第二次大戦中侵略地区や占領地区から連れてこられた千二百万人におよぶ人びとがドイツ人によって殺され、そのうちの八百万人が強制収容所の中で死んだといわれる。もちろん正確な数字はわからないし、収容所内の状況も所によってちがったであろうが、ナチによってつくられた強制収容所が史上その類をみない極端な拘禁状況であったことは確かである。強制収容所について語る場合、私たちはそれを見ることも体験することもできなかったので文献によって知る以外の道はない。この方法論的不十分さを承知の上で以下簡単にスケッチをこころみてみたい。

結論を先にいえば、強制収容所は今までのべてきた刑務所を中心にした一般拘禁状況とは種々の点で極端に異なっている。日々の大量殺人、拷問、殴打、凌辱、医学実験という不断の圧迫と恐怖がナチ親衛隊《エス・エス》の拘禁者側から行なわれ、抑留者たちは不潔、栄養不良、飢餓、伝染病、外傷、過重労働という動物以下の悲惨な肉体条件におちこまねばならなかった。さらに抑留者心理の理解にとって根本的なことは彼らがこの悲惨な状況におちこむ何らの理由もなく、また彼らの拘禁が全く無期限に続くということである。本稿のはじめにのべた拘禁状況の一般的特徴——自由の喪失、集団化と無名化、特殊な人間関係——は、ここではまさに極限的な形でみられる。両者の差が単に量的なものであるか、それとも質的のものであるかは現象を記載しながら考察を加えていこう。

1　入所時の反応

E・A・コーエン（一九五三）、V・E・フランクル（一九四七、一九六一）をはじめとする著者らの観察を綜合すると、入所初期の反応は、外界からの突然の遮断と収容所の現実に対する反応で、急性の離人症と恐怖反応で特徴づけられる。一切の私物の剝奪、家族との離別、先住抑留者の悲惨な状態、電流有棘鉄線、頭髪の丸刈りと囚人番号の入墨、すべての人間的自由の喪失、それら境遇の激変がめまぐるしく周囲を通りすぎていき、それらの事件が「私とは全く無関係であるように」また「穴からのぞき見でもしているように」感じられる。コーエンはこれを急性離人症とよび、フランクルは表面的な人格分裂とよんだ。

ついで抑留者は身近かに迫った死の恐怖を知る。とくにガス室の存在を知ったとき、何の心構えもない意識の中で死の恐怖が不意に感知される。今や注意力は唯一の目的——自己保存だけに集中される。外面的には冷静で落ちついているようにみえても、内面的には強烈な自己保存の欲求が働き、意識は狭窄して他のことはすべて忘却される。これが恐怖反応である。一方では、情緒の麻痺（ベルツ）や本能的感情の減少が、他方では、著しく高められた生命感、倦怠感の欠如、きわめて旺盛な食欲といった多幸的気分（コーエン）や捨鉢のユーモアや好奇心（フランクル）といった逆説的急性症状がみられる。

入所時の反応で注意すべきは、個人の心構えによって反応が異なることで、コーエンは急性離人症は収容所に入所する前から、強制収容所についてのイメージを心の中にいだいていた少数の新来抑留者のみ生じた現象であるとし、大多数の者は直接恐怖反応におちいったとのべている。また拘禁者のほとんど全部が異常な反応を示した事実に対しては、フランクルの「異常な状況においては異常な反応がまさに正常な行動である」という言葉に含蓄ある洞察を認めたい。

2　長期収容期間中の反応

入所時の急性ショックがおさまると長い拘禁期間がはじまる。この時期は、無感動と刺激性と存在の根底からの退行に要約される。

早期から深更まで立ちづめの苛酷な労働、粗末な食糧、睡眠不足、不潔な衣類、大量の死者、これらすべては数週間の収容所生活のすえには当り前の眺めになってしまい、もはや心を動かす力を失う。目の前には他人との共同生活において何時終るか予測もできない程の長期の拘禁がある。私たちが無期囚や長期囚において一般にみとめた慢性情意鈍麻に似た状態がおそらく現出したであろう。E・ウティッツ（一九四八）は収容所を「終りのない暫定的生活（Provisorium "ohne Termine"）」とみた。有棘鉄線の外の世界はもはや異質なものでしかない。ここにあるのはまるで死者のような日々、生ける屍の生活である。目的のある生にはおわりがあるが、目的も意味もない生活にはおわりもない。この未来喪失こそ囚人たちの救いなのであって、希望はかえって死をまねくという逆説的事実がある。フランクルは次のような印象的な例を報告している。

一九四五年二月二日、ある男が夢をみた。一つの声が予言者的に何でも問えといった。声はすべてをいうことができるという。そこで戦争がいつおわるかときいた。答は三月三〇日であった。二九日に、この男は発熱し譫妄状態になり、三月三〇日に意識を失った。三月三一日に彼は死んだ。

同じような例として一九四四年のクリスマスから新年にかけて大量の死亡者が出たことが知られている。決して一人になることがないこと、睡眠不足は囚人たちを神経過敏状態においこんだ。些細なことで口論がおこり、小児的な興奮がくりかえされた。無感動と被刺激性は、ちょうど分裂気質者のように精神状態の両極を構成する。

飢餓は囚人を動物的段階にまで退行させた。正常な社会規範は崩壊し、「飢餓のためのあらゆる種類の堕落」（ミンコフスキー）が行なわれた。一切れのパンと交換に売春が行なわれ、窃盗、利己主義、他人への思いやりの喪失、無情、法規の無視はここでは正常なこととなった。さらに親衛隊《エス・エス》やカポー（囚人を取締るための囚人、多く犯罪者）に対する幼児的依存が退行を完全なものにする。囚人たちは主人の手の動くままにあやつられる無力な道具と化した。拘禁者の権力は絶大であり、もはや憎悪の対象とすらならない。もっとも下品な問題――性交や排泄――へ関心が集中された。名前、年齢、住所、職業などは何の意味ももたず、幼児と動物へ、つまり存在の根底からの退行が完成する。典型的な抑留者（K. Z. ler）が誕生する。

注目すべきは、これら一般的精神状態の変化を別にすると、強制収容所では狭義の体験反応がきわめて少なかったことである。コーエンは狭義の神経症は発見されなかったといい、V・A・クラール（一九五一）は重症の強迫神経症でさえも、収容所内では治癒してしまったという。多くの研究者は、抑うつ反応、不安神経症、ヒステリー反応、自殺が非常に稀であったという見解で一致している。自殺の少なかった原因としてコーエンは「強制収容所では死はむしろあたり前のことであって、毎日のごとく訪れ、そのため、もはや死に対して何の畏敬も恐怖も尊崇も感じなくなってしまった」からだといっている。ここでも、生きていく希望のない囚人は自殺を試みる必要がないという、通常社会と逆の価値感をみとめうる。

すでに、拘禁初期の急性離人症の成立において、囚人の個人的態度が反応を左右することがみられたが、拘禁中の精神肉体的失墜や存在の根底からの退行においても個人の意義は完全には失われていなかった。飢餓と退行のさ中でも高潔な人格者は存在しえたし、未来喪失の重拘禁の中でも感情の鈍麻を克服し、刺激性を抑圧し、状況に対する自由な態度を保持しえた少数者がいた。フランクルはこの極限状況において人間に残された唯一のもの――自由――を中心に彼の実存分析を発展させたのである。

3　解放直後の反応

解放直後にも解放の喜びとともに一種の離人症が来る。収容所におけるような極度の心的圧迫の下にいた人間は、突然の圧迫解除の後に、潜函労働者が高圧の箱から急に地上に出た時におこすケーソン病のような状態に陥る。「人々はある牧場にやってきた。そして咲き乱れている花をみる。これらのことは知覚としてわかるがまだ感情を伴わない」とフランクルはいう。

離人症につづいて比較的長い感情麻痺状態が続く。P・フリードマン（一九四九）は、これを解放直後の短い喜びと昂揚の時期につづく、ながい憂うつ状態とよんでいる。彼は一九四六年八月末にキプロス島の難民を観察し、特有な鈍感さ（shallowness of emotion）に注目した。これは表情がなく、動きの鈍い、ぼけた状態で、極端な場合には何らの感情表出もみられないもので、とくに幼少な収容所生存者に多くみられたという。E・ミンコフスキー（一九四八）も同様な現象に注目しこれを感情麻痺（anesthésie affective）とよんでいる。彼はこの状態が急性で一時的な情動性（emotivité）の変化ではなく、かなり慢性で永続的な感情性（affectivité）の変化として示されている事実から、収容所拘禁が人格の中核を侵襲する可能性を暗示した。

4 強制収容所症状群（K. Z. Syndrom）

今まで強制収容所生存者の示した精神異常や異常体験は単に拘禁反応の継続としてのみ考えられてきたが、その後の生存者の示した状態はこの意見に反するようなものが多い。彼らの示した感情鈍麻、無為傾向、不関症《アパティー》などはその後も慢性に経過し、次第に不安、抑うつ、植物神経異常、悪夢、強迫症状等いわゆる「強制収容所症状群（K. Z. Syndrom）」という神経症様症状を数多く見出すようになった。この問題は極限状況における拘禁の作用が従来考えられていた体験反応の概念を根本的に考え直させるような意味作用を持っている点で重要である。つまり従来、体験反応といえば状況への心的反応と考えられ、その構造は状況から了解しうるもので、脳には何らの器質的変化もみとめられず、機能的《フンクチヨネル》で可逆的なものと考えられてきたのであるが、強制収容所症状群はこの考え方だけでは割りきれない問題を呈出したのである。

この問題に対する意見は実に様々である。大ざっぱに分けると、強制収容所症状群を⑴昔ながらの体験反応や神経症理論で割り切ろうとする学者、⑵単なる機能的疾患ではなく脳に何らかの器質的障害のあるためにおこるとする学者、(3) これらの意見に批判的でもっと新しい視点——現存在分析や民族学的考察——を加えねば了解しえないとする学者の三群に分けられるであろう。様々の意見の対立や相互批判を通じて、「拘禁反応」の研究は大きく前進することになったのである。

強制収容所症状群を環境の個体への作用による外傷性神経症とみる人たちのうち代表的なものはE・C・トラウトマン（一九六一）のそれであろう。彼はドイツにおける研究が、賠償金獲得のために別な心理的ファクターが介入してくるため真の客観化が難かしいとし、北アメリカに移住してきた生存者を対象に研究を行なった。彼は症状を五つに分け、その各々について了解可能な心理的メカニズムを見出している。第一には外傷性の不安症状で、不安緊張とパニックの発作が主徴である。これは活発な連想と幻想を伴う。たとえば街を歩いている人が突然、死の恐怖にとりつかれる。或る人は深い穴の中にいる感じがする。患者はこの不安感が異常であることをよく知っており強迫的性格を持っている。しばしば動悸・振せん・発汗・抑うつ気分が一緒に来る。不安な連想は夫や子供にむけられ自分自身にかんするものではない。この点で普通の不安神経症が内的不安をおぼえるのと相違する。第二には悲哀感を主とするものである。これは家族の喪失と関係があって、死んだ人々の祝日に抑うつ気分がおそってくる（祝日抑うつ Feiertagsdepression）。失われた家族への罪悪感がつよく、彼らと運命をともにせず自分だけが生残っているのを罪深いことに思う。死者が生きかえり嬉々として活動しているという蘇生夢が多い。第三は頭痛・めまい・情動刺激性などの植物神経性の症状で、これは脳神経の器質的障害と関係があるかもしれない。第四は性的障害である。これは女性においてひどく、とくに拘禁者から強姦された人々に多い。強制収容所ではしばしば強制的に性行為をせねばならなかったし、また性器への医学的実験も行なわれた。彼女たちは、性行為を暴力的なものや恐怖とむすびつけているため、冷感症も多い。一三歳で収容され、親衛隊《エス・エス》員に強姦された女性は、結婚生活に入っても夫が近づくと極度の不安に陥るばかりであった。第五は、感情生活や人格構造の障害である。彼らは加害者に対して憎悪を持ちつづけている。以前の明るい人格が陰気なものになったという自覚をもち、世界に対しても自分自身に対しても嫌悪感をいだいている。

トラウトマンはこれらの症状はすべて或る個人の適応困難を示しており外傷神経症として理解しうるという。諸症状をおおうのは結局二つの傾向である。一つは逃避的な頼りなさを主とする傾向で、自己不確実感・疲労感・仕事への嫌悪などで代表される。もう一つは自己主張の強い傾向で、社会との接触を拒否し、被害体験を誇張し、ヒステリー的・詐病的色彩の濃いのが特徴である。ただ、トラウトマンも強制収容所症状群を単純な願望理論や素質的な精神神経症理論で割りきることには強く反対している。

L・レヴィンガー（一九六二）は、イスラエルで観察した八〇〇例の生存者について観察した。この中には内因性精神病や器質性精神障害もかなりみられたが、多数の年金神経症がみられてその大部分は一九四八—五〇年にドイツからきたもので詐病的色彩が濃いことを指摘している。同じイスラエルの生存者を対象としたものとして、H・クラインら（一九六三）の研究がある。彼らも強制収容所症状群を示す人たちが解放後数年間何らの異常を示さなかったのに、年金を受けられる頃になって急に諸症状が現われはじめたことを問題にしている。強制収容所症状群は、拘禁の直接的な影響によるものではなく、むしろ解放後の環境によるのである。たとえばアイヒマン裁判中に今まで健康だったものまで強い感情的反応を示し、不安・孤独感・極度の心配などの症状を示したという。

以上、トラウトマン、レヴィンガー、クラインらの学者たちは、強制収容所症状群の外傷性神経症の側面を強調し、その心理メカニズムを個人と環境とのダイナミックな関係でとらえようとするところが共通している。しかし、解放後の慢性症状の固定現象が単純な神経症理論で説明しつくせるかどうかは私たちも疑問に思わざるをえない。そこで、トラウトマンをはじめとする「心因論」に対して、脳侵襲を重視する「器質論」に目をむけてみよう。もっとも極端な器質論者はノールウェーのL・エイティンガー（一九六一、一九六二）であろう。彼は、一九五四年以来コペンハーゲンで国際的規模で行なわれた強制収容所出身者の調査にもとづき、その九六％に何らかの脳髄膜障害がみられたといっている。これらの障害はX線検査、神経学的検査、脳波、内分泌学的検査、精神医学的検査の結果あきらかにされたものである。器質障害が発見されたのにかかわらず生存者たちの示す症状はいわゆる「神経衰弱」の症状である点が特徴である。落着きなさ、疲れやすさ、刺激性、記憶力低下、心身の不快感、不眠、自発性欠如、めまい、頭痛などの植物神経不安定症がみられた。エイティンガーは器質障害の原因として、拘禁中の劣悪な条件をあげている。大部分のものが三年以上の長期拘禁を強制され、囚人の三〇％以上には栄養障害による体重減少が顕著であった。脳炎・チフス・頭部外傷の既往歴をもつものが被調査者には多いという。

エイティンガーも強制収容所の直接的心理的な影響を無視しているわけではない。彼自身もナチの犠牲者の一人であり収容所の拘禁中の観察者である。犠牲者たちは入所時にはひどい心的ショックをうけた。性格のつよい人々は「内的世界」にとじこもった。解放後は国民的英雄としてむかえられ一種の病的上機嫌と情動麻痺の混った奇妙な気分を体験した。百人中、六カ月以内に四六人が職につき、一年後には八七人が社会復帰した。多くの人々は健康で収容所の過去を忘れていた。いわゆる強制収容所症状群はこの社会状態が好転し健康な時期のあとにおこっているのである。だから心因よりも器質因を考えたほうがよいというのである。

P・チョドッフ（一九六三）も器質因を重視した。彼は鞭・頭部外傷・栄養不良・不眠・過労・熱病などの器質的原因が障害を固定させたのだとする。これに加えて心的ストレスがある。拘禁中は適応するために子供っぽく従順で依存的状態にならねばならなかった。解放後は家の破壊・家族の殺害などのストレスが一時におそってきた。しかも教育は中断され生活は苦しい。移民となったものには馴れない外国生活のストレスが加わってくる。

チョドッフはこの場合ストレスが若年時から長年の間持続していることが、症状を慢性化する要因であるとみている。

「心因論」か「器質論」か。強制収容所症状群をめぐる議論について、私たちのように文献を読むだけの機会しかない者にははっきりとした決着をつけにくい。ただ、私たちが死刑囚や無期囚を調査した経験からいうと若年時から長期にわたる拘禁は、従来の心因反応論や神経症論、とくに素質と環境のダイナミックな相互作用というような理論からだけでは了解できない変化を人間にもたらすことは確かであるように思われる。他方、ストレスという生物学的概念をそのまま精神現象に援用したり、器質的変化を「原因」として精神症状を「説明」するやり方には、どこかに論理の飛躍があるように思えてならない。そこで強制収容所症状群をめぐる第三の立場、名前はどうでもいいが、仮に「人間学的立場」とよんでおく人々の考察が私たちの興味をひいてくる。

すでに一九四七年、H・シュトラウスはナチの犠牲者たちの精神状態に対して年金神経症の名を冠することに疑いの目をむけている。彼は強制収容所症状群は単なるノイローゼではなく、もっと人間存在の根源をゆりうごかすものであり、むしろ慢性反応性うつ状態を主とするものであるとし、これを「根こそぎ抑うつ」(Entwurzelungsdeprssion)と呼んだ。犠牲者たちは迫害された当初、家族・友人たちから暴力的にきりはなされ非人間的な労働を強制された。彼らは外傷・熱病・栄養不良の劣悪状況のさなかで人間社会や故郷から根こそぎされたのである。この時期が感情麻痺(Affektsstupor)の時期である。こうした人々に解放後あたらしい精神反応がおきた。長い隔離の期間中におきたことども、家族の運命・不動産の喪失・未来への危惧が彼らを不安におとしいれた。故郷に帰ってみれば家族は行方不明であり家屋敷はとりこわされている。貧困と孤独が彼らにおそいかかる。彼らは次第に同じ境遇の「根こそぎにされた人々」と集団をつくる。或る者は外国へと新生活をもとめて行く。しかしひとたび根こそぎにされた人間に真の回復はない。慢性の憂うつが彼らの精神をいためつける。シュトラウスは根こそぎにされた人間の特質を「いまだかつて人間のグループの一員として取扱われたことのない」という点に見ている。この特質は個々の人間の性格や環境を越えたユダヤ民族的な状況を指しているとも思える。

K・コレ（一九五八）は強制収容所の生存者二一六名のうち器質的疾患を除いた七二例について研究した。このうち一二名が賠償神経症、二八名が慢性反応性抑うつ、二三名が精神反応性障害であった。彼は、H・シュトラウスの「根こそぎ反応」の観点に賛意を表しながら、強制収容所症状群を「疎外反応（Entfremdungsreaktion)」とよんでいる。疎外反応の本質は、生活の完全な挫折である。ユダヤ人を最低の社会的階層に転落させる集団的迫害や暴力・長期にわたる拘禁・社会的文化的連帯からの隔絶・故郷喪失・家族喪失などは一人の人間の意味ある実存的連続を絶ち切ったのである。拘禁とそれに続いた直接的な精神的身体的障害のみが「外傷的」に作用しているのではない。強制収容所の囚人にみられる残酷な運命は未来喪失をもたらしたのである。これは古い概念では処理できない。たとえば幼時体験がどうだとか、最近の言葉でいえば世界投企（Weltentwurf——現存在の用語）がどうだとかといった単純な概念ですまされはしない。精神病理学が真理をめざすならば偏見にとらわれず、新しい現実をうけいれるべきであると。

H・シュトラウスやコレの意見で共通しているところは、強制収容所症状群に個人の心因反応や器質障害をみるのではなく、もっと全人間的な根本的存在構造に目をむけろということであろう。この場合個人をこえた社会的・歴史的・民族的な視野をもたなければ現象の本質を見あやまることになる。この点をとくに強調しているのはマトゥセック、ヤコブ、E・シュトラウス、フォン・バイヤーなどの人たちである。

P・マトゥセック（一九六一）は、強制収容所の生存者が収容所そのものの影響よりももっと根本的な影響をうけていることと、個人の人格の差を超えた共通した運命が生存者をおそっていることに注目した。諸家の記載した長年にわたる不関症・労働不能・異質世界に住んでいるという感じなどを貫くものは、何よりも共同社会的孤立（gesellschaftliche Isolation）である。或る患者は次のように言った。「私が社会に帰ってきたとき、誰も強制収容所の実情を知らなかった。みんな親切にしてくれたが、私の経てきた過去を知るといいようのない重苦しい気分があたりに流れ、それが私にはつらく、これらの人々の間にもう住むことができないように思えるのだった」。今や、以前公権を剝奪され苦悩にさいなまれた生存者が社会における原告となり、その他の人々が被告になる。この共同社会から根こそぎにされたという存在論的状況が、鑑定医に対する不信となり、諸症状の基盤を形成するのである。

W・ヤコブ（一九六一）も強制収容所症状群の構造を、超個人的・共同社会的（überindividuelgesellschaftlich）なものとみた。生存者が一致してのべることは「私の存在は仮のものだ。私は箱の中にいる。友もいない。家族は離散してしまった。私は孤独である」ということである。ヤコブはこの特徴をジャン・ケイロールのいう「ラザロ的人間」にたとえている。ラザロは「狂想的な不可能で絶望的な愛への欲求をもちながら」「いつも何かを得ているのにいつも何かが不足している」人間であり、「他人を通じてのみ生きることができ自分の苦悩を自覚しないときでも他人のために何かをしてやろうとする」人である。こういう人間にとっては共同社会よりの疎外状況が耐えられない重荷となるのである。

E・シュトラウス（一九六一）は、生存者たちはつよい犠牲者意識を持っており、彼ら以外の人々はすべて加害者に属しており、症状が治ることはとりもなおさず加害者の世界に自分が入ることを意味するとした。この点が強制収容所症状群を固定化し慢性化するというのである。

W・フォン・バイヤー（一九五七）は「人間学派」の人々のうち、もっとも総合的な意見をもっているように思える。賠償神経症についての従来からの支配的な意見は、事故・戦場・生埋め・戦争拘禁などが精神反応的持続状態を形成せず、神経症は現在の境遇によってもたらされた傾向的・詐病的な願望機制によるものというのである。そうして法的にはこれらの神経症に対して何ら保償金を払う必要がないという意見が支持され、この立場から多くの精神鑑定が行なわれている。しかし賠償神経症をたんに目的反応（Zweckreaktion）とのみ理解するのはあまりにも視野がせますぎる。ことに強制収容所収容者・戦争捕虜・政治犯などは極限的な被害体験を長年にわたって持ち、個人の道徳的実存や人格の根本的再構成をせまられたのである。彼らの示す執拗で持続的な反応は、強迫的・恐怖症的・器質的なもので、単純な「代償的」意志作用だけでは説明できない。こうみてくると拘禁中の反応は感情麻痺・不関症・無為傾向などで症状をかくす方向への反応が主であり、真の拘禁神経症はむしろ解放後にあらわれたのである。この症状の変りやすい、しかも一般的症状と例外的症状との間に頻繁な移行がみられる解放後神経症の複雑な現象は、新しい視点、すなわち現存在分析の立場にたってはじめて解明されるのである。フォン・バイヤーはL・ビンスワンガーの意味論に賛成しながら、「世界にかかわりを持つ個人（welthafte Individualität）」としての囚人に注目し、彼らがたんに表層的、一時的な意志や感情の面での反応をしているのではなく、実存的意味の暴力的変容を強いられている点を問題にしている。強制収容所の恐怖の世界から例外的に生残った者たちは心理的・社会的・経済的な全状況において故郷を喪失しているのであるから、彼らの反応も深い実存構造の変容から了解すべきなのである。フォン・バイヤーは数年後（一九六一）に再びこの問題をとりあげ、強制収容所症状群の症状や解釈を彼なりに総括している。

彼によれば、強制収容所症状群はフロイト流の外傷神経症やいわゆる年金神経症や好訴者と同一視することはできない。その主症状は無力性・抑うつ的・恐怖症的・対人接触の障害的なものであり、植物神経系の興奮と器質神経症的な体験に条件づけられた人格変容を伴う。症状の特徴は次の六つの点である。(1) 障害は身体的・心情的・社会的人格全体にわたっている。(2) 障害は賠償金をもらえる可能性がでる前からあった。(3) 障害は新鮮で感情的な思い出とむすびつき、悪夢・不安な表象がみられ、一種の記憶増進（hypermnésie—Targowla）となっている。(4) 障害は解放後の体験――家や家族の喪失・外国生活・生活苦――とも関係がある。(5) 解放後、しばしば間歇期をえて症状が発現することが多い。(6) 難治である――この点は治癒をもたらす希望的条件の存在とコントラストを示している。これら症状や特徴をもった強制収容所症状群のメカニズムについてはセリエのいうようなストレスの「適応症状群」だけでは説明がつかず、実存的意味（existentielle Bedeutsamkeit）を問題にしなくてはならない。強制収容所の体験はまさしくフランクルのいう実存的構造喪失（existentieller Strukturverlust）なのである。解放後、生存者は身体的・精神的回復を来たした。と同時に、次第に抑うつ的・無力的・神経症的な後作用が現われ、ふたたび苦悩の中にたちもどり、空虚で疎外された世界内に生きて行くのである。これこそ、体験に規定された被害的損傷（erlebnisbedingte Verfolgungsschäden）であって、たんに長期にわたる身体的・精神的虐待の結果というだけでなく歴史的・社会的人間性（geschichtlich-soziales Menschentum）におこったことなのである。

いままで強制収容所の拘禁中、解放直後、解放後長年たっておこった強制収容所症状群について概観してきた。私たちは、戦前において拘禁反応の研究が体験反応や神経症理論に大きな貢献をしたのと同じ事情が、この人類の不幸な実験であった強制収容所についても言えると思われる。まえがきで予備的にのべておいたように、拘禁反応の新しい研究において、従来の心因反応論や神経症理論は根本的に考え直さねばならない段階に来ている。人間をせまい脳内の作用のみにとじこめたり、逆に環境という客観的・要素的な分析の中に拡散させたりする方法ではなく、真の状況を中心にする新しい方法論がこの分野でも望まれるのである。

三　拘禁状況における一般反応

以上のべてきた拘禁状況の異常反応を手がかりとして、その一般反応を考察してみよう。この場合私たちははじめにのべた、人間の精神にかんするかぎりもっとも異常なものは正常なものを拡大して示すという公準に従うわけである。

種々の異常反応のうち逃避傾向と攻撃傾向の二つがみられることは前述した。これに、順応傾向《アダプテーション》を加えると、拘禁状態における基本傾向がほぼうかがえることになる。

逃避型として一括しうるのは、不快な拘禁をのがれて他の精神領域へと逃避しようとするもので、異常体験反応の大部分にみられた根本傾向——例えば詐病への欲求——を持つものである。囚人は追想夢、白昼夢、幻想、自己暗示への嗜好を持つ。とくに自己観察や芸術家めいた表出活動が盛んにみられる。例えば、わが国の刑務所でよくしられたゲソ（微細な下駄）の制作や、ヨーロッパの刑務所で一般化しているパンの塊を捏ねて人物や動物をつくる風潮などがこれである。死刑囚、長期囚における信心や聖書研究会への熱中もこの型の逃避といえる。この型の囚人は、表面上は拘禁状況に順応しているかにみえるが、実は消極的な抵抗意識を持っているから、事あるごとに作業のサボタージュや小反則がみられる。また敏感性性格を持った者では、感情表出が不明瞭なため、ちょっとしたことで看守との間に誤解をおこし、次第に異常体験反応へと移行していくものが多い。

攻撃型の囚人は、一般に自己主張や要求が多く、施設側としては「困り者」として目だつ。感情表出が直接的、解放的であるため、屢々看守や他囚との間にトラブルをおこす。刑務所内規則に対する積極的な反則者の大部分はこの型に属する。彼らは拘禁そのものや所内規律に対して積極的な抵抗者であって、とくに犯罪者にあっては、社会における犯罪傾向が、そのまま所内における反則傾向となってあらわれる。反則者には、暴力犯罪者が多いこと、人格傾向として情性欠如、爆発、発揚、顕揚などの精神病質者が多いことは、私たちが行なった諸調査でも確かにいえることで、彼らが異常体験反応へと逃避せずその人格傾向を発散させている事実は興味深い。順応への失敗が一つは内面への逃避となり、もう一つは外側への攻撃となって現われるわけで、この状況への反応の差を決定する基部に人格の存在を仮定することは容易である。もちろん問題はそう単純なものではなく、状況を構成する個人と環境の詳細な分析を行ない、さらに人間存在の基本的構造まで深入りしなければこの問題は解決できない。ここではさしあたり、逃避と攻撃の二傾向があること、この二傾向が実は同じ非順応傾向の異なった表現であることを知れば事足りるであろう。

第三の順応型は、拘禁状況そのものに順応するもので、大部分の囚人がこの型に属する。ドストエフスキイはシベリア流刑の経験からある殺人犯の口をかりて「さても人間の生活力の強さ！　人間は如何なることにも馴れる動物である。私はこれこそ人間にとって最上の定義であると思う」といっているが、大多数の囚人の陥るありふれたこの順応型こそ、実は最も根本的な問題を含んでいる。一体拘禁状況における順応《アダプテーション》とは何を意味するものであろうか。

まえがきにも述べたように拘禁状況は、特殊状況である。自由の制限を根幹として、集団化、無名化、特有な人間関係などが枝葉をひろげる。この自由の制限や喪失が拘禁状況の本質であってここから順応の問題もとらえられねばならない。この場合の自由とは、いわゆる広義の人間的自由であって、家庭、職業、行動、娯楽から食事、性欲、睡眠などの一般社会で「あたりまえのこと」として許されている一切の人間的自由をさす。自由を奪われた人間はもはや私たちの社会での一般人ではなく、特殊な人間なのである。囚人たちの自由への根本的欲求がいかに彼らの存在感をゆがめているかは、ドストエフスキイの次の言葉に的確によみとれる。「襤褸服を着たつまらない従卒も、ただ頭を剃り落さずに、足枷をつけず、警護兵なしで歩いているというだけの理由で、私たち囚人仲間では殆んど王様のように思われ、囚人たちに較べると自由人の理想と見做されないばかりの有様であった」。また彼はこうもいっている。「如何なる人といえども、何らかの目的と、その目的を達しようとする意欲がなかったら、所詮生きて行けるものではない。……私たち一同の目的は自由であった、監獄を出ることであった」。自由を奪われた人間はいわば仮の人間であって、囚人には仮の生活しかないとすれば、拘禁状況にはもはや正常な順応はありえないということになる。事実模範囚とは特殊な人間で、ある意味では異常な人間なのである。現在の自由刑の執行における最大の矛盾はここにあるので、矯正教育という旗印のもとに、矯正職員は、真の意味において人間的でない状況にある人間を人間的に取扱わねばならないわけなのである。一般に入所期と出所期における異常反応が多いことも、この時期に精神的動揺や反則がみられやすいことも、自由を中核とする状況の急変前後の事情として了解しうる。したがって少なくとも短期刑では真の順応状況がみられにくいことも私たちが経験した事実である。

そうはいっても特殊な順応型はあるので、これが普通、刑務所ぼけ (Zermürbung) とかプリゾニゼーション (prisonization) とよばれる状態である。この特徴は情動麻痺と退行の二つに分けられよう。囚人たちはあらゆる特殊な拘禁状況の型にはまりこみ、人間的な自由さを失う。外部との接触は必要最小限に制限され、感情の起伏は狭く、すべてに対して無感動である。施設側の役人に対しては従順そのものであり、強制労働や厳格な規律に容易に服従する。ものごとに対する視野や関心は狭められ、単調な生活に飽きることがない。さらに、子供っぽい状態への退行がみられる。これは自主性の欠如と拘禁者への依存傾向にみとめられる。この状態はそもそも拘禁環境が囚人を幼児的に取扱うことから了解可能である。大家族の中の子供のように全員が一様な待遇をうけ、全員がある特定の人物を尊敬するように強制される。家族の中の子供がそうであるように、食物、住居、衣類などがもはや個人的問題とされず権威によって外部よりあたえられる。金銭、排泄までも制限され監視される。すなわち幼児的退行は、この特殊状況への順応そのものなのである。

順応型は頻回受刑者、長期囚に多い。ことに無期囚と強制収容所の囚人にこの型が一般的であったことは、順応の特殊性を強調する事実であろう。もはやにげ道のない極限状況——例えば反則、攻撃、逃避が死である状況——における唯一の順応は、プリゾニゼーション以外にはないのである。

拘禁の一般心理の記述においては、いくつかの細かい点にも言及しておく必要がある。

拘禁の方法によって当然囚人の反応は異なる。体験反応の項でも再三のべたように独居拘禁は囚人の反応傾向を助長する。とくに逃避と攻撃への傾向を強める。昔のキルンの「急性独房拘禁精神病」や俗にいう「独房狂(Zellenkoller)」などはこの一般傾向の極端に出た形と考えられよう。これに反して雑居拘禁は順応へのテンポを促進する。集団意識、正確にいえば群衆意識が囚人同志の同体感情を深め、非公式《インフォーマル》な連繋を看守側に対してつくる。ある場合には囚人間の同性愛関係にまで発展する。もちろんこの場合禁圧された性欲のはけ口が同囚にもたらされることも考慮しなければならない。その反面、「決して一人になれない苦しみ」は、とくに高い教育をうけた者にはひどい。個人意識の崩壊は結局、感情麻痺と退行の順応へと囚人を追いこんでいく。

一般反応における状況因子として拘禁条件も重要である。刑事犯の場合、未決拘禁は一般に不安定な反応をおこしやすい。突然の状況の変化とともに、刑の軽減を願う気持や詐病への希望がからみ合う。種々の体験反応、ことに攻撃型の反応が未決に多いのは了解できる。未決中に不安定な反応状態を示したものも大部分は刑が確定し既決囚となると落着くものである。唯一の例外は死刑囚であろう。刑の執行までは、彼らは未決定の状態におかれているわけで状況は未決囚と異ならず、急性の不安動揺を持続的に示す。私たちの調査で、死刑囚とほとんど異ならない人格類型を持つ無期囚が死刑囚と全く別な長期囚型の反応を示したのは興味がある。状況の差が同種の人格をもつ人間を極端に異なった反応へ追いやるよい例で、長期拘禁こそもっとも拘禁らしい作用を人間に及ぼす証明となる。長期拘禁は典型的なプリゾニゼーションを作りだすとともに、慢性の反応性妄想を来たしやすい。異常とまでいかなくても、長期囚には無罪の主張や好訴傾向をもつ者が多いことは私たちの調査でも確かめられた。普通よくいわれる拘禁初期、中期、末期による反応の差も長期囚でないとはっきりしない。

以上、主として刑事囚や強制収容所抑留者を中心に拘禁の一般反応をみてきたが、これらに類似した状況はまだほかにもある。二度の大戦による戦争捕虜についても沢山の観察報告や体験記録がある。それらを読んだ限りでは、そこにも今までの拘禁状況と大差ない反応がみられるように思える。ただし、捕虜の場合はその状態が名誉とみなされるか恥辱とみなされるかという国民的価値感の差によって反応が大きく異なっているようである。また、相手国の経済状態や取扱方法の差も考慮せねばならない。カナダにいたドイツ兵捕虜とドイツ国内の連合軍側の捕虜とでは極端に状況が異なってとても一概に論じられない。それに捕虜が同じ軍隊にいた者同士だという事情も大きいであろうから、軍隊一般の心理に未経験な私たちにはそれを論ずる資格はなさそうである。

さいごに、癩病療養所の収容者について行なわれた神谷の研究に触れておこう。療養所は厳密な意味では拘禁状況を構成しないが、自由の制限と一般社会からの隔離、癩者という特殊な疎外感等は拘禁状況に似ている。神谷によれば彼らの間の狭義の精神病は一般人口と差がないが、体験反応は明らかに多く、軽症者の約三分の一に無意味な生や希望のない将来への不満がみられ、それに対する反応として専制的傾向、攻撃傾向などの過剰代償状態がみられたという。自由の制限が全く存在意味の異なる集団においても似通った反応を示すことは興味深い事実である。

拘禁の意義

今まで私たちは拘禁状況における人間存在を種々の角度から「現象」として記述してきた。とくに拘禁性体験反応においては不十分ながらもその発生構造について「説明的」な考察を行なった。そこでここらでしめくくりとして問題を整理し、心理学や精神医学における拘禁の意義について簡単に展望を行なってみたい。

私たちの出発点は人間の精神にかんするかぎり異常なものが正常なものを誇張して示すということであった。そこでまず異常なものとして拘禁反応——拘禁状況における異常体験反応——を現象として記述し、それらについてある程度の類型化を試み、同時に真性精神病の拘禁着色の問題にも触れた。また拘禁状況の諸特性が極端に現われた強制収容所抑留者について極限状況における人間存在の変容を考察した。これら異常現象を手がかりにして、拘禁状況の一般心理を類型化し三種の反応についてのべ、さらに順応型の反応の中に、もっとも拘禁状況らしい問題が含まれていることを洞察した。これらすべてに共通してみられることは拘禁状況が、人間的自由の喪失または限定を強いる環境と、それに対する人間の反応であるということであった。

この場合、私たちは状況をつくる環境（Umwelt. milieu）や直接環境（Umgebung. ambiance）については多少の筆を費したが、肝腎の人間の側についてはごくたまに触れるのみで、少なくとも人間の素質、性格、人格等については努めて筆を惜しんだ。それは状況における人間の現わす現象に焦点をあてるために、やむをえずそうしたのであって、人間の素質的側面を忘れたわけでは決してない。今までも多くの著者によっていわれているように環境と素質という二面は人間行動を理解し、それらを現象として類型化するためには極めて有効な考え方である。環境は人間に作用し、人間は環境に反応する。生命はいつも外部と内部とからの相互作用のうちにある。この場合環境は生命ある個体がそこで生活している「世界」の総体で、事物と他者を意味し、素質は心的生活の一切の「内因的」条件と解される。同じような環境においてある人間が正常に反応し、他の人間が異常に反応した場合、両者の差は個人の素質の差のためとされる。たとえば、空想虚言癖を持った人間は妄想様構想をおこしやすいし、原始的で未熟な性格をもったものは原始反応をおこしやすい。敏感性性格の者は被害妄想をおこしやすい。これらの事実は臨床面でよく知られている事実である。またひとたび素質の異なった人間が同じような反応をおこした場合、今度は環境の圧倒的な力が云々される。たとえば、未決拘禁や独居拘禁には異常体験反応が多いし、無期囚や強制収容所抑留者にはプリゾニゼーションとよばれる順応型が一般的にみられる。これもまた確かな事実である。これら環境と素質の相互作用を考量することによって、類型がうちたてられ、臨床的にも実際面にもきわめて妥当的な理論が組立てられる。クレッチマーの理論は、異常体験反応を整然と類型化しその力動的考察力は反応理論を飛躍的に発展させた。私たちが日常臨床の実際面で利用し役立っているのは、実にこの素質と環境の力動論的統合なのである。

　しかし、もしも同じ素質と同じ環境をもった人間が二人いた場合、両者は同じ反応を示すであろうか。この設問自体が無理であることは私たちもよく知っている。人間である以上厳密に同じ素質と環境を持ちうるものは実際に存在しえない。しかし、素質を同じくする一卵性双生児について行なわれた研究とちょうど逆な実験的場面を拘禁環境が作りだしていることは確かである。この観点から私たちは受刑者の所内行動に注目し、社会における人間行動の指標を犯罪行為とする犯罪学に対して、拘禁施設内の反則――いわゆる所内懲罰事犯――を指標とする「反則学」的研究を行なってきた。そうして拘禁環境が、短期刑受刑者においてはその再現性（くりかえしが効くこと）とその証明性（仮説を一定の観点から証明していくこと）の二点において自然科学的な実験に近い場面を提供することを見出した。私たちは拘禁環境を利用するこの反則学的方法を「準・実験的方法」と呼んでいる。けれども「準・実験的方法」にしてもクレッチマー流の力動学説にしてもこういった方法は、種々の要素分析を行ない一定の類型を立てていくので大体の傾向は出るけれども、個々の受刑者におよぼす拘禁環境の影響をつきつめていくと当然類型を抜け出してしまい真の了解には到達できない。よく考えてみると、現在精神医学や心理学で行なわれている人間観察の方法のうちこれら類型学や要素分析や統計学などの限界は、それらの方法が環境と素質ときりはなされたものを仮定し力動的あるいは相互作用という名のもとに静的に考察を行なうことから来る。ある人々は結論を蓋然的な場所にとどめておくし、ある人々は結果から一足とびに勝手な（つまり類型学的常識による）結論を下して満足している。ことわっておくが、私たちはこれら準・自然科学的方法が全く無意味な企てだと言おうとしているのではない。反対に、これらの方法によってのみ理論が立てられうるし、実用的な視野（行刑の実際、治療など）も開けてくるのである。ただ大切なことはこの方法の限界を心得ておくべきだというのである。

私たちはここで再び事象そのものへ、「それが自らを顕わにしている現象」へと帰って来なくてはならない。つまり、まえがきで予示しておいた状況における人間へと目をむけるべきである。環境や素質という固定された仮説的なものから出発せずに、人間が日々の生活を行なう場についての一切の事象である状況から出発すべきである。この次元での研究はおそらく早急な類型をたてたり要素分析について統計学を利用することが非常に困難になる。なぜなら、状況における個人が問題であり、拘禁環境という万人に共通した環境があるわけでも、素質や性格という誰にでも納得されうる類型化された傾向があるわけでもないからである。あるのはただ個人であり、彼の状況である。が、私たちはこの方法のみを唯一のものとしようとは考えない。この方法を極端にすすめていけば、哲学や文学や思弁の領域に足を踏みいれてしまう。また、ある個人の状況を明らかにしえたとしても別な個人については全部はじめからやりなおさねばならず、学問の必須条件である体系をたてることができなくなるであろう。私たちは状況をできるだけ明確に把握しようと努めるという新しい方法論をもとめるとともに、従来の学問がたてた類型を基礎としてやはり学問の側にとどまろうとするものである。少なくとも拘禁状況の研究においてはこの新しい方法——現象学的、実存分析的、人間学的等いろいろとよばれる——はまだ端緒についたばかりである。

例えば、拘禁性体験反応を目的反応とみる見方は従来一般的である。一方において詐病を、他方において例外状態としての原始反応をというクレッチマー流の見方はすぐれた総合学説である。クレッチマーは原始反応の対極に人格反応をおきその間に段階をもうけるが、原始反応において人格を回避して体験刺激が反応的に現われて来る理由としてやはり人格の介入を考えなくてはならないのではないか。このことはクレッチマーも慎重に人格の影響もあると書いてはいるが、彼の理論の中でどうも私たちによくわからないところである。それにある環境が人格に対して刺激として働くものであり、人間が単に反応をおこすだけであるならば、刺激がとり去られれば反応は消えて完全に元の状態に戻らなければならない。しかし事情がそう簡単でないことは現在強制収容所生存者のおこしている慢性の精神異常をみてもあきらかである。また一度でも体験反応をおこしたものは、もはや一度も体験反応をおこさない人間と同じではない。人間の精神は刺激と反応という簡単な図式で片附けられるものでないことは、拘禁状況を研究している者は誰でもすぐ気づくことであろう。

このようにしてとらえられた拘禁状況は、不可避的に人生の全体を決定する窮極の状況に近づいてくる。回避し得ないものとしての死、苦、争、責などの状況をヤスパースは「限界状況」とよんだが、拘禁状況は確かにある意味での限界状況である。

ここで二つの異なった方法論が明らかになってくる。一つは拘禁状況を拘禁環境と素質に分解し、この概念を前提として、ある集団について統計学的な操作を行なったり、ある個人について力動心理学的理論を適用したりする方法である。例えば、拘禁環境を一つの準・実験場面として利用し人間行動の観察に利用したり、拘禁反応を可逆的経過をとる心因反応として考察したりするのはこの方法の中で行なわれる。もう一つは、環境と素質という分解を行なわず、直接拘禁状況に目をむけて、その限界状況としての意義を解明していく方法である。この方法の中では、人格や素質は状況においてのみ反応として露呈してくるものであり、一度おこされた反応は、その人間にとって実存的意味をもってくる。例えば、拘禁状況の現存在分析や現象学的研究、深い了解心理学的研究などすべて状況から出発して成立する研究方法がここに含まれる。

二つの方法論は、前者を自然科学的方法とよび、後者を広く人間学的方法とよびうるであろう。私たちはそのどちらかに優位をおけと主張しているのではない。むしろ、この方法論的区別を厳密に行なうことによって「拘禁」の精神医学的心理学的および社会心理学的研究が一層促進されることを望んでいるのである。少なくとも、わが国においては拘禁という身近な現代的な問題についての研究がきわめて少ない。ヤスパースもいうように拘禁性精神病の研究は、ある意味では反応性精神病の学説全体の基礎をつくってきたものである。したがって、きわめて基礎的な現象の記述にはじまって体験反応や状況と人間の問題にいたるまで、まだまだなすべきことが数多く残されている。わが国の研究をみてよく不審に思うのは、研究の際の方法論的自覚が不十分なため研究の焦点がぼけてしまったり、飛躍的結論が平気で行なわれていることである。例えば、ストレスという生理学的観点を用いながら、限界状況という人間学的用語を安易に説明のために導入したり、心理テストという準・実験的方法による統計的処理を用いながら了解心理学的な了解を行なおうとしたりするのははっきりした方法論的自覚がないといわれても仕方がないであろう。

（『異常心理学講座』V、みすず書房、一九六五）

参考文献

（1） 阿部照雄「犯罪的精神分裂病者」矯正医学　五・一・一九、一九五六。
（2） 同「未決拘禁下における情動反応の生物学的研究」矯正医学　九・一一・特別号・六〇、一九六一。
（3） 秋元波留夫「松沢病院における酒精精神病の統計」精神経誌　四一・九四三、一九三七。
（4） 同「松沢病院における麻薬中毒の統計」精神経誌　四一・九五一、一九三七。
（5） Anderson, E. W. : The official concept of psychopathic personality in England, Psychopathologie Heute, Georg Thieme, Stuttgart, 1962.
（6） 新井尚賢「犯罪現象における意志薄弱の意義について」刑法誌　一・六五、一九五〇。
（7） 同「意志薄弱に関する研究」精神経誌　五四・三七九、一九五二。
（8） 同、野口英彦「経過初犯者の研究」犯罪学年報　一・一六九、一九六〇。
（9） 同「精神病質の問題点」精神医学　六・七二九、一九六四。
（10） Arntzen, F. I. : Psychological observations of prisoners of war, Amer. J. Psychiat., 104; 446, 1948.
（11） Aschaffenburg, G. : Das Verbrechen und seine Bekämpfung, 1923.（高橋正己訳「犯罪と刑事政策」司法資料 二七六、一九四二）。
（12） Baeyer, W. v. : Zur Statistik und Form der abnormen Erlebnisreaktion in der Gegenwart, Nervenarzt, 19; 402, 1948.
（13） id. : Die Freiheitsfrage in der forenischen Psychiatrie mit besonderer Berücksichtung der Entschädigungsneurosen, Nervenarzt, 28 ; 338, 1957.
（14） id. : Erlebnisreaktive Störungen und ihre Bedeutung für die Beurteilung, Deutsch. Med. Wschr., 52 ; 2317, 1958.
（15） id. : Erlebnisbedingte Verfolgungsschäden, Nervenarzt, 32 ; 534, 1961.

(16) Baker, A. T. : A clinical study of inmated sentenced to Sing-Sing Prison for murder Ist degree. Amer, Journ. Psychiatr., 91; 783, 1934.

(17) Becker, A. M. : Zur Typengliederung der Psychopathie, Nervenarzt, 30; 159, 1959.

(18) Bergson, H. : Matière et mémoire, 54e édition, Presses Universitaires de France, Paris. 1953.

(19) Beringer, K. : Zum Begriff des Psychopathen, Mschr. Kriminalbiol. Strafrechts., 30; 319, 1939.

(20) Bettelheim, B. : Individual and mass behavior in extreme situations, Jour. Abnorm. Soc. Psychol., 38; 1943.

(21) Binder, H. : Die psychopathischen Dauerzustände und die abnormen seelischen Reaktionen und Entwicklungen, Psychiatrie der Gegenwart. Bd. II. Springer, Berlin-Göttingen-Heidelberg, 1960.

(22) Birnbaum, K. : Psychosen mit Wahnbildung und wahnhafte Einbildungen bei Degenerativen, Carl Marhold, Halle, 1908.

(23) id. : Simulation und vorübergehende Krankheitszustände auf degenerativem Boden, Aerztliche Sachverständigen-Zeitung, 15; 48, 1909.

(24) id. : Über psychopathische Persönlichkeit, J. F. Bergmann, Wiesbaden, 1909.

(25) id. : Zur Lehre von den degenerativen Wahnbildungen, Allg. Zschr. Psych., 66 ; 19, 1909.

(26) id. : Die psychopathischen Verbrecher, P. Langenscheidt, Berlin, 1914.

(27) id. : Kriminal-psychopathologie und psychobiologische Verbrecherkunde, Springer, Berlin, 1931.

(28) Bize, P. R. et al. : Etude sur le récidivisme des mineurs, Rev. int. droit penal. 26 ; 27, 1955.

(29) Bonhoeffer, K. : Ueber den pathologischen Einfall, ein Beitrag zur Symptomatologie der Degenerationzustände, Deut. Med. Wochenschr., 30 ; 1420, 1904.

(30) Braun, E. : Psychogenes Reaktionen, in Bumkes Handbuch der Geisteskrht. V, 1928.

(31) Cayrol, J. : Les rêves concentrationnaires, Les Temps Modernes, sept., Paris, 1948.

(32) Cénac, M., Grasset, A. et Henne, M. : Récidive des actes anti-sociaux, étude médico-légale et psychiatrique, Rev. de Science crim, et de dr. pén. comp. t. 10 ; 653, 1955.

(33) Chodoff, P. : Late effects of the Concentration Camp Syndrome, Arch. Gen. Psychiatr., 8 ; 323, 1963.
(34) Cleckley, H. M. : Psychopathic personality, Branham, V. C. & Kutash, S. B. 's Encyclopedia of Criminology, Philosophical Library, New York, 1949.
(35) id. : The mask of sanity, C. V. Mosby, St. Louis, 1955.
(36) id. : Psychopathic states, in American Handbook of Psychiatry, Vol. I, 567, Basic Books, New York, 1959.
(37) コーエン、E・A（清水、高根、田中、本間訳）『強制収容所における人間行動』岩波書店、東京、一九五七。
(38) Corberi, G. : Psicopatici, in Dizionario di Criminologia, D. F. Vallardi, Milano, 1943.
(39) Delay, J. : Les dissolutions de la mémoire, Presses Uriversitaires de France, Paris, 1942.
(40) Delbrück, A. : Die pathologische Lüge und die psychopathisch abnorme Schwindler, 1891.
(41) Du Bois, F. S. : The sense of time and its relation to psychiatric illness. Amer. Journ. Psychiatr., 109 ;46, 1954.
(42) Eitinger, L. : Pathology of the Concentration Camp Syndrome, Arch. Gen. Psychiatr., 5 ; 371, 1961.
(43) id. : Concentration camp survivors in the post war world, Amer. J. Orthopsychiat., 32; 367, 1962.
(44) 遠藤辰雄「拘禁の精神に及ぼす影響」矯正医学 九・一一・三二、一九六二。
(45) Ernst, K. : Über Gewalttätigkeitsverbrecher und ihre Nachkommen, Springer, Berlin., 1938.
(46) Exner, F. : Kriminologie, Ⅲte verbesserte u. ergänzte Auflage der Kriminalbiologie. Hamburg., 1949.
(47) Ey, H. : Pervesité et perversions, Etudes psychiatriques, Ⅱ, Desclée de Brouwer, Paris, 1950.
(48) id. et Brisset, Ch. : Manuel de Psychiatrie, Masson, Paris, 1960.
(49) Fenichel, O. : The Psychoanalytic Theory of Neurosis. Norton, New York, 1945.
(50) Foersterling, W. : Ueber die paranoiden Reaktionen in der Haft, Abh. Neur. Psychiatr. Psychol., Heft 19, 1923.
(51) フランクル、V・E（霜山徳爾訳）『夜と霧』みすず書房、東京、一九六一。
(52) Frankl, V. E. : Psychologie und Psychiatrie des Konzentrationslagers, Psychiatrie der Gegenwart III ; 743,

Springer, Berlin- Heidelberg-Göttingen, 1961.

(53) Frey, E. : Der frühkriminelle Rückfallsverbrecher, Verlag für Recht und Gesellschaft, Basel, 1951.

(54) Friedman, P. : Some aspects of concentration camp psychology, Amer. J. Psychiat., 105 : 601, 1949.

(55) Frym, M. : The treatment of recidivists, Jour. crim. law & pol. sc. 47 ; 1, 1956.

(56) Ganser, S. : Ueber einen eigenartigen hysterischen Dämmerzustände, Arch Psychiatr., 30 ; 633, 1898.

(57) id. : Zur Lehre vom hysterischen Dämmerzustand, Arch psychiatr., 38 ; 34, 1904.

(58) Gebsattel, V. E. F. v. : Störungen des Werdens und des Zeiterlebens im Rahmen psychiatrischer Erkrankungen. in Prolegomena einer medizinischen Anthropologie, Springer, Berlin-Göttingen-Heidelberg, 1954.

(59) Giljarowski, W. A. : Lehrbuch der Psychiatrie, Volk und Gesundheit, Berlin, 1960.

(60) Glueck, S. et E. : 500 criminal Careers, Alfred. A. Knoph, New York, 1930.

(61) Grassberger, R. : Die Lösung kriminalpolitischer Probleme durch die mechanische Statistik, Springer-Verlag, Wien, 1946.

(62) Gruhle, H. W. : Haftpsychologie, Hdw. Kriminologie, Bd. I. Walter de Gruyter. Berlin-Leipzig, 1936.

(63) id. : Hoches Handbuch d. gerichtl. Psychiatr. 379, 1934.

(64) id. : Psychopathie und Psychose, Handwörterbuch der Kriminologie, II : 446, Walter de Gruyter, Berlin-Leipzig, 1936.

(65) id. : Der Psychopathiebegriff, Allg. Zschr. Psych., 114 ; 233, 1940.

(66) Guiraud, P. : Psychiatrie genérale, Le François, Paris, 1959.

(67) Hallermann, W. : Über den Wandel des Psychopathiebegriffes, Deutsch. Zschr. Gerichtl. Med., 51 ; 588, 1961.

(68) 林道倫、勝沼精蔵、斎藤玉男、内村祐之「神経精神病学用語統一委員会試案」精神経誌 四一・四付録、一九三七。

(69) 同「精神病学用語統一試案に関する覚書」精神経誌 四二・四四六、一九三八。

(70) Heinze, H. : Psychopathie und Charakterologie, Zbl. Neur Psych., 80 ; 526, 1936.

(71) Van Helmont, M. : Le traitement des récidivistes, Rev. int. droit. pen. 26 ; 173, 1955.

(72) Henderson, D., Gillespie, R. D. & Batchelor, I. R. C. : A text-book of psychiatry, Oxford University Press, London-New York-Tronto, 1956.
(73) 逸見武光「てんかん及び類てんかんの犯罪精神医学的研究——男子累犯について——」矯正医学 九・二、一九五九―一九六〇。
(74) 樋口幸吉「少年累犯の特性」犯罪学年報 一・三二、一九六〇。
(75) 同「拘禁環境の精神病理」矯正医学 九・一一・五〇、一九六二。
(76) 平尾武久、台弘「講堂における座席の成立」精神経誌 六六・九八七、一九六四。
(77) 同「個体生態行動観測の方法論」精神経誌 六七・一〇〇五、一九六五。
(78) 広瀬勝世、武村信義「女子累犯」犯罪学年報 一・二一一、一九六〇。
(79) v. Holtzendorff : Das Verbrechen des Mordes und die Todesstrafe, 1875.
(80) 法務省矯正局医療分類課「麻薬関係資料」一九六三。
(81) 市場和男「精神分裂病と犯罪」犯罪誌 二六・一四三、一九六〇。
(82) 石井清「性犯罪の精神医学的・犯罪生物学的研究」精神経誌 五九・一〇九一、一九五七。
(83) 同、栗原徹郎「性犯罪と累犯」犯罪学年報 一・二六八、一九六〇。
(84) 石川義博「矯正施設内における所内反則について」矯正医学 一二・附録、六、一九六三。
(85) Jacob, W. : Gesellschaftliche Voraussetzungen zur Überwindung des KZ-Schäden, Nervenarzt, 32; 542, 1961.
(86) Janet, P. : L'évolution de la mémoire et de la notion du temps, Paris, 1928,
(87) Jaspers, K. : Allgemeine Psychopathologie, 7 Aufl, Springer, Berlin-Götttingen-Heidelberg, 1959（内村、西丸、島崎、岡田訳『精神病理学総論』〈中〉岩波書店、一九五五。）
(88) John, A. : Die Rückfallsdiebe, Krim. Abh. Hft. 9, 1929.
(89) Kahn, E. : Die Psychopatischen Persönlichkeiten, Bumkes Handbuch der Geisteskrankheiten, Bd. V. 227, Springer, Berlin, 1928.
(90) 懸田克躬、菅又淳「性格異常」異常心理学講座Ⅶ みすず書房、東京、一九五六。

(91) Kamiya, M. : Psychiatric studies on leprosy, Folia Psychiat. Neurol. Jap., 13 ; 143, 1959.
(92) id. : The existence of a man placed in a limit-stuation, Confin. Psychiat., 6 ; 15, 1963.
(93) 加藤英彦「配偶関係による犯罪率の増加及び減少に関する研究——特に累犯受刑者について——」矯正医学 七・二・三〇、一九五八。
(94) 河合博「嗜癖者の精神病理」復光会十周年記念論文集、七二、一九六二。
(95) Klages, L. : Bemerkungen zur sogenannten Psychopathie, Nervenarzt, 1; 201, 1928.
(96) Klein, H., Zellermayer, J. & Shanan, J. : Former concentration camp inmates on a psychiatric ward, Arch. Gen. Psychiat., 8 ; 334, 1963.
(97) Knigge, F. : Ueber psychische Störungenen, Arch. psychiatr., 96 ; 127, 1932.
(98) Koch., J. L. A. : Die psychopathischen Minderwertigkeiten, Otto Maier, Ravensburg, 1891.
(99) 小木貞孝「フランスの妄想研究(1) 症候論概説と一九世紀の症候論」精神医学 二・五〇五、一九六〇。
(100) 同「反則学的立場から」矯正医学 一二・附録、一七、一九六三。
(101) 同「矯正施設内の反則の予測」犯罪誌 三〇・八三、一九六四。
(102) Kolle, K. : Paranoische Haftreaktionen, klinische und genealogische Untersuchungen, Allg. Zschr. psychiatr., 124 ; 327, 1949.
(103) id. : Die Opfer der nationalsozialistischen Verfolgung in psychiatrischer Sicht, Nervenarzt, 29 ; 148, 1958.
(104) Kornhuber, H. H. : Psychologie und Psychiatrie der Kriegsgefangenschaft, Psychiatrie der Gegenwart III; 631, Springer, Berlin-Göttingen-Heidelberg, 1961.
(105) Kraepelin, E. : Psychiatrie, 8 Aufl., Bd. IV, Johann Ambrosius Barth, Leipzig, 1915.
(106) Kretschmer, E. : Der sensitive Beziehungswahn, Springer, Berlim-Göttingen-Heidelberg, 1950.
(107) id. : Hysterie, Reflex und Instinkt., 5ᵉ édjtion, 1948. （吉益脩夫訳『ヒステリーの心理』みすず書房、東京、一九六一）。
(108) id. : Körperbau und Charakter, Springer, Berlin-Göttingen-Heidelberg, 1955. （相場訳『体格と性格』文光堂、

東京、一九六〇)。
(109) 蔵原惟光「精神分裂病の犯罪性並びに反社会性に関する考察」矯正医学 七・三・五八、一九五八。
(110) Lange, J. : Hoches Handbuch d. gerichtl. Psychiatr. 533, 1934.
(111) Leferenz, H. : Psychopathentypen in kriminologischer Sicht. Kriminalbiologische Gegenwartsfragen, Ⅱ. ; 13, 1955.
(112) Lenz, A. : Grundriss der Kriminalbiologie, 1927. (吉益脩夫訳『犯罪生物学原論』司法資料 一八二、一九三四)。
(113) Levinger, L. : Psychiatrischen Untersuchungen in Israel an 800 Fällen mit Gesundheitsschaden–Forderungen wegen Nazi-Verfolgung, Nervenarzt, 33 ; 75, 1962.
(114) Lewin, K. : The conceptual representation and the measurement of psychological forces, Duke University Press, Durham, 1938.
(115) Lottig, H. : Psychopathische Persönlichkeiten und psychopatische Reaktionen, Fortschr. Neur. Psychiat., 6 u. 9 ; 489, 1934, 354, 1937.
(116) Lotz, L. : Der gefährliche Gewohnheitsverbrecher, Krim. Abh. Hft. 41, 1939.
(117) Matussek, P. : Die Konzentrationslagerhaft als Belastungssituation, Nervenarzt, 32 ; 538, 1961.
(118) Mauz, F. : Grundsätzliches zum Psychopathiebegriff, Allg. Zschr. Psych. 113 ; 86, 1938.
(119) Mayer-Gross, W., Slater, E. & Roth, M. : Clinical Psychiatry, Cassel, London, 1960.
(120) McCord, W. & McCord, J. : Psychopathy and delinquency, Grune & Stratton, New York, 1956.
(121) Meywerk, W. : Beitrag zur Bestimmung der sozialen Prognose an Rückfallsverbrechern, Mschr. f. Krim. 29 ; 422, 1938.
(122) Mezger, E. : Kriminologie, 1951. (堀田端訳『刑事学』矯正資料 一三、一九五五)。
(123) id. : Zum Begriff des Psychopathen. Mschr. Kriminalbiol. Stratrechts., 30 ; 190, 1939.
(124) id. : Kriminalpolitik und kriminologischer Grundlage, 1934. (吉益脩夫訳『犯罪学と刑事政策』朝倉書店、東京、一九四四。)

(125) Minkowski, E. : Le temps vécu, Delachaux et Niestlé, Neuchâtel, 1933.
(126) id. : L'anesthésie affective, Ann. Méd.-Psych. 104, T. I; 80, 1946.
(127) id. : A propos de l'affectivité, Evolut. Psychiat. Fasc. I. ; 47, 1947.
(128) id. : Les conséquences psychologiques et psychopathologiques de la guerre et du nazisme, Arch. Suisse. Neur. Psychiat., 61 ; 280, 1948.
(129) 森岡寿夫「長期受刑者の特性について」矯正教育　五・二・七、一九五四、一九五九。
(130) Morris, N. : The habitual criminal, Harvard University Press, Boston, 1951.
(131) 村田穣也「飲酒犯罪者の犯罪生物学的研究」精神経誌　六二・一〇一三、一九六〇。
(132) 中脩三、左座金蔵「犯罪性変質者及拘禁精神病の研究」福岡医科大学雑誌　二九・一二六七、一九三六。
(133) 中田修「矯正保護施設における精神病の統計」矯正医誌　一・二・七四、一九五二。
(134) 同「未決拘禁における精神病について」矯正医誌　一・一、一・二、一九五三。
(135) 同「放火人の犯罪心理学的研究」家庭裁判月報　五・六・五一、五・七・五一、一九五三。
(136) 同「戦前との比較における戦後犯罪の一考察」犯罪誌　二〇・一六六、一九五五。
(137) 同、山上龍太郎「放火犯の社会的予後」精神経誌　六〇・六三三、一九五八。
(138) 同「犯罪・精神病質」『精神医学最近の進歩』二・二六三、医歯薬出版、東京、一九六〇。
(139) 同「放火犯罪者と累犯」犯罪学年報　一・二八〇、一九六〇。
(140) 同「累犯現象の研究の動向」犯罪学年報　一・三四五、一九六〇。
(141) 同「多種方向犯罪者の犯罪学的研究」犯罪誌　二八・四二、一九六二。
(142) 同「Vorbeireden の精神病理について」精神医学　五・七八九、一九六三。
(143) 同、福水保郎、小田晋「長期受刑者における多種方向犯罪者について」犯罪誌　三〇・一八八、一九六四。
(144) Nardidini, J. E. : Survival factors in American priosoners of war of the Japanese, Amer. J. Psychiat., 109; 241, 1952.
(145) Nass, G. : Zur Psychologie der Todesstrafe, Psychologische Rundschau, Bd. IV ; 306, 1953.

(146) id. : Der Mensch und Kriminalität, Bd. III, Kriminalpädagogik, Carl Heymanns, Köln–Berlin, 1959.
(147) Nitsche, P. & Wilmanns, K. : Die Geschichte der Haftpsychosen, Zschr. Neur. Psych., Ref. 3 ; 353, 497, 1911.
(148) 野村章恒「心因性精神病、殊に拘禁性精神病に関する臨床的知見」精神経誌 四一・一三、一九三七。
(149) 沼田作「拘禁性精神病の発見形成の一種に就いて」日本の医学 一七・四五、一九二七。
(150) Ohm, A. : Das Todesurteil in seiner Auswirkung auf die Persönlichkeit, Ferdinand Enke, Stuttgart, 1956.
(151) id : Haltungsstille Lebenslänglicher, kriminologische Untersuchungen in Zuchthaus, Walter de Gruyter, Berlin, 1959.
(152) Okazaki, B. : Etude statistique sur les condamnés à mort exécutés au Japon, Tokio, 1957.
(153) 奥沢良雄「累犯受刑者の諸特性について——類型学的研究の提案——」矯正医学 七・一・一、一九五八。
(154) Oppe : Der Mörder Göhlert und sein Geisteszustand vor der Hinrichtung, Arch. Krim. Anthropo., 51; 85, 1913.
(155) Petrilowitsch, N. : Abnorme Persönlichkeiten, S. Karger, Basel, 1960.
(156) Porot, A. : Manuel alphabétique de psychiatrie, PUF, Paris, 1952.
(157) Raecke, J. : Beitrag zur Kenntnis des hysterischen Dämmerzustandes, Allg. Zschr. Psych., 58 : 115, 1901.
(158) id : Hysterischer Stupor bei Strafgefangenen, Allg. Zschr. Psych., 58 ; 409, 1901.
(159) Reichardt, M. : Die psychogenen–Reaktionen, einschliesslich der sogenannten Entschädigungsneurosen, Arch. f. Psychiatr. 98 ; 1, 1933.
(160) Repond, A. : L'hystérie chez les prisonniers de guerre internés en Suisse, Arch. Suisse Neur. Psychiat, ; 128, 1918–19.
(161) Riedl, M. : Studen über Verbrecherssämmlunge, Spätkriminelle und Frühkriminelle und über deren sozial–prognostische und rassenhygienische Bedeutung. Arch. Krim., 93 ; 7, 1933.
(162) Rohden, F. : Einführung in die kriminologischer Methodenlehre, 1933.
(163) Rubino, A. : Diagnostica psichiatrica, V. Idelson di E. Gnocchi, Napoli, 1958.

(164) Rüdin, E. : Ueber die klinischen Formen der Gefängnispsychose, Allg Zschr. Psych., 18 ; 447, 1901.

(165) id. : Ueber die klinischen Formen der Seelenstörungen bei zu lebenslänglichem Zuchthause Verurteilten, München, 1902.

(166) id. : Eine Form akuten halluzinatorischen Verfolgungswahns in der Haft ohne spätere Weiterbildung des Wahns und ohne Korrektur, Allg. Zschr. Psych., 60 ; 852, 1903.

(167) Runge-Kiel : Beitrag zur Pathogenese der Haftpsychosen, Zentralblatt ges. Neur. Psych., 42 ; 351, 1926.

(168) Sannié, Ch. et Vernet, R. P. J. : Etudes statistiques sur le recidivisme, Rev. int. droit pénal. 26; 101, 1955.

(169) 佐藤愛「詐病の心理――拘禁場面における問題として――」矯正医誌 六・四・六一、一九五七。

(170) Schneider, K. : Über Psychopathen und ihre kriminalbiologische Bedeutung, Mschr. Krimianalbiol. Strafrechts. 29; 353, 1938.

(171) id. : Die psychopathischen Persönlichkeiten, 9 Aufl., Franz Deutsche. Wien, 1950. （懸田・鰭崎訳『精神病質人格』みすず書房、東京、一九五四。）

(172) id. : Les personnalités psychopathiques, trad. en français par Demers, F., P. U. F., 1955.

(173) id. : "Der Psychopath" in heutiger Sicht, Fortschr, Neur. Psychiat., 26 ; 1, 1958.

(174) Schnell, K. : Anlage u. Umwelt bei 500 Rückfallsverbrechern. Krim, Abh. Hft. 22, 1935.

(175) Schnur, A. C. : Prison conduct and recidivism, Jour. crim. law & crim, 15; 36, 1949-50.

(176) Schröder, H. : Ueber Psychosen in der Haft, mit einem Beispiel einer degenerativen Haftpsychose, Allg. Zschr, Psych., 100 ; 347, 1933.

(177) Schröder, P. : Psychopathen und abnorme Charaktere, Münch. Med. Wschr., 80 ; 1007, 1933.

(178) Id. : Der Psychopath vor dem Strafrichter, Mschr. Krim., 25; 106, 1934.

(179) Id. : Charakter Erb-Lehre, Nervenarzt, 8; 169, 1935.

(180) Schurich, J. : Lebenslaüfe vielfach rückfaliger Verbrechen, Krim. Abh. Hft. 10, 1930,

(181) Seelig, E. : Lehrbuch der Kriminologie, Jos. A. Kienreich, Graz. 1951.（植村秀三訳『犯罪学』みすず書房、一九六二）。
(182) Sellin, T. La peine de mort et le meurtre, Revue Scien. Crim. Dr. pén. ; 739, 1957.
(183) Siefert, E. : Ueber die Geistesstörungen der Strafhaft mit Ausschluss der Psychosen der Untersuchungshaft und der Haftpsychosen der Weiber, Carl Marhold, Halle, 1907.
(184) Sieverts, R. : Die Wirkungen der Freiheitsstrafe und Uutersuchungshaft auf die Psyche des Gefangenen, J. Bensheimer, Mannheim-Berlin-Leibzig, 1929.
(185) Spitzer, R. L. & Wilson, P. T. : A guide to the American Psychiatric Association's New Diagnostic Nomenclature, American Journal of Psychiatry, 124 ; 1619, 1968.
(186) Straus, E. : Diskussionsbemerkungen zu vorstehenden Beiträgen von W. von Baeyer, P. Matussek und W. Jacob, Nervenarzt 32 ; 551, 1961.
(187) Strauss, H. : Besonderheiten der nichtspsychotischen Verfolgung und ihre Bedeutung bei der Begutachtung, Nervenarzt, 28 ; 344, 1957.
(188) id. : Entwurzelungsdepression, Nervenarzt, 29 ; 118, 1958.
(189) Sträusser, E. : Haftpsychosen, Simulation, Hysterie, Wien Med. Wschr., 80 ; 329, 1930.
(190) Stumpfl, F. : Ursprünge des Verbrechens, 1936.
(191) 菅又淳「病的虚言に関する研究の諸問題」犯罪誌 一九・一四九・二〇九・二七五、一九五三。二〇・三八、一九五四。
(192) 同「詐欺累犯者の精神医学的・犯罪生物学的研究——虚言性精神病質人格の類型とその社会的予後に対する一寄与——」精神経誌 五八・四八五、一九五六。
(193) 同、上出弘之「老年者の犯罪生物学的研究」精神経誌 六〇・一四一九、一九五八。
(194) 同「詐欺累犯」犯罪学年報 一・二三四、一九六〇。
(195) 同、徳田良仁、小木貞孝、坪井孝幸、武村信義、石川義博「爆発型精神病質者の臨床脳波学的研究」犯罪誌二九・三、一九六三。

(196) Sutherland, E. H. & Cressey, D. R. : Principles of Criminology, 6 ed., J. B. Lippincott, Chicago-Philadelphia-New York, 1960.
(197) Taft, J. : Time element in psychotherapy, Chapter 29 of the Dynamics of Therapy in a Controled Relation-ship, Dover, 1933.
(198) 高橋宏「飲酒嗜癖者の研究」精神経誌　六二・五九二、一九六〇。
(199) 高橋正己「戦後における累犯再入率の考察」犯罪学年報　一・二九、一九六〇。
(200) 高松励「矯正施設内における常習反則者の研究」犯罪誌　三一・一一三、一九六五。
(201) 武村信義「累犯少年の犯罪生物学的研究」犯罪誌　二四・五一、一九五八。
(202) 同「女子累犯者の犯罪生物学的研究」精神経誌　六一・一三四〇、一九五九。
(203) 田村幸雄「精神病質概論」矯正資料　二五、一九五九。
(204) Thomas, W. : Considerations criminologiques sur les causes de la récidive, Rev. int. droit pénal 26; 202, 1955.
(205) Thompson, G. N. : The psychopathic delinquent and criminal, C. C. Thomas, Springfield, 1953.
(206) Trautman, E. C. ; Psychiatrische Untersuchungen an Überlebenden der Nazional-Sozialistischen Vernichtungs-lager 15 Jahre nach der Befreiung, Nervenarzt, 32 ; 545, 1961.
(207) Trillat, E. : Les déséquilibrés, personnalité et constitutions psychopathiques, Encyclopédie Méd. -Chir., 37310, 1955.
(208) 坪井孝幸「暴力犯累犯者の研究」精神経誌　六一・二一九七、一九五九。
(209) 同「矯正施設内の人身事故予測の理論と実際」刑政　七三・六・五六、一九六二。
(210) 内村、秋元、石橋「あいぬノいむニ就イテ」精神経誌　四二・一、一九三八。
(211) 内村、吉益「平沢貞通鑑定書」一九五〇（福島、中田、小木編「日本の精神鑑定」みすず書房、一九七三に収録）。
(212) 植松正、橋本鍵一、遠藤辰雄、市川定三、奥沢良雄「累犯受刑者の心理」犯罪学年報　一・一〇九、一九六〇。
(213) Vienne, R. : Considérations sur la psychologie, l'origine de l'état dangereux et les facteurs de réadaptation

des multi-récidivistes. Science crim. et dr. pén. comparé. 12 ; 53, 1957.
(214) Wallner, : Studien zur Lehre der Verbrechensmotive. Arch. Krim., 84. 1914.
(215) Wend, J. : Untersuchungen an Straflisten vielfach rückfälliger Verbrecher, Krim. Abh. Hft. 23, 1936.
(216) Wilmanns, K. : Die Abhängigkeit der Haftpsychosen vom Zeitgeist, Mschr. Krim. Straf., 15; 308, 1923. 1924.
(217) id. : Die sogenannte verminderte Zurechnungsfähigkeit, Springer, Berlin, 1927.
(218) id. : Ueber Morde in Prodromalstadium der Schizophrenie, Zschr. ges. Neur. Psych., 170 ; 583, 1940.
(219) Wolf, S. & Ripley, H. S. : Reactions among allied prisoners of war subjected to three years of imprisonment and torture by the Japanese, Amer. J. Psychiat., 104 ; 180, 1947.
(220) 吉益脩夫「不良兇悪囚の人格と運命」『犯罪人』東洋書館、東京、一九四八。
(221) 同「犯罪者の成行の予見」刑法誌　一・一七二、一九五〇。
(222) 同「犯罪の経過形式に関する研究」刑法誌　二・二六六、一九五一。
(223) 同「犯罪心理学」東洋書館、東京、一九五二。
(224) 同、武村信義、坪井孝幸「女子累犯者の犯罪経過形式に関する研究」刑法誌　九・二〇八、一九五八。
(225) 同「犯罪学概論」有斐閣、東京、一九五八。
(226) Yoshimasu, S. : Ueber die kriminellen Lebenskurven. Arch. Psych. Zschr. ges. Neur. 199 ; 103, 1959.
(227) id. : Psychobiology of Criminal Life Curve. 犯罪誌　二六・三二、一九六〇。
(228) 同「犯罪生物学より見たる累犯の根本問題」犯罪学年報　一、有斐閣、東京、一九六〇。
(229) 同、井上英二、上出弘之、武村信義『優生学』南江堂、東京、一九六一。
(230) 同「拘禁性異常反応」犯罪誌　二八・一八五、一九六二。
(231) Ziehen, Th. : Psychiatrie. 4te Aufl., S. Hirzel, Leibzig, 1911.

あとがき

犯罪と拘禁についての私の論文集である。第一部は死刑囚と無期囚の研究を、第二部はその研究の発展としての一般拘禁の研究を集めてみた。

今まで精神医学者としての私の仕事は、おもに犯罪学と拘禁心理学を中心としてきた。犯罪者と刑務所という特殊な対象に、なぜ私が興味をもつようになったのか自分でもよくわからない。学生時代にドストエフスキイの『死の家の記録』を読み、強い感銘を受けたことは確かで、それが一つの動機だとは思う。しかし、ずいぶんと偶然にも作用されているので、精神病院で一人の殺人犯を見たこと、大学の教室の要請で東京拘置所の医務部に勤め、そこで大勢の死刑囚が精神障害に陥っているのを発見したことが、私の道程を決定したと思う。いちど研究の方向を定めるとあとは一途にその道を歩んできた。集中的に調査研究に従った十数年の年月は、本当にまたたく間に過ぎ去った気がする。こんどこの本を編むため、古い拙論を読み返し取捨選択しているうち、夢中になって過した若き日のことが鮮かによみがえった。苦しいけれども充実した日々であった。そのことの思い出は爽かである。

よき師よき先輩に恵まれた。私がはじめて精神病院で犯罪者を診たときの受持医が現在東京医科歯科大学犯罪精神医学教室教授の中田修先生であったことは何か運命的な思いがする。それから日本の犯罪精神医学の生みの親であられる吉益脩夫先生のお宅を訪問し、処女論文を読んだときのことが昨日のことのように思い出される。吉益先生を中心として集った犯罪精神医学者の一人として研究を続けられたことは幸いであった。文献読みや思弁よりも大切なことは生きた人間を相手にすることだと私は教わった。私は以来、現実世界と生身の人間に対する驚きに支えられて研究を続けた。犯罪者や囚人との接触を通じて私は彼らが一個の人間であることを知った。私は、科学の対象として冷たく彼らを考察するだけではすまない何かを感じてきた。悲惨な状況にある彼らへの同情と私の研究を成立させてくれたことへの感謝の念が私にはある。

科学的論文の中に著者の感傷を混えることは禁物である。そうすることは科学の独自性と実証性をそこなうことにしかならない。だから本書におさめられた論文には著者の感情は伏せられており、人は坦々とした報告を見出すのみであろう。しかし、私は死刑囚を研究しているうちに、はっきりと死刑反対の結論に到達した。ほとんどの死刑囚が自己を動物的な状態へ退行させなければ耐えられぬほどの極端な恐怖に当面させられている現行の死刑制度は、人道的な刑罰とは到底思えない。私は自分の研究の結果の上に立って、はっきりと死刑は残虐で非人道的な刑罰であると断言する。死刑の是非を論じる場合に、死刑囚の現状を詳しく調べた私の研究がぜひ各方面で検討されることを望んでやまない。

現実世界の研究と事実へのそれのみへの信頼を科学的研究の根本的態度と信じている私は、最近精神神経学会でおきている事態を憂えている。それは一つの観念によって結論を先取りするような議論が横行していることで、たとえば犯罪生物学者は人間である犯罪者を「生物」とみなす学者だから反動的だという議論にみられる。犯罪生物学の創始者であるレンツの提唱以来、各国でおこなわれた犯罪生物学的研究を一つでも読めば、犯罪者を生物におとしめるような見方は全くなされていず、あくまで人間研究の立場に貫かれていることがわかるはずだ。現実世界と事実への驚きと地道な研究とが無くして、何かの結論を先取りするほうがよほど人間の尊厳を傷つける行為ではないのか。

同じことは精神病質をめぐる議論にも見られる。大方の主張は精神病質という診断が、差別的概念だからいかんという。しかし精神病質者は実際にこの世に存在するのであり、犯罪者を長年観察してきた私には一定の性格傾向が異った犯罪者に繰り返しあらわれることを自分の目でしかと見てきている。現に存在する精神病質者をそれが差別概念だから存在していないと言うのは、現実世界を観念によって裁断する非科学的なやり方である。それは現実の事象への命名をごまかすことであり、丁度、かつての軍国主義者が、朝鮮人は日本国民であるから朝鮮人は存在しないと主張し、在日朝鮮人への差別を蔭蔽したような誤りをくりかえすことになる。

精神病質者は存在するのであるが、ただそれを差別するような世の中の風潮があり、その風潮こそが弾劾さるべきなのだ。この場合、精神病質という言葉がどうしても差別的な響きをもつならそれを異常性格というなり変り者というなり、何か命名を変えてもいい。私はそのように主張してきたし書いてもきた。日本精神神経学会の精神病質をめぐるシンポジアムでもそのことを発言しているし、本書に収録した「異常性格の概念」でもその意見をのべている。しかし本筋としては、精神病質者をそのままの言葉を用いながら差別するなという運動をこそおこすべきである。

ところで精神病質者、異常性格者、変り者がこの世に存在せずと主張している人々はその根拠を具体的な事例について示してくれない。累犯受刑者を百人詳細に調べて、その中に一人も異常性格者がいなかったというデーターがあるなら見せてほしい。他の論者は精神病質の診断基準が曖昧だからという理由で、それを不可知論的に否定する。確かに精神病質の診断が難しく、それが診断者の主観によって左右されやすいことは私も認める。が、だからと言ってそれが存在しないと主張するのは認識論的に言って飛躍がある。私の意見では精神病の診断にともなう困難と精神病質の診断にともなう困難とは同じ次元の事柄である。両者ともに明確な中核群についてては診断の個人差は少ない。

拘禁の研究をしてきて、私は現代社会が次第に監獄に似てきたことにおそれを覚えている。団地やアパートが刑務所の外観に似ているばかりでなく、企業単位の管理をうけているところ、日常生活の自由が制限される傾向、真の人間的な暖みと希望を見出せない思想状況、その他種々の点で現代は拘禁状況に酷似してきている。丁度、囚人たちが状況に対して拘禁反応や所内反則という形で反応してきたように、現代社会の人間はノイローゼと犯罪で状況と触れあっている。私のささやかな拘禁心理の研究が、現代社会の理解のために少しでも役立てば嬉しいと思う。

おわりに次の二人の方に感謝の意を表したい。上智大学の坂井光平氏は夏休みを犠牲にして私の拙ないフランス語の論文を飜訳してくださった。金剛出版の守利三枝子氏は繁雑な出版事務を熱心に遂行して下さった。

追記

本書の第二校を校正中に、吉益脩夫先生の訃を知った。

私が死刑囚の研究を思い立った時、一番に私を激励して下され、関係各方面に運動して死刑囚の面接を可能にして下さったのは先生である。本書をお見せして喜んでいただこうと思ったのに、間に合わなかった。出版の計画は前からあったのに、私の多忙と怠慢のためそれがおくれ、まことに申し訳けのないことをしてしまった。おくればせながら本書を先生の御霊前に捧げ、心より先生の御冥福をお祈りいたします。

一九七四年九月

小木貞孝

二〇〇八年版のあとがき

この『死刑囚と無期囚の心理』は、一九七四年一一月三〇日に私の本名小木貞孝（こぎ・さだたか）著として金剛出版より刊行された。当時、私は上智大学心理学教室で犯罪心理学と精神医学の講座を担当していた。すでに加賀乙彦のペンネームで小説を書きはじめて何冊かの文学の著書もあったが、小説家としてはほんの駆出しであって、小木貞孝という犯罪学者のほうが世に知られていたので、この本も専門家の書いた専門書として読まれていたようだ。

一九七九年二月に私は、死刑囚の群像を描いた『宣告』という長編小説を新潮社より上梓した。三月、上智大学を退職して、筆一本で立つ決心をした。

一九八〇年一月に、『死刑囚と無期囚の心理』を、一般向けにやさしく解説するつもりで書いた『死刑囚の記録』を中公新書より出した。『宣告』が完全にフィクションの小説であるとすれば、中公新書のほうは、小説のモデルになった死刑囚たちを、事実そのままに描いたノンフィクションであった。そこには死刑囚の獄中での生活を赤裸々に報告してあり、死刑の問題を考える資料として一般に役立つようにと気を使ってある。しかし、この元になったのは最初に出版した『死刑囚と無期囚の心理』であり、そこには正確に、しかも学問的に死刑囚の実態が示されている。

裁判員制度の導入によって、私たち国民は死刑に相当するような被告人をも裁かねばならなくなりつつある。

私たちは死刑囚の実態や心理をもっと正確に知ったうえで、裁判に臨むべき時代にさしかかっている。

今度旧版の『死刑囚と無期囚の心理』を再販するにあたって、もう今は使われなくなった私の本名を捨てて、あえてペンネームの加賀乙彦著で出すことにした。読者の御寛恕を乞う次第である。

なお、『宣告』の主人公のモデルは、一九五三年七月二七日に東京新橋で起こった「メッカ殺人事件」の主犯、慶応義塾大学卒の正田昭で、その大要は『死刑囚の記録』に記述してある。なお私と彼とが取り交わした手紙は、一九九〇年三月『ある死刑囚との対話』として弘文堂より出版された。また正田昭と深い魂の手紙を交わした女性への正田の手紙は一九九二年三月に『死の淵の愛と光』として弘文堂より刊行されている。

加賀乙彦

二〇〇八年九月

こ

さ

し

す

せ

そ

索　引

あ

い

う

え

お

か

き

く

け

加賀乙彦 プロフィール

（2007・9・5作成）

本名　小木貞孝（こぎ・さだたか）

1929年	東京市芝区三田綱町に生れる（現在港区三田二丁目）。淀橋区西大久保一丁目（現在新宿区歌舞伎町二丁目）で生育。
1936年	区立大久保小学校入学（同級生に作家水沢周：父が大久保小の校歌を作る。プリンストン大学数学科教授志村五郎がいた）
1942年	同校卒業、都立第六中学校（現在都立新宿高校）入学。
1943年	名古屋陸軍幼年学校入学。
1945年	同校より復員、都立第六中学校に再入学。
1946年	旧制都立高等学校（現在都立大学）入学。
1949年	同校卒業、東京大学医学部医学科入学。
1953年	東京大学医学部医学科卒業。
1954年	東京大学医学部精神医学教室入局。
1955年～1957年	東京拘置所医務部技官。
1957年～1960年	精神医学および犯罪学研究のためフランス留学。
1960年	東京大学で医学博士号取得。
1965年	東京医科歯科大学助教授（犯罪心理学教室）。
1969年	上智大学教授（文学部心理学科）。犯罪心理学と精神医学の講座を担当。
1979年	上智大学を退職し、創作に専念する。
1986年	日本文芸家協会理事。
1988年	日本ペンクラブ理事。
1998年2月	軽井沢高原文庫館長。
2000年	日本芸術院会員。

【主要著書】

『フランドルの冬』（1967年8月筑摩書房、1972年1月新潮文庫）1968年第18回芸術選奨文部大臣新人賞。**『帰らざる夏』**（1973年7月講談社、1977年6月講談社文庫、1993年8月講談社文芸文庫）1973年第9回谷崎潤一郎賞。**『ドストエフスキイ』**（1973年10月中公新書）。**『宣告』**（1979年2月新潮社、1982年10月新潮文庫、2003年3月新潮文庫文字拡大版）1979年第11回日本文学大賞。**『死刑囚の記録』**（1980年1月中公新書）。**『錨のない船』**（1982年4月講談社、講談社文芸文庫）。**『湿原』**（1985年9月朝日新聞社、1988年10月新潮文庫）1986年第13回大仏次郎賞。**『スケーターワルツ』**（1987年12月筑摩書房、1990年12月ちくま文庫）。**『岐路』**（1988年6月新潮社）**『ヴィーナスのえくぼ』**（1989年10月申央公論社、1992年12月中公文庫）。**『海霧』**（1990年潮出版社、19992年6月新潮文庫）。**『脳死と臓器移植を考える』**（1990年12月岩波書店）。**『小暗い森』**（1991年9月新潮社）。**『生きている心臓』**（1991年10月講談社）。**『脳死・尊厳死・人権』**（1991年11月潮出版社）。**『炎都』**（1996年5月新潮社）。**『永遠の都』**（1997年5月～9月新潮文庫）――『岐路』と『小暗い森』と『炎都』を合わせた小説、1998年第48回芸術選奨文部大臣賞、1999年第2回井原西鶴賞）文学者としての業績について1999年第55回日本芸術院賞。**『高山右近』**（1999年9月講談社、2003年1月講談社文庫）。**『聖書の大地』**（1999年9月NHK出版）。**『夕映えの人』**（2002年3月小学館）。**『雲の都〈第1部〉広場』**（2002年10月新潮社）。**『ザビエルとその弟子』**（2004年7月講談社）。**『雲の都〈第2部〉時計台』**（2005年9月新潮社）。**『小説家が読むドストエフスキー』**（2006年1月集英社新書）。**『悪魔のささやき』**（2006年8月集英社新書）。**『雲の都（第3部）城砦』**（2008年3月新潮社）。

死刑囚《しけいしゅう》と無期囚《むきしゅう》の心理《しんり》

1974年12月10日　初版発行
2008年10月15日　新装版発行
2010年 1 月15日　第二刷

編　者　加賀《かが》　乙彦《おとひこ》
発行者　立石　正信

印刷・あづま堂印刷　製本・あづま堂印刷

発行所　株式会社　金剛出版
〒112-0005　東京都文京区水道1-5-16
電話 03-3815-6661　振替 00120-6-34848

ISBN978-4-7724-1055-7 C3047　Printed in Japan